全国机动车检测维修专业技术人员职业水平考试用书

QUANGUO JIDONGCHE JIANCE WEIXIU ZHUANYE JISHU RENYUAN ZHIYE SHUIPING KAOSHI YONGSHU

# 机动车整形技术考试用书

JIDONGCHE ZHENGXING JISHU KAOSHI YONGSHU

交通运输部职业资格中心　组织编写

人民交通出版社股份有限公司

北京

## 内 容 提 要

本书包括基础知识篇、专业技术篇、实务篇、案例分析篇及考试模拟题,主要介绍了机动车整形技术(包括机动车钣金维修和机动车涂装维修)专业的相关知识。

本书可供报名参加机动车检测维修专业技术人员职业水平考试的机动车整形技术专业检测维修工程师和检测维修士两个级别考生使用。

**图书在版编目(CIP)数据**

机动车整形技术考试用书/交通运输部职业资格中心组织编写.—北京:人民交通出版社股份有限公司,2021.7

全国机动车检测维修专业技术人员职业水平考试用书

ISBN 978-7-114-17462-9

Ⅰ.①机… Ⅱ.①交… Ⅲ.①机动车—钣金工—车辆修理—水平考试—自学参考资料 Ⅳ.①U472.4

中国版本图书馆 CIP 数据核字(2021)第 133877 号

Jidongche Zhengxing Jishu Kaoshi Yongshu

| 书　　名: | 机动车整形技术考试用书 |
| --- | --- |
| 著 作 者: | 交通运输部职业资格中心 |
| 责任编辑: | 刘　博 |
| 责任校对: | 孙国靖　魏佳宁 |
| 责任印制: | 张　凯 |
| 出版发行: | 人民交通出版社股份有限公司 |
| 地　　址: | (100011)北京市朝阳区安定门外外馆斜街3号 |
| 网　　址: | http://www.ccpcl.com.cn |
| 销售电话: | (010)59757973 |
| 总 经 销: | 人民交通出版社股份有限公司发行部 |
| 经　　销: | 各地新华书店 |
| 印　　刷: | 北京印匠彩色印刷有限公司 |
| 开　　本: | 787×1092　1/16 |
| 印　　张: | 15.5 |
| 字　　数: | 357千 |
| 版　　次: | 2021年7月　第1版 |
| 印　　次: | 2021年8月　第2次印刷 |
| 书　　号: | ISBN 978-7-114-17462-9 |
| 定　　价: | 80.00元 |

(有印刷、装订质量问题的图书由本公司负责调换)

# 前　言

2006年6月,原人事部、原交通部联合印发了《机动车检测维修专业技术人员职业水平评价暂行规定》和《机动车检测维修专业技术人员职业水平考试实施办法》,建立了机动车维修领域唯一的国家职业资格制度。机动车检测维修专业技术人员身处行业一线,是维修服务的承担者和安全隐患的排查者,是保障维修质量和安全最核心、最关键因素。实施好机动车检测维修职业资格制度,必将有效提升从业人员职业能力,强化从业人员职业操守,为加快建设交通强国提供人才支撑。

为方便从业人员复习备考,我中心组织编写了新版"全国机动车检测维修专业技术人员职业水平考试用书",按专业成书共计3册,分别为《机动车机电维修技术考试用书》《机动车检测评估与运用技术考试用书》《机动车整形技术考试用书》。本丛书吸收了机动车检测维修领域新标准、新工艺、新技术、新装备、新材料的发展成果,既可作为广大考生复习备考的参考用书,也可作为机动车检测维修从业人员、交通院校相关专业师生在实际工作和教学中的参考书。

本丛书由张立新、高元伟、郭大民、李培军、宋孟辉、黄宜坤编写,由付华章、王征、罗霄、緱庆伟、侯红宾、张荫志、李新起、程玉光、王赛、苏霆、薛伟审定。

本丛书在编写过程中得到了交通运输部运输服务司的悉心指导,以及天津市交通运输委员会、天津市汽车维修检测行业协会、北京交通运输职业学院、山东交通学院、山东省汽车综合性能检测中心站、北京祥龙博瑞汽车服务(集团)有限公司、庞贝捷漆油贸易(上海)有限公司、迪迪艾咨询(北京)有限公司和人民交通出版社股份有限公司等单位的大力支持,在此一并感谢!

由于水平有限,疏漏和纰误在所难免,敬请批评指正。

交通运输部职业资格中心<br>
2021年7月

# 目　　录

## 第一篇　基础知识篇

**第一章　机动车检测维修专业技术人员职业道德规范** ··········· 3
　第一节　职业道德概述 ··········· 3
　第二节　机动车检测维修专业技术人员职业道德 ··········· 3
　考试模拟题 ··········· 4

**第二章　法律、法规、规章和标准规范** ··········· 6
　第一节　法律、法规、规章 ··········· 6
　第二节　标准规范 ··········· 14
　考试模拟题 ··········· 25

**第三章　汽车构造** ··········· 32
　第一节　汽车概述 ··········· 32
　第二节　汽车发动机基本构造 ··········· 33
　第三节　汽车底盘基本构造 ··········· 37
　第四节　汽车电气设备基本构造 ··········· 41
　考试模拟题 ··········· 43

**第四章　常用机动车材料性能及应用** ··········· 46
　第一节　车用燃料 ··········· 46
　第二节　车用润滑料 ··········· 47
　第三节　其他车用材料 ··········· 48
　考试模拟题 ··········· 50

**第五章　常用测量器具** ··········· 52
　第一节　计量基础知识 ··········· 52
　第二节　汽车维修常用测量器具的使用 ··········· 52
　考试模拟题 ··········· 54

**第六章　汽车检测维修安全常识** ··········· 55

| 第一节 | 汽车维修个人安全防护 | 55 |
| 第二节 | 汽车维修工具、维修设备的使用安全 | 55 |
| 第三节 | 汽车维修环境安全 | 57 |
| 第四节 | 汽车维修专业技术人员操作规程 | 58 |
| 考试模拟题 | | 61 |

## 第七章　新能源汽车　62
考试模拟题　64

## 第八章　机动车专业英语　65
第一节　专业英语的翻译方法概述　65
第二节　机动车检测维修常用英文术语　65

# 第二篇　专业技术篇

## 第一部分　机动车钣金维修

### 第一章　车身结构与材料　69
第一节　汽车钣金维修作业安全　69
第二节　车身结构　71
第三节　车身材料　75
考试模拟题　77

### 第二章　车身损伤评估　79
第一节　车身尺寸测量　79
第二节　车身损伤　83
第三节　车身损伤分析　86
考试模拟题　90

### 第三章　汽车钣金维修基本技能　92
第一节　钣金工具的使用　92
第二节　钣金零件的手工成型　93
第三节　车身金属板件的焊接　95
考试模拟题　102

### 第四章　车身损伤修复与零件更换　104
第一节　车身覆盖件损伤的维修　104
第二节　车身零件的更换与维修　106
第三节　汽车玻璃与塑料件的维修　109

第四节　车身结构件损伤的维修 ………………………………………………… 111
考试模拟题 ……………………………………………………………………………… 114

## 第二部分　机动车涂装维修

### 第五章　车身涂膜损伤的前处理 …………………………………………………… 117
第一节　汽车涂料与涂膜 ………………………………………………………… 117
第二节　车身涂膜损伤的评估 …………………………………………………… 120
第三节　旧涂膜的处理 …………………………………………………………… 122
考试模拟题 ……………………………………………………………………………… 125

### 第六章　中间涂层的施工 …………………………………………………………… 127
第一节　腻子的施工 ……………………………………………………………… 127
第二节　喷枪的使用与维护 ……………………………………………………… 129
第三节　涂料的调配 ……………………………………………………………… 133
第四节　中涂底漆的施工 ………………………………………………………… 134
考试模拟题 ……………………………………………………………………………… 136

### 第七章　汽车面漆调色 ……………………………………………………………… 139
第一节　颜色的基础知识 ………………………………………………………… 139
第二节　素色面漆调色 …………………………………………………………… 141
第三节　金属底色漆调色 ………………………………………………………… 143
考试模拟题 ……………………………………………………………………………… 145

### 第八章　面漆的喷涂 ………………………………………………………………… 147
第一节　面漆整板喷涂 …………………………………………………………… 147
第二节　局部修补与过渡喷涂 …………………………………………………… 148
第三节　水性漆的喷涂 …………………………………………………………… 149
第四节　车身塑料件的涂装 ……………………………………………………… 150
考试模拟题 ……………………………………………………………………………… 151

### 第九章　汽车涂装维修车间管理 …………………………………………………… 153
第一节　维修涂装作业安全 ……………………………………………………… 153
第二节　汽车涂料、涂膜性能检测 ……………………………………………… 154
第三节　车身涂膜缺陷与防治 …………………………………………………… 155
考试模拟题 ……………………………………………………………………………… 158

# 第三篇　实　务　篇

### 第一章　实操考试系统介绍 ………………………………………………………… 163

| 第二章　实操考试系统操作 | 165 |
|---|---|
| 第一节　钣金专业考试系统操作 | 165 |
| 第二节　喷漆专业实操考试操作 | 169 |

# 第四篇　案例分析篇

## 第一部分　机动车钣金维修

## 第二部分　机动车涂装维修

# 附　　录

| 附录一　全国机动车检测维修专业技术人员职业水平考试《机动车检测维修法规与技术》模拟试卷（级别：机动车检测维修工程师，专业：机动车整形技术——机动车钣金维修） | 189 |
|---|---|
| 附录二　全国机动车检测维修专业技术人员职业水平考试《机动车检测维修法规与技术》模拟试卷（级别：机动车检测维修士，专业：机动车整形技术——机动车钣金维修） | 196 |
| 附录三　全国机动车检测维修专业技术人员职业水平考试《机动车检测维修案例分析》模拟试卷（级别：机动车检测维修工程师，专业：机动车整形技术——机动车钣金维修） | 203 |
| 附录四　全国机动车检测维修专业技术人员职业水平考试《机动车检测维修法规与技术》模拟试卷（级别：机动车检测维修工程师，专业：机动车整形技术——机动车涂装维修） | 211 |
| 附录五　全国机动车检测维修专业技术人员职业水平考试《机动车检测维修法规与技术》模拟试卷（级别：机动车检测维修士，专业：机动车整形技术——机动车涂装维修） | 216 |
| 附录六　全国机动车检测维修专业技术人员职业水平考试《机动车检测维修案例分析》模拟试卷（级别：机动车检测维修工程师，专业：机动车整形技术——机动车涂装维修） | 221 |
| 附录七　全国机动车检测维修专业技术人员职业水平考试《机动车检测维修法规与技术》模拟试卷（级别：机动车检测维修工程师，专业：机动车 | |

　　　　整形技术——机动车钣金维修)答案表 …………………………………… 228

附录八　全国机动车检测维修专业技术人员职业水平考试《机动车检测维修
　　　　法规与技术》模拟试卷(级别:机动车检测维修士,专业:机动车整形
　　　　技术——机动车钣金维修)答案表 …………………………………… 230

附录九　全国机动车检测维修专业技术人员职业水平考试《机动车检测维修
　　　　案例分析》模拟试卷(级别:机动车检测维修工程师,专业:机动车整形
　　　　技术——机动车钣金维修)答案表 …………………………………… 232

附录十　全国机动车检测维修专业技术人员职业水平考试《机动车检测维修
　　　　法规与技术》模拟试卷(级别:机动车检测维修工程师,专业:机动车
　　　　整形技术——机动车涂装维修)答案表 ……………………………… 233

附录十一　全国机动车检测维修专业技术人员职业水平考试《机动车检测维修
　　　　　法规与技术》模拟试卷(级别:机动车检测维修士,专业:机动车整形
　　　　　技术——机动车涂装维修)答案表 …………………………………… 235

附录十二　全国机动车检测维修专业技术人员职业水平考试《机动车检测维修
　　　　　案例分析》模拟试卷(级别:机动车检测维修工程师,专业:机动车
　　　　　整形技术——机动车涂装维修)答案表 ……………………………… 237

# 第一篇 基础知识篇

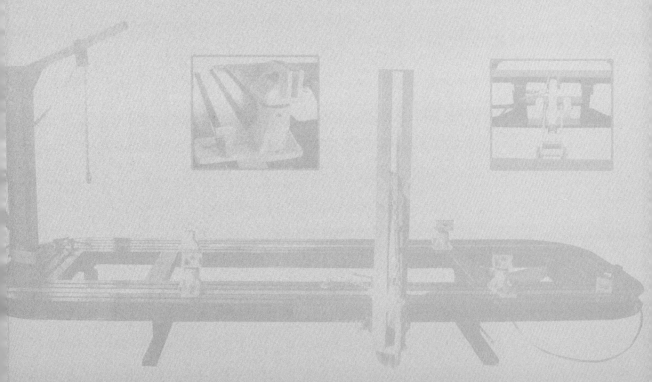

# 第一章
# 机动车检测维修专业技术人员职业道德规范

## 第一节 职业道德概述

1. 道德是社会意识形态之一,是人们共同生活及其行为的准则和规范。
2. 法律是国家制定或者认可的,具有强制性和普遍约束力的行为规则。
3. 道德和法律一样,都是社会的上层建筑组成部分,都是由物质生活条件决定的。
4. 法律是他律,道德是自律,两者相互作用,相互补充,其中自律比他律的范围和效果要大得多。
5. 职业道德的特点包括以下方面。
(1)适用主体:主要是该职业的从业人员。
(2)涵盖的社会关系:从业人员与服务对象、职业与职工、职业与职业之间的关系。
(3)主要内容:社会对从业人员职业观念、职业态度、职业技能、职业纪律和职业作风的要求。

## 第二节 机动车检测维修专业技术人员职业道德

1. 机动车检测维修是指以维持或者恢复机动车技术状况和正常功能,延长机动车使用寿命为作业任务所进行的维护、修理以及维修救援、诊断等相关活动。
2. 机动车检测维修专业技术人员是指从事机动车检测维修且考取了国家执行资格并具有专业技术执业证书的人员。
3. 机动车检测维修专业技术人员职业道德包括以下方面。
(1)爱岗敬业:热爱机动车检测维修事业、乐于奉献、钻研业务、艰苦奋斗四个方面。
(2)诚实守信:诚实对待客户、信守检测维修合同、坚持公平竞争三个方面。
(3)办事公道:公开制度并自觉接受监督、公平确定权利与义务、公正收取费用三个方面。

(4) 服务群众：尊重客户和寓检测维修于服务之中。

(5) 奉献社会：为职业添彩，为社会增添正气。

4.《交通强国建设纲要》要求，从2021年到21世纪中叶，分两个阶段推进我国交通强国建设：到2035年，基本建成交通强国；到21世纪中叶，全面建成人民满意、保障有力、世界前列的交通强国。

5."基本建成交通强国"的目标包括：

(1) 现代化综合交通体系基本形成，人民满意度明显提高，支撑国家现代化建设能力显著增强。

(2) 拥有发达的快速网、完善的干线网、广泛的基础网，城乡区域交通协调发展达到新高度。

(3) 基本形成"全国123出行交通圈"（都市区1h通勤、城市群2h通达、全国主要城市3h覆盖）和"全球123快货物流圈"（国内1天送达、周边国家2天送达、全球主要城市3天送达），旅客联程运输便捷顺畅，货物多式联运高效经济。

(4) 智能、平安、绿色、共享交通发展水平明显提高，城市交通拥堵基本缓解，无障碍出行服务体系基本完善。

(5) 交通科技创新体系基本建成，交通关键装备先进安全，人才队伍精良，市场环境优良。

(6) 基本实现交通治理体系和治理能力现代化。

(7) 交通国际竞争力和影响力显著提升。

6.《交通运输部关于全面深入推进绿色交通发展的意见》以习近平新时代中国特色社会主义思想为指导，紧紧围绕统筹推进"五位一体"总体布局和协调推进"四个全面"战略布局，坚持人与自然和谐共生的基本方略，牢固树立社会主义生态文明观，践行"绿水青山就是金山银山"的理念。

7.绿色交通发展以交通强国战略为统领，以深化供给侧结构性改革为主线，着力实施交通运输结构优化、组织创新、绿色出行、资源集约、装备升级、污染防治、生态保护等七大工程，加快构建绿色发展制度标准、科技创新和监督管理等三大体系。

8.绿色交通将实现由被动适应向先行引领、由试点带动向全面推进、由政府推动向全民共治的转变，推动形成绿色发展方式和生活方式，为建设美丽中国、增进民生福祉、满足人民对美好生活的向往提供坚实支撑和有力保障。

9.全面深入推进绿色交通发展应坚持生态优先，绿色发展；深化改革，创新驱动；重点突破，系统推进；多方参与，协同治理四项基本原则。

# 考试模拟题

## 一、是非判断题

1.道德和法律一样，都是社会的上层建筑组成部分，都是由人精神道德水平决定的。（×）

2. 法律是他律,道德是自律,两者相互作用,相互补充。 (√)
3. 绿色交通发展以交通强国战略为统领,以深化供给侧结构性改革为主线,着力实施交通运输结构优化等三大工程建设。 (×)
4. "全国123出行交通圈"是指都市区1h通勤、城市群2h通达、全国主要城市3h覆盖。 (√)

## 二、单项选择题

1. 机动车检测维修专业技术人员要以善良真诚的态度对待客户,信守检测维修合同,坚持公平竞争是(B)对于业人员的具体要求。
   A. 爱岗敬业　　　B. 诚实守信　　　C. 奉献社会　　　D. 服务群众
2. "服务群众"是衡量机动车维修从业人员(A)水平的重要标志。
   A. 职业道德　　　B. 服务意识　　　C. 奉献精神　　　D. 个人素质
3. 根据《交通强国建设纲要》要求,到(B)年我国基本建成交通强国。
   A. 2030　　　　　B. 2035　　　　　C. 2040　　　　　D. 2049

## 三、多项选择题

1. 机动车检测维修专业技术人员职业道德除爱岗敬业外,还包括(ABCD)。
   A. 办事公道　　　B. 诚实守信　　　C. 奉献社会　　　D. 服务群众
2. 职业道德涵盖的社会关系包括(ABC)之间的关系。
   A. 从业人员与服务对象　　　　B. 职业与职工
   C. 职业与职业　　　　　　　　D. 职工与职工
3. 全面深入推进绿色交通发展的基本原则是(ABCD)。
   A. 深化改革,创新驱动　　　　B. 重点突破,系统推进
   C. 多方参与,协同治理　　　　D. 生态优先,绿色发展

# 第二章 法律、法规、规章和标准规范

## 第一节 法律、法规、规章

1. 道路交通法有自己的体系,从它们的渊源形式及效力等级的角度看,包括交通法律、交通行政法规、部门交通规章、地方性交通法规、单行条例、地方交通规章、国际运输公约、国际航运习惯等。

2. 机动车的定义:以动力装置驱动或者牵引,上道路行驶的供人员乘用或者用于运送物品以及进行工程专项作业的轮式车辆。

3. 机动车维修可以有两种定义:一种是指广义的机动车维修,是泛指所有对机动车进行的维护和修理行为,包括车辆使用者自行进行的维护和修理;另一种是特指具有机动车维修经营资质的经营者对机动车进行的维护和修理行为。

4. 通对机动车维修,保持机动车的性能,恢复机动车的性能,改进机动车的性能,实现维修的产业化。

5. 《中华人民共和国道路交通安全法》(以下简称《道路交通安全法》)规定:登记后上道路行驶的机动车,应当依照法律、行政法规的规定,根据车辆用途、载客载货数量、使用年限等不同情况,定期进行安全技术检验。

6. 对提供机动车行驶证和机动车第三者责任强制保险单的,机动车安全技术检验机构应当予以检验,任何单位不得附加其他条件。

7. 符合国家安全技术标准的机动车,公安机关交通管理部门应当发给检验合格标志。

8. 《道路交通安全法》规定:对机动车的安全技术检验实行社会化,任何单位不得要求机动车到指定的场所进行检验。

9. 公安机关交通管理部门、机动车安全技术检验机构不得要求机动车到指定的场所进行维修。

10. 我国实行机动车强制报废制度,根据机动车的安全技术状况和不同用途,规定不同的报废标准。

11. 机动车安全技术检验机构超过国务院价格主管部门核定的收费标准收取费用的,退还多收取的费用,并由价格主管部门依照《中华人民共和国价格法》的有关规定给予处罚。

12. 机动车安全技术检验机构不按照机动车国家安全技术标准进行检验,出具虚假检验结果的,由公安机关交通管理部门处所收检验费用5倍以上10倍以下罚款,并依法撤销其检验资格;构成犯罪的,依法追究刑事责任。

13.《道路交通安全法》要求任何单位或者个人不得有下列行为:

(1)拼装机动车或者擅自改变机动车已登记的结构、构造或者特征。

(2)改变机动车型号、发动机号、车架号或者车辆识别代号。

(3)伪造、变造或者使用伪造、变造的机动车登记证书、号牌、行驶证、检验合格标志、保险标志。

(4)使用其他机动车的登记证书、号牌、行驶证、检验合格标志、保险标志。

14.《中华人民共和国道路交通安全法实施条例》规定了机动车安全技术检验的期限,机动车应当从注册登记之日起,按照下列期限进行安全技术检验:

(1)营运载客汽车5年以内每年检验1次;超过5年的,每6个月检验1次。

(2)载货汽车和大型、中型非营运载客汽车10年以内每年检验1次;超过10年的,每6个月检验1次。

(3)小型、微型非营运载客汽车6年以内每2年检验1次;超过6年的,每年检验1次;超过15年的,每6个月检验1次。

(4)摩托车4年以内每2年检验1次;超过4年的,每年检验1次。

(5)拖拉机和其他机动车每年检验1次。

15.已注册登记的机动车进行安全技术检验时,机动车行驶证记载的登记内容与该机动车的有关情况不符,或者未按照规定提供机动车第三者责任强制保险凭证的,不予通过检验。

16.《中华人民共和国道路交通安全法实施条例》规定,已注册登记的机动车有下列情形之一的,机动车所有人应当向登记该机动车的公安机关交通管理部门申请变更登记:

(1)改变机动车车身颜色的。

(2)更换发动机的。

(3)更换车身或者车架的。

(4)因质量有问题,制造厂更换整车的。

(5)营运机动车改为非营运机动车或者非营运机动车改为营运机动车的。

(6)机动车所有人的住所迁出或者迁入公安机关交通管理部门管辖区域的。

因此,维修经营者维修这些变更车辆时,应当审查有无公安机关交通管理部门变更登记证书。

17.《中华人民共和国道路运输条例》(以下简称《道路运输条例》)规定,县级以上地方人民政府交通主管部门负责组织领导本行政区域的道路运输管理工作,县级以上道路运输管理机构负责具体实施道路运输管理工作。

18.《机动车维修管理规定》中所称机动车维修经营,是指以维持或者恢复机动车技术状况和正常功能,延长机动车使用寿命为作业任务所进行的维护、修理以及维修救援等相关经营活动。

19.机动车维修经营者应当依法经营,诚实信用,公平竞争,优质服务,落实安全生产主体责任和维修质量主体责任。

20.任何单位和个人不得封锁或者垄断机动车维修市场。除汽车生产厂家履行缺陷汽车产品召回、汽车质量"三包"责任外,任何单位和个人不得强制或者变相强制指定维修经营者。

21.交通运输部主管全国机动车维修管理工作。县级以上地方人民政府交通运输主管部门负责组织领导本行政区域的机动车维修管理工作。县级以上道路运输管理机构负责具体实施本行政区域内的机动车维修管理工作。

22.从事机动车维修经营业务的,应该在依法向市场监督管理机构办理有关登记手续后,向所在地县级道路运输管理机构进行备案,道路运输管理机构不得向机动车维修经营者收取备案相关费用。

23.机动车维修经营业务根据维修对象分为汽车维修经营业务、危险货物运输车辆维修经营业务、摩托车维修经营业务和其他机动车维修经营业务四类。

24.汽车维修经营业务、其他机动车维修经营业务根据经营项目和服务能力分为一类维修经营业务、二类维修经营业务和三类维修经营业务。

25.获得一类、二类汽车维修经营业务或者其他机动车维修经营业务许可的,可以从事相应车型的整车修理、总成修理、整车维护、小修、维修救援、专项修理和维修竣工检验工作。

26.获得三类汽车维修经营业务(含汽车综合小修)、三类其他机动车维修经营业务许可的,可以分别从事汽车综合小修或者发动机维修、车身维修、电气系统维修、自动变速器维修、轮胎动平衡及修补、四轮定位检测调整、汽车润滑与维护、喷油泵和喷油器维修、曲轴修磨、汽缸镗磨、散热器维修、空调维修、汽车美容装潢、汽车玻璃安装及修复等汽车专项维修工作。

27.危险货物运输车辆维修经营业务,除可以从事危险货物运输车辆维修经营业务外,还可以从事一类汽车维修经营业务。

28.申请从事汽车维修经营业务或者其他机动车维修经营业务的,应当符合下列条件:
(1)有与其经营业务相适应的维修车辆停车场和生产厂房。
(2)有与其经营业务相适应的设备、设施。
(3)有必要的技术人员。
(4)有健全的维修管理制度。
(5)有必要的环境保护措施。

29.租用场地从事汽车维修经营业务或者其他机动车维修经营业务的,租用的场地应当有书面的租赁合同,且租赁期限不得少于1年。

30.从事一类和二类汽车维修业务的应当各配备至少1名技术负责人、质量检验人员、业务接待人员以及从事机修、电器、钣金、喷漆的维修技术人员。

31.从事危险货物运输车辆维修的汽车维修经营者,除具备汽车维修经营一类维修经营业务的开业条件外,还应当具备下列条件:
(1)有与其作业内容相适应的专用维修车间和设备、设施,并设置明显的指示性标志。
(2)有完善的突发事件应急预案。
(3)有相应的安全管理人员。
(4)有齐全的安全操作规程。

32. 危险货物运输车辆维修,是指对运输易燃、易爆、腐蚀、放射性、剧毒等性质货物的机动车维修,不包含对危险货物运输车辆罐体的维修。

33. 从事机动车维修连锁经营服务的,其机动车维修连锁经营企业总部应先完成备案。

34. 对于备案材料不全或者不符合备案要求的,道路运输管理机构应当场或者自收到备案材料之日起 5 个工作日内一次性书面通知备案人需要补充的全部内容。

35. 机动车维修经营者名称、法定代表人、经营范围、经营地址等备案事项发生变化的,应当及时向备案机构办理备案变更。需要终止经营的,应当在终止经营前 30 日告知原备案机构。

36. 机动车维修经营者应当按照备案的经营范围开展维修服务。

37. 机动车维修经营者应当将《机动车维修标志牌》悬挂在经营场所的醒目位置。《机动车维修标志牌》由机动车维修经营者按照统一式样和要求自行制作。

38. 机动车维修经营者不得擅自改装机动车,不得承修已报废的机动车,不得利用配件拼装机动车。托修方要改变机动车车身颜色,更换发动机、车身和车架的,应当按照有关法律、法规的规定办理相关手续,机动车维修经营者在查看相关手续后方可承修。

39. 机动车维修经营者应当公布机动车维修工时定额和收费标准,合理收取费用。

40. 机动车维修工时定额可按各省机动车维修协会等行业中介组织统一制定的标准执行,也可按机动车维修经营者报所在地道路运输管理机构备案后的标准执行,也可按机动车生产厂家公布的标准执行。当上述标准不一致时,优先适用机动车维修经营者备案的标准。

41. 机动车生产、进口企业应当在新车型投放市场后 6 个月内,向社会公布其生产、进口机动车车型的维修技术信息和工时定额。

42. 机动车维修经营者应当使用规定的结算票据,并向托修方交付维修结算清单,作为托修方追责依据。维修结算清单中,工时费与材料费应当分项计算。

43. 机动车维修经营者不出具规定的结算票据和结算清单的,托修方有权拒绝支付费用。

44. 机动车维修经营者应当按照国家、行业或者地方的维修标准规范和机动车生产、进口企业公开的维修技术信息进行维修。尚无标准或规范的,可参照机动车生产企业提供的维修手册、使用说明书和有关技术资料进行维修。

45. 机动车维修经营者不得通过临时更换机动车污染控制装置、破坏机动车车载排放诊断系统等维修作业,使机动车通过排放检验。

46. 机动车维修配件实行追溯制度。机动车维修经营者应当记录配件采购、使用信息,查验产品合格证等相关证明,并按规定留存配件来源凭证。

47. 同质配件是指,产品质量等同或者高于装车零部件标准要求,且具有良好装车性能的配件。机动车维修经营者对于换下的配件、总成,应当交托修方自行处理。

48. 机动车维修经营者应当将原厂配件、同质配件和修复配件分别标识,明码标价,供用户选择。

49. 机动车维修竣工质量检验合格的,维修质量检验人员应当签发《机动车维修竣工出厂合格证》;未签发《机动车维修竣工出厂合格证》的机动车,不得交付使用,车主可以拒绝交费或接车。

50. 机动车维修经营者应当建立机动车维修档案,并实行档案电子化管理,机动车托修方有权查阅机动车维修档案。

51. 机动车维修实行竣工出厂质量保证期制度:汽车和危险货物运输车辆整车修理或总成修理质量保证期为车辆行驶20000km或者100日;二级维护质量保证期为车辆行驶5000km或者30日;一级维护、小修及专项修理质量保证期为车辆行驶2000km或者10日。

52. 机动车维修质量保证期中行驶里程和日期指标,以先达到者为准。

53. 机动车维修质量保证期,从维修竣工出厂之日起计算。

54. 在质量保证期和承诺的质量保证期内,因维修质量原因造成机动车无法正常使用,且承修方在3日内不能或者无法提供因非维修原因而造成机动车无法使用的相关证据的,机动车维修经营者应当及时无偿返修,不得故意拖延或者无理拒绝。

55. 机动车维修质量纠纷双方当事人均有保护当事车辆原始状态的义务。必要时可拆检车辆有关部位,但双方当事人应同时在场,共同认可拆检情况。

56. 对机动车维修质量的责任认定需要进行技术分析和鉴定,且承修方和托修方共同要求道路运输管理机构出面协调的,道路运输管理机构应当组织专家组或委托具有法定检测资格的检测机构作出技术分析和鉴定。鉴定费用由责任方承担。

57. 对机动车维修经营者实行质量信誉考核制度,考核内容应当包括经营者基本情况、经营业绩(含奖励情况)、不良记录等。

58. 建立机动车维修企业信用档案,除涉及国家秘密、商业秘密外,应当依法公开,供公众查阅。机动车维修质量信誉考核结果、汽车维修电子健康档案系统维修电子数据记录上传情况及车主评价、投诉和处理情况是机动车维修信用档案的重要组成部分。

59. 建立机动车维修经营者和从业人员黑名单制度,县级道路运输管理机构负责认定机动车维修经营者和从业人员黑名单。

60. 道路运输管理机构的执法人员在机动车维修经营场所实施监督检查时,应当有2名以上人员参加,并向当事人出示交通运输部监制的交通行政执法证件。

61. 违反《机动车维修管理规定》,从事机动车维修经营业务,未按规定进行备案的,由县级以上道路运输管理机构责令改正;拒不改正的,处5000元以上2万元以下的罚款。

62. 违反《机动车维修管理规定》,机动车维修经营者使用假冒伪劣配件维修机动车,承修已报废的机动车或者擅自改装机动车的:

(1)由县级以上道路运输管理机构责令改正。

(2)有违法所得的,没收违法所得,处违法所得2倍以上10倍以下的罚款。

(3)没有违法所得或者违法所得不足1万元的,处2万元以上5万元以下的罚款,没收假冒伪劣配件及报废车辆。

(4)情节严重的,由县级以上道路运输管理机构责令停业整顿。

(5)构成犯罪的,依法追究刑事责任。

63. 违反《机动车维修管理规定》,机动车维修经营者签发虚假机动车维修竣工出厂合格证的:

(1)由县级以上道路运输管理机构责令改正。

(2)有违法所得的,没收违法所得,处以违法所得2倍以上10倍以下的罚款。

(3)没有违法所得或者违法所得不足3000元的,处以5000元以上2万元以下的罚款。

(4)情节严重的,由县级以上道路运输管理机构责令停业整顿。

(5)构成犯罪的,依法追究刑事责任。

64.《中华人民共和国大气污染防治法》规定机动车船向大气排放污染物不得超过规定的排放标准,禁止生产、进口或者销售大气污染物排放超过标准的机动车船、非道路移动机械。

65.省、自治区、直辖市人民政府可以在条件具备的地区,提前执行国家机动车大气污染物排放标准中相应阶段排放限值,并报国务院生态环境主管部门备案。

66.在用机动车应当按照国家或者地方的有关规定,由机动车排放检验机构定期对其进行排放检验。经检验合格的,方可上道路行驶;未经检验合格的,公安机关交通管理部门不得核发安全技术检验合格标志。

67.机动车排放检验机构及其负责人对检验数据的真实性和准确性负责。

68.生产、进口企业获知机动车、非道路移动机械排放大气污染物超过标准,属于设计、生产缺陷或者不符合规定的环境保护耐久性要求的,应当召回;未召回的,由国务院市场监督管理部门会同国务院生态环境主管部门责令其召回。

69.在用重型柴油车、非道路移动机械未安装污染控制装置或者污染控制装置不符合要求,不能达标排放的,应当加装或者更换符合要求的污染控制装置。

70.在用机动车排放大气污染物超过标准的,应当进行维修;经维修或者采用污染控制技术后,大气污染物排放仍不符合国家在用机动车排放标准的,应当强制报废。

71.报废机动车所有人应当将机动车交售给报废机动车回收拆解企业,由回收拆解企业按照国家有关规定进行登记、拆解、销毁等处理。

72.国家鼓励和支持高排放机动车船、非道路移动机械提前报废。

73.所谓合同是指平等主体的自然人、法人、其他组织之间设立、变更、终止民事权利义务关系的协议;不是所有的民事协议都可以用《中华人民共和国合同法》调整,例如民事协议中婚姻、收养、监护等有关身份关系的协议不予调整。

74.《中华人民共和国合同法》的立法原则包括:平等原则、自愿原则、公平原则、诚实信用原则、合法原则、公序良俗原则和法律保护原则。

75.平等原则:平等是合同自愿原则的前提和基础,平等的体现就是要求一方不得将自己的意志强加给另一方。

76.自愿原则:即合同自由,合同自由是平等原则的体现,是合同法的核心原则。

77.合同订立的条件包括:合同主体合格、合同形式合法、合同条款齐全、合同订立的程序合法。

78.合同订立的程序包括要约和承诺。要约是希望和他人订立合同的意思表示;承诺是受要约人同意要约的意思表示,承诺生效时合同成立。

79.合同效力即合同是否有效性,这里涉及合同的成立、合同的生效等名词,合同的成立不等于合同的生效,合同成立是合同生效的前提。

80.合同履行的原则有:全面履行原则、诚实信用原则和补救原则。

81.违约承担责任的方式包括继续履行、采取补救措施或者赔偿损失;也可以相互约定违约金、定金等方式。前三者是法定的,后两者是约定的。

82. 赔偿损失和违约金的关系:约定的违约金低于造成的损失的,当事人可以请求人民法院或者仲裁机构予以增加;约定的违约金过分高于造成的损失的,当事人可以请求人民法院或者仲裁机构予以适当减少。

83. 债务人履行债务后,定金应当抵作价款或者收回。给付定金的一方不履行约定的债务的,无权要求返还定金;收受定金的一方不履行约定的债务的,应当双倍返还定金。

84. 承揽合同是承揽人按照定作人的要求完成工作,交付工作成果,定作人给付报酬的合同。机动车维修检测合同是承揽合同的一种。

85. 技术合同是当事人就技术开发、转让、咨询或者服务订立的确立相互之间权利和义务的合同。

86. 租赁合同是转移租赁物使用收益权的合同。租赁合同终止时,承租人须返还租赁物,这是租赁合同区别于买卖合同的根本特征。

87. 委托合同是指受托人为委托人办理委托事务,委托人支付约定报酬或不支付报酬的合同。委托合同是典型的劳务合同。

88. 劳动者是指年满16周岁并具有劳动能力的自然人,禁止用人单位招用未满16周岁的未成年人。

89. 劳动合同是劳动者与用人单位确立劳动关系、明确双方权利和义务的协议。

90. 劳动合同可以约定试用期,试用期最长不得超过6个月。

91. 劳动合同的无效,由劳动争议仲裁委员会或者人民法院确认。

92.《中华人民共和国安全生产法》的适用范围是:在中华人民共和国领域内从事生产经营活动的单位(简称生产经营单位)的生产活动。

93. 安全生产工作应当以人为本,坚持安全发展,坚持安全第一、预防为主、综合治理的方针,强化和落实生产经营单位的主体,建立生产经营单位负责、职工参与政府监管、行业自律和社会监督的机制。

94.《中华人民共和国安全生产法》的执行主体主要包括国务院和县级以上地方各级人民政府(制定安全生产规划,并组织实施)、各级安全生产监督管理部门(综合监督管理)、其他有关部门和协会组织。

95. 生产经营单位应当具备本法和有关法律、行政法规和国家标准或者行业标准规定的安全生产条件;不具备安全生产条件的,不得从事生产经营活动。

96. 一般生产经营单位,从业人员超过300人的,应当设置安全生产管理机构或者配备专职安全生产管理人员;从业人员在300人以下的,应当配备专职或者兼职的安全生产管理人员,或者委托具有国家规定的相关专业技术资格的工程技术人员提供安全生产管理服务。

97. 特种作业人员必须按照国家有关规定经专门的安全作业培训,取得特种作业操作资格证书,方可上岗作业。

98. 生产经营单位必须为从业人员提供符合国家标准或者行业标准的劳动防护用品,并监督、教育从业人员按照使用规则佩戴、使用。

99. 缴纳保险费义务。生产经营单位必须依法参加工伤社会保险,为从业人员缴纳保险费。

100. 安全生产管理人员应当根据本单位的生产经营特点,对安全生产状况进行经常性检查;对检查中发现的安全问题,应当立即处理;不能处理的,应当及时报告本单位有关负责人。

101. 从业人员有知情权和建议权。从业人员有权了解其作业场所和工作岗位存在的危险因素、防范措施及事故应急措施,有权对本单位的安全生产工作提出建议。

102. 从业人员有停止作业权和撤离权;从业人员发现直接危及人身安全的紧急情况时,有权停止作业或者在采取可能的应急措施后撤离作业场所。生产经营单位不得因从业人员在前款紧急情况下停止作业或者采取紧急撤离措施而降低其工资、福利等待遇或者解除与其订立的劳动合同。

103. 从业人员有享有工伤社会保险权和民事赔偿权。因生产安全事故受到损害的从业人员,除依法享有工伤社会保险外,依照有关民事法律尚有获得赔偿的权利的,有权向本单位提出赔偿要求。

104. 工会的权利包括"三同时"的监督权、要求纠正权、建议权、组织撤离权和事故调查参加权。

105. 中华人民共和国境内生产、销售的家用汽车产品的三包,适用《家用汽车产品修理、更换、退货责任规定》规定,三包责任由销售者依法承担。

106. 修理者应当建立并执行修理记录存档制度。书面修理记录应当一式两份,一份存档,一份提供给消费者。

107. 修理者用于家用汽车产品修理的零部件应当是生产者提供或者认可的合格零部件,且其质量不低于家用汽车产品生产装配线上的产品。

108. 三包有效期限不低于2年或者行驶里程50000km,以先到者为准。

109. 包修期限不低于3年或者行驶里程60000km,以先到者为准。

110. 包修期和三包有效期自销售者开具购车发票之日起计算。在包修期内,出现产品质量问题,消费者凭三包凭证由修理者免费修理(包括工时费和材料费)。

111. 自销售者开具购车发票之日起60日内或者行驶里程3000km之内(以先到者为准),家用汽车出现产品质量问题的,销售者应当负责免费更换或退货。

112. 修理时间超过35日或次数超过5次(消费者需支付使用补偿金):在三包有效期内,因产品质量问题修理时间累计超过35日的,或者因同一产品质量问题累计修理超过5次的,消费者可以凭三包凭证、购车发票,由销售者负责更换。

113. 三包有效期内,符合条件的,销售者应当自消费者要求退货之日起15个工作日内向消费者出具退车证明,并负责为消费者按发票价格一次性退清货款。

114. 消费者遗失三包凭证的,销售者、生产者应当在接到消费者申请后10个工作日内予以补办。

115. 家用汽车在包修期和三包有效期内发生所有权转移的,三包凭证应当随车转移,三包责任不因汽车所有权转移而改变。

116. 三包责任的免除,有下列情形之一的,可以免除三包责任:
(1)易损耗零部件超出生产者明示的质量保证期出现产品质量问题的。
(2)消费者所购家用汽车产品已被书面告知存在瑕疵的。
(3)家用汽车产品用于出租或者其他营运目的的。
(4)使用说明书中明示不得改装、调整、拆卸,但消费者自行改装、调整、拆卸而造成损坏的。

(5)发生产品质量问题,消费者自行处置不当而造成损坏的。

(6)因消费者未按照使用说明书要求正确使用、维护、修理产品,而造成损坏的。

(7)因不可抗力造成损坏的。

(8)无有效发票和三包凭证的。

117.根据《道路运输从业人员管理规定》中的规定,道路运输从业人员是指经营性道路客货运输驾驶员、道路危险货物运输从业人员、机动车维修技术人员、机动车驾驶培训教练员、道路运输经理人和其他道路运输从业人员。

118.县级以上地方人民政府交通运输主管部门负责组织领导本行政区域内的道路运输从业人员管理工作,并具体负责本行政区域内道路危险货物运输从业人员的管理工作。

119.道路运输从业人员从业资格证件有效期为6年。道路运输从业人员应当在从业资格证件有效期届满30日前到原发证机关办理换证手续。

120.经营性道路货物运输驾驶员应当取得相应的机动车驾驶证;年龄不超过60周岁;掌握相关道路货物运输法规、机动车维修和货物装载保管基本知识;经考试合格,取得相应的从业资格证件。

121.机动车维修技术负责人员应具有机动车维修或者相关专业大专以上学历,或者具有机动车维修或相关专业中级以上专业技术职称;熟悉机动车维修业务,掌握机动车维修及相关政策法规和技术规范。

122.机动车维修质量检验人员应具有高中以上学历;熟悉机动车维修检测作业规范,掌握机动车维修故障诊断和质量检验的相关技术,熟悉机动车维修服务收费标准及相关政策法规和技术规范。

123.从事机修、电器、钣金、涂漆、车辆技术评估(含检测)作业的技术人员应具有初中以上学历;熟悉所从事工种的维修技术和操作规范,并了解机动车维修及相关政策法规。

124.《关于促进汽车维修业转型升级提升服务质量的指导意见》包括公平竞争、自主消费、依法监管、协同发展和部门共治5项基本原则。

125.《关于促进汽车维修业转型升级提升服务质量的指导意见》的总体目标是:推动汽车维修业基本完成从规模扩张型向质量效益型的转变,对汽车后市场发展引领和带动作用更加显著;基本完成从服务粗放型向服务品质型的转变,为人民群众提供更满意的汽车维修和汽车消费服务。

126.《关于促进汽车维修业转型升级提升服务质量的指导意见》的主要内容包括鼓励连锁经营、规模化发展、专业化维修、品牌化发展,推广绿色维修作业,加强行业诚信建设,强化维修标准化、规范化作业等22项内容。

## 第二节 标准规范

1.标准是对重复性事物和概念所做的统一规定,它是以科学技术和实践的综合成果为基础,经主管机关依法批准,并以特定方式发布的共同遵守的准则和依据。

2. 标准是发展社会主义商品经济、促进技术进步、改进产品质量、提高社会经济效益、维护国家和人民利益的必要手段。

3. 标准化是一个国家制定、发布和实施的标准,对标准的实施进行监督的制度总和。

4. 《中华人民共和国标准化法》将中国标准分为国家标准、行业标准、地方标准、企业标准四级。

5. 标准分为强制性标准、推荐性标准。比如:强制性国家标准 GB;推荐性国家标准 GB/T("T"是推荐的意思);推荐性交通行业标准 JT/T 等。强制性标准必须执行,推荐性标准鼓励企业自愿采用。

6. 一般来说,国家标准是该行业的最低技术指标,而行业标准的技术指标应比国家标准高。

7. 已有国家标准或者行业标准的,国家鼓励企业制定严于国家标准或者行业标准的企业标准在企业内部执行。

8. 县级以上政府标准化行政主管部门负责对标准的实施进行监督检查。

9. 生产、销售、进口不符合强制性标准的产品的,由法律、行政法规规定的行政主管部门依法处理,法律、行政法规未作规定的,由工商行政管理部门没收产品和违法所得,并处罚款;造成严重后果构成犯罪的,对直接责任人员依法追究刑事责任。

10. 《汽车维修业开业条件第 1 部分:汽车整车维修企业》(GB/T 16739.1—2014)适用于汽车整车维修企业(一类、二类),是道路运输管理机构对汽车整车维修企业实施行政许可和管理的依据。规定了汽车整车维修企业应具备的人员、组织管理、安全生产、环境保护、设施和设备等条件。

11. 人员条件是指汽车整车维修业企业管理负责人、技术负责人及关键岗位需要具备的资格、应知应会的知识。

12. 维修质量检验员数量应与其经营规模相适应,至少应配备 2 名维修质量检验员。

13. 组织管理条件是指汽车整车维修业企业经营管理和质量管理应具备的条件。

14. 安全生产条件是指汽车整车维修业应当具备的安全管理制度和安全保护措施条件。

15. 环境保护条件是指汽车整车维修业应当具备的执行环境保护能力的要求。

16. 设施条件是指汽车整车维修业应当具备的停车场、生产厂房及办公条件。

17. 生产厂房:生产厂房地面应平整坚实,面积应能满足所列维修设备的工位布置、生产工艺和正常作业,一类企业的面积不少于 $800m^2$,二类企业的面积不少于 $200m^2$;生产厂房内应设有总成维修间,一类企业总成维修间面积不小于 $30m^2$,二类企业总成维修间面积不小于 $20m^2$;租赁的生产厂房应具有合法的书面合同书,租赁期限不得小于 1 年。

18. 企业应配备与其所承修车型相适应的量具、机工具及手工具,量具应定期进行检定。

19. 检测设备应通过型式认定,并按规定经有资质的计量检定机构检定合格。

20. 允许外协的设备,应具有合法的合同书,并能证明其技术状况符合要求。

21. 《汽车维修业开业条件第 2 部分:汽车综合小修及专项维修业户》(GB/T 16739.2—2014)适用于汽车综合小修及专项维修业户(三类),是道路运输管理机构实施行政许可和管理的依据。规定了汽车综合小修及专项维修业户应具备的通用条件,及其经营范围、人员、设施、设备等专项条件。

22. 通用条件是指从事汽车发动机维修、车身维修、电气系统维修、自动变速器维修、轮胎动平衡及修补、四轮定位检测调整、汽车润滑与养护、喷油泵和喷油器维修、曲轴修磨、汽缸镗磨、散热器维修、空调维修、汽车美容装潢、汽车玻璃安装及修复等专项维修作业的业户(三类)都必须具备的条件。

23. 组织管理条件:应具有健全的经营管理体系,设置技术负责、业务受理、质量检验、文件资料管理、材料管理、仪器设备管理、价格结算等岗位并落实责任人;应具有汽车维修质量承诺、进出厂登记、检验记录及技术档案管理、标准和计量管理、设备管理及维护、人员技术培训等制度并严格实施。

24. 从事综合小修或专项维修关键岗位的从业人员数量应能满足生产的需要,从业人员资格条件应符合规定,并取得行业主管及相关部门颁发的从业资格证书,持证上岗。

25. 停车场面积应不小于30$m^2$。停车场地界定标志明显,不得占用道路和公共场所进行作业和停车,地面应平整坚实。

26. 生产厂房的面积、结构及设施应满足综合小修或专项维修作业设备的工位布置、生产工艺和正常作业要求。

27. 租赁的生产厂房、停车场地应具有合法的书面合同书,并应符合安全生产、消防等各项要求。租赁期限不得少于1年。

28. 使用与存储有毒、易燃、易爆物品和粉尘、腐蚀剂、污染物、压力容器等均应具备相应的安全防护措施和设施。

29. 作业环境以及按生产工艺配置的处理"四废"及采光、通风、吸尘、净化、消声等设施,均应符合环境保护的有关规定。

30. 专项维修条件是指根据不同的经营范围在人员、设施、设备方面各自必须具备的条件。

31. 汽车综合小修业户应有维修企业负责人、维修技术负责人、维修质量检验员、维修业务员、维修价格结算员、机修人员和电器维修人员;维修质量检验员应不少于1名;主修人员应不少于2名。

32. 汽车综合小修业户的设施条件:应设有接待室,其面积应不小于10$m^2$,整洁明亮,并有供客户休息的设施;生产厂房面积应不小于100$m^2$。

33. 发动机修理业户的人员条件:检验人员应不少于2名;发动机主修人员应不少于2名。

34. 发动机修理业户的设施条件:应设有接待室,其面积应不小于20$m^2$,接待室应整洁明亮,明示各类证、照、作业项目及计费、工时定额等,并应有客户休息的设施;停车场面积应不小于30$m^2$;生产厂房应不小于200$m^2$。

35. 车身维修业户的人员条件:企业管理负责人、技术负责人及检验人员应符合要求;检验人员应不少于1名;车身主修及维修涂漆人员均应不少于2名。

36. 电气系统维修业户的人员条件:企业管理负责人、技术负责人及检验人员应符合要求;检验人员应不少于1名;电子电器主修人员应不少于2名。

37. 电气系统维修业户的设施条件:应设有接待室,其面积应不小于20$m^2$,接待室应整洁明亮并应有客户休息的设施;生产厂房应不少于120m²。

38. 自动变速器修理业户的人员条件:企业管理负责人、技术负责人及检验人员应符合要求;检验人员应不少于1名;自动变速器专业主修人员应不少于2名。

39. 自动变速器修理业户的设施条件:应设有接待室,其面积应不少于20m²。接待室应整洁明亮并应有客户休息的设施;生产厂房应不少于200m²。

40. 轮胎动平衡及修补业户的条件:至少有1名经过专业培训的轮胎维修人员,生产厂房面积不少于15m²。

41. 汽车润滑与养护业户的条件:至少有1名经过专业培训的汽车维修人员,生产厂房面积不少于40m²。

42. 空调维修业户的条件:至少有1名经过专业培训的汽车空调维修人员,生产厂房面积不少于40m²。

43. 《汽车综合性能检验机构能力的通用要求》(GB/T 17993—2017)适用于汽车综合性能检验机构的建设、运行管理、能力认定和监督管理。规定了汽车综合性能检验机构的服务功能、管理、技术能力以及场地和设施的要求。

44. 汽车综合性能检验机构开展汽车综合性能检验工作应具备的服务项目包括四项:

(1) 依法对道路运输车辆的技术状况进行检验和评定。

(2) 依法对车辆维修竣工质量进行检验。

(3) 对车辆改装、改造、技术评估以及相关新技术、科研鉴定等项目进行检验。

(4) 接受交通、公安、环保、商检、质检、保险和司法等部门和机构的委托,对车辆进行规定项目的检验与核查。

45. 综检机构应建立记录、报告控制文件,包括质量记录、技术记录、结果报告等,检验记录、报告的保存期限不少于2年,其他记录的保存期限为6年。

46. 综检机构应定期对检验工作进行内部审核联合管理评审,内部审核每年1次,管理评审12个月1次。

47. 综检机构应设机构负责人、技术负责人、质量负责人、授权签字人、网络管理员、检验员、档案管理员,以及引车员、外观检查员、底盘检查员、尾气检查员、登录员等检验人员(技术负责人与质量负责人不应兼任)。

48. 检验员数量应满足:1条检测线不少于8人,每增加1条检测线,增加人员数不少于4人。

49. 对综检机构技术负责人的要求,包括四个方面:

(1) 应具有理工科类专业大专(含)以上学历和中级(含)以上工程技术职称或职业水平(含技师)或同等能力。

(2) 掌握汽车理论和汽车构造知识,有3年以上的汽车维修或检测工作经历。

(3) 熟悉国家、行业、地方有关汽车维修检测方面的政策、法规、规定及相关标准。

(4) 掌握检测设备的性能,具有使用检测设备计量校定、校准知识以及分析测量误差的能力。

50. 对综检机构质量负责人的要求,包括四个方面:

(1) 应具有大专(含)以上学历和中级(含)以上工程技术职称或职业水平(含技师)或

同等能力。

(2) 掌握汽车理论和汽车构造知识,有3年以上的汽车维修或检测工作经历。

(3) 熟悉国家、行业、地方有关汽车维修检测方面的政策、法规、规定及相关标准。

(4) 掌握质量管理体系和检验检测机构资质认定的要求。

51. 对检验员的基本要求:

(1) 应具有高中(含技校)以上学历,了解汽车构造和原理。

(2) 了解所在工位检测仪器、设备的构造、原理、性能和使用方法。

(3) 掌握检测标准,熟练掌握检测操作规程,能进行数据处理工作。

(4) 熟悉汽车综合性能检测工艺流程,具有计算机操作的基本知识。

52. 引车员还应持有与承检车型相适应的有效机动车驾驶证,具有3年以上的驾驶经历。

53. 外观检验员、底盘检验员和尾气检验员还应具备汽车维修或检测工作1年以上经历,熟练掌握检测标准所规定的检验项目及方法,并具备正确评判的能力。

54. 综检机构检测线内设备的承载质量和检测范围应与承载车辆相适应:

(1) 总质量大于3.5t的车辆,制动性能和动力性能的检验应分别采用10t级(或13t级)的滚筒反力式制动检验台和10t级(或13t级)底盘测功机,其他工位的相应设备应采用10t级(或以上)。

(2) 总质量小于3.5t的车辆,动力性能的检验应采用3t级(或10t级)的底盘测功机,其他工位的相应设备应采用3t级(或以上)。

55. 综检机构应合理规划和设置检测间(含外检)、检测线、检测工位、停车场、试车道路和业务厅等设施,配备消防设施和设备。

56. 检测线应布置在检测车间内,并符合检验流程合理分布,出入口应设引车道和必要的交通标志和安全防护装置等。

57. 检测车间路面承载能力应适应承检车型的轴荷要求,行车路面的纵向、横向坡度应不大于1.0%,平整度应不大于2.0‰,在汽车制动检验台前后相应距离内,地面附着系数应不低于0.7。

58. 停车场面应与检测业务量相适应,不得与试车道路和行车道路等设施共用。

59. 试车道路的承载能力应适应承检车型的轴荷要求,试车道路应铺设平坦、硬实的混凝土或沥青路面并设有规范的交通标志标线,路面附着系数不小于0.7,宽度不小于6m,小型车的试验车道的长度不小于80m,大型车的试验车道的长度不小于100m。

60. 《汽车维护、检测、诊断技术规范》(GB/T 18344—2016)规定了汽车日常维护、一级维护、二级维护的周期、作业内容和技术规范。本标准适用于所有在用汽车。

61. 日常维护以清洁、补给和安全检视为作业中心内容,由驾驶员负责执行的车辆维护作业。

62. 日常维护的周期:出车前,行车中,收车后。

63. 一级维护除日常维护作业外,以清洁、润滑、紧固为作业中心内容,并检查有关制动、操纵等安全部件,由维修企业负责执行的车辆维护作业。

64. 一级维护周期:汽车一级维护周期的确定应以汽车行驶里程间隔为基本依据。小型车和轻型货车一般为10000km或30日,中型客车和轻型货车以上为15000km或30日。

65. 二级维护的基本要求和实施主体:二级维护作业项目包括基本作业项目和附加作业项目,二级维护作业时一并进行,由维修企业负责执行的车辆维护作业。

66. 汽车二级维护周期的确定以汽车行驶里程间隔为基本依据。小型车和轻型货车一般为40000km或120日,中型客车和轻型货车以上为50000km或120日。

67. 二级维护作业流程:汽车二级维护首先要进行进厂检测,按规定的检测项目和驾驶员反映的车辆使用技术状况确定所需检测项目,依据检测结果及车辆实际技术状况进行故障诊断,从而确定附加作业。

68. 二级维护过程检验:二级维护过程中,要始终贯穿过程检验,并作检验记录。

69. 二级维护竣工检验:汽车在维修企业进行二级维护后,必须进行竣工检验;各项目参数符合国家或行业及地方标准;竣工检验合格的车辆填写《维护竣工出厂合格证》后方可出厂。

70. 汽车维护质量保证期,自维护竣工出厂之日起计算,一级维护质量保证期为车辆行驶不少于2000km或者10日,二级维护质量保证期为车辆行驶不少于5000km或者30日,以先达到者为准。

71. 《汽车制动系统修理竣工技术条件》(GB/T 18274—2017)规定了汽车盘式制动器、鼓式制动器、气压制动传动装置、液压制动传动装置和驻车制动装置修理竣工的技术要求及检验规则。

72. 空气压缩机气缸体的形位公差、各部位的配合、间隙都应应符合原厂技术规定。

73. 修理后的空气压缩机应按磨合规范进行磨合,磨合后应按原产品规定的技术要求进行检查。当压力为700kPa时,空气压缩机停止运转后,在3min内储气筒的压力下降不应超10kPa。

74. 整车制动系统密封性的技术要求:当气压升至600kPa,且不使用制动的情况下,停止空气压缩机3min后,其气压降低应不大于10kPa。在气压为600kPa的情况下,将制动踏板踩到底,待气压稳定后观察3min,单车气压降低值不得超过20kPa;列车气压降低值不得超过30kPa。

75. 主缸、轮缸总成密封性能要求:当制动液加至储液室最高位置时,在制动过程中主缸总成不得发生渗油、溅油和溢油等现象。在制动回路中建立起最高工作压力,稳定后30s各制动腔压力降不大于0.3MPa。

76. 主缸、轮缸总成耐压性能要求:经过15s±5s在制动腔内建立起最高工作压力的130%,保持推杆位置不变,各部位无任何泄漏及异常现象。

77. 真空增压器的真空密封性要求:真空增压器真空度达到66.7kPa后,切断真空源,15s内真空度的下降量不得大于3.3kPa;当主缸输出压力为9000kPa时,切断真空源,15s内真空室真空度从66.7kPa处的下降量不应大于3.3kPa。

78. 真空增压器的液压密封性要求:使增压缸压力值达到9000kPa,踏下制动踏板后,在15s内压力值下降量应不大于10%,总成各部位不得有渗漏油现象。

79. 真空助力器的真空密封性要求:非制动状态下按规定的试验方法,15s内真空度下降值不得超过3.3kPa;制动状态下按规定的试验方法,15s内真空度下降值不得超过3.3kPa。

80. 添加制动液应符合原车要求的品牌,制动液应清洁,防止混入杂质和水分。

81. 制动系统修理竣出厂的质量保证其与整车质量保证期相同。

82. 《汽车大修竣工出厂技术条件》(GB/T 3798.1—2005、GB/T 3798.2—2005)包含载客汽车和载货汽车两部分,要求大修竣工出厂的整车外观应整洁、完好、周正,附属设施及装备应齐全、有效。

83. 大修竣工出厂的汽车主要结构参数应符合原设计规定,由修理改变的整备质量,不得超过新车出厂额定值的3%。

84. 左右轴距差不得大于原设计轴距的1/1000。

85. 影响汽车行驶安全的转向系统、制动系统和行驶系统的关键零部件,不得使用修复件。

86. 最大设计车速不小于100km/h的汽车,车轮应进行动平衡试验,其动不平衡质量应不大于10g。

87. 大修竣工出厂的载客汽车车身、保险杠及翼子板左右对称,各对称部位离地面高度差不大于10mm。

88. 大修竣工出厂的载货汽车驾驶室、货箱、保险杠及翼子板左右对称,各对称部位离地面高度差:货箱不大于20mm,其他不大于10mm。

89. 汽车大修走合期满后,每百公里燃料消耗量不得大于该车型原设计规定的相应车速等速百公里燃料消耗量的105%。

90. 大修竣工出厂的汽车经检验合格,应签发"汽车大修出厂合格证"及有关技术文件。

91. 承修单位对大修竣工的汽车应给予质量保证,质量保证期自出厂之日起,不少于半年或行驶里程不少20000km(以先到者为准)。

92. 《商用汽车发动机大修竣工出厂技术条件》(GB/T 3799.1—2005、GB/T 3799.2—2005)包含两部分,分别规定了商用汽车汽油发动机和柴油发动机(均为往复活塞式)大修竣工出厂的技术要求、质量保证和包装要求。

93. 发动机运转状况及检查要求:发动机在各种工况下运转应稳定,不得有过热现象;不应有异常响声;突然改变工况时,应过渡圆滑,不得有突爆、回火、放炮等异常现象。

94. 商用汽车发动机大修竣工起动性能要求:发动机在正常环境温度和低温255K(-18℃)时,都能顺利起动,允许起动3次。

95. 在标准状态下,发动机额定功率和最大转矩不得低于原设计标定值的90%。

96. 承修单位对大修竣工出厂的发动机应给予质量保证,质量保证期自竣工之日起,不少于半年或行驶里程为20000km(以先到者为准)。

97. 《大客车车身修理技术条件》(GB/T 5336—2005)规定,大客车车身立柱下端锈蚀面积与其总面积之比达1/3以上应局部截换,如有上述损坏并断裂的,应整件更新。

98. 大客车车身外装饰带与蒙皮贴合良好,平直圆顺,分段接口处平齐,接口间隙不大于0.50mm。

99. 《大客车车身修理技术条件》(GB/T 5336—2005)竣工检验要求主要包括:
    (1)车身外观整洁,装备齐全,表面无污垢、漏漆及机械损伤。
    (2)外形尺寸符合原设计规定。

(3)整备质量及各轴负荷分配的最大值所增加的质量不得超过原设计质量的3%。

(4)各操纵机构的安装应符合原设计规定,各部连接牢固,密封良好,操纵灵活有效,无相互干扰碰撞现象。

(5)车厢不漏水,顶风窗开启到位,关闭严密,行车时不自行落下。

(6)车辆行驶时蒙皮不允许有抖动声。

(7)车窗玻璃清洁、完整、不松动,可开窗应启闭灵活,锁止可靠。

(8)电气设备及各种仪表运行工作正常。

(9)车厢应具有良好的防尘性能,当车外空气含尘量不低于200mg/$m^3$时,车内的空气最大含尘量不大于车外空气含尘量的25%。

(10)电车总绝缘要求:在确保乘客安全前提下,各地应根据具体情况自行规定,报上级主管部门批准执行。

100.《大客车车身修理技术条件》(GB/T 5336—2005)规定,在正常使用情况下,质量保证期自出厂之日起,不少于半年或行驶里程不少20000km(以先到者为准)。

101.《机动车运行安全技术条件》(GB 7258—2017)是我国机动车国家安全技术标准的重要组成部分,是进行注册登记检验和在用机动车检验、机动车查验等机动车运行安全管理及事故车检验最基本的技术标准,同时,也是我国机动车新车定型强制性检验、新车出厂检验及进口机动车检验的重要技术依据之一。

102.《机动车运行安全技术条件》(GB 7258—2017)适用于在我国道路上行驶的所有机动车(不包括有轨电车及非道路行驶的轮式专用机械车),规定了整车及主要总成、安全防护装置等有关运行安全的基本技术要求,以及消防车、救护车、工程救险车和警车及残疾人专用车的附加要求。

103.乘用车是指设计和制造上主要用于载运乘客及其随身行李和/或临时物品的汽车包括驾驶员座位在内最多不超过9个座位。

104.低速汽车及拖拉机运输机组的比功率大于或等于4.0kW/t,除了无轨电车、纯电动汽车外的其他机动车的比功率大于或等于5.0kW/t。

105.机动车在车身前部外表面的易见部位上应至少装置一个能永久保持的商标或厂标。

106.汽车、摩托车、挂车应具有唯一的车辆识别代号,其内容符合GB 16735的规定,应至少有一个车辆识别代号打刻在车架(无车架的机动车为车上主要承载且不能拆卸的部件)能防止锈蚀、磨损的部位上。

107.根据《机动车运行安全技术条件》(GB 7258—2017)进行机动车漏油检查,应在机动车连续行驶距离不小于10km、停车5min后观察,无漏油现象。

108.汽车(三轮汽车除外)的转向盘必须设置于左侧,其他机动车的转向盘不允许设置于右侧;专用作业车按需要可设置左右两个转向盘。

109.最大设计车速大于或等于100km/h的机动车,其转向盘的最大自由转动量应小于或等于15°。

110.液压行车制动器在到达规定的制动效能时,制动踏板行程应小于或等于制动踏板全行程的3/4,制动器安装有自动调整间隙装置的机动车制动踏板行程应小于或等于制动踏板全行程的 4/5,且乘用车应小于或等于 120mm,其他机动车应小于或等于 150mm。

111. 汽车的制动协调时间,对液压制动的汽车应小于或等于 0.35s,对气压制动的汽车应小于或等于 0.60s。

112. 发动机应动力性能良好,运转平稳,怠速稳定,机油压力和温度正常,发动机功率不小于铭牌(或产品使用说明书)标明的发动机功率的 75%。

113. 除转向信号灯、危险警告信号灯、紧急制动信号灯、校车标志灯,扫路车等专项作业车在作业状态下的指示灯具,以及消防车、救护车、工程救险车和警车安装使用的标志灯具外,其他外部灯具不允许闪烁。

114. 《汽油车污染物排放限值及测量方法(双怠速法及简易工况法)》(GB 18285—2018)适用于新生产汽车下线检验、注册登记检验和在用汽车检验,也适用于其他装用点燃式发动机的汽车。

115. 《汽油车污染物排放限值及测量方法(双怠速法及简易工况法)》(GB 18285—2018)规定了汽油车双怠速法、稳态工况法、瞬态工况法和简易瞬态工况法排气污染物排放限值及测量方法。同时规定了汽油车外观检查、OBD 检查、燃油蒸发排放控制系统检测的方法和判定依据。

116. 《柴油车污染物排放限值及测量方法(自由加速法及加载减速法)》(GB 3847—2018)规定了柴油车自由加速法和加载减速法排气污染物排放限值及测量方法,以及柴油车外观检验、OBD 检查的方法和判定依据。

117. 《柴油车污染物排放限值及测量方法(自由加速法及加载减速法)》(GB 3847—2018)适用于新生产柴油汽车下线检验、注册登记检验和在用汽车检验。本标准也适用于其他装用压燃式发动机的汽车,但不适用于低速货车和三轮车。

118. 《汽车发动机电子控制系统修理技术要求》(GB/T 19910—2005)适用于装有汽车发动机电子控制系统的点燃式汽油发动机的车辆。

119. 《机动车安全技术检验项目和方法》(GB 38900—2020)适用于机动车安全技术检验机构对机动车进行安全技术检验,也适用于出入境检验检疫机构对入境机动车进行安全技术检验,不适用于拖拉机运输机组等上道路行驶的拖拉机的安全技术检验。

120. 注册登记安全检验是指对申请注册登记的机动车进行的安全技术检验。

121. 在用机动车安全检验是指对已注册登记的机动车进行的安全技术检验。

122. 机动车安全技术检验合格的,检验机构应出具《机动车安全技术检验报告》,报告一式三份(营运车辆一式四份)。一份交机动车所有人(或者由送检人转交机动车所有人),一份提交车辆管理所作为机动车安全技术检验合格证明,一份提交交通运输管理部门(营运车辆),一份留存检验机构。

123. 车辆唯一性检查包括:对机动车号牌号码和分类、车辆品牌和型号、车辆识别代号(或整车出厂编号)、发动机号码/驱动电机号码、车身颜色和车辆外形等特征进行检查。

124. 车辆特征参数检查包括对机动车的外廓尺寸、整备质量/空车质量、核定载人数等车辆主要特征和技术参数进行检查,确认与机动车国家安全技术标准、机动车产品公告、机动车出厂合格证、机动车行驶证等技术凭证资料的符合性。

125. 在用机动车安全检验时,应提供送检机动车有效的机动车交通事故责任强制保险凭证、(挂车以及实现电子保单、保险信息联网核查的除外)和机动车行驶证。

126. 送检的纯电动汽车、插电式混合动力汽车、燃料电池汽车不应有与电驱动系统、高压绝缘、动力电池等有关的报警信号。

127. 对送检机动车状态为"被盗抢""注销""达到报废标准""事故逃逸""锁定"情形的,应报告当地公安机关交通管理部门处理。

128. 注册登记安全检验时,送检机动车的车辆外形(不包括车身颜色)应与机动车产品公告照片一致(对国产机动车)。

129. 在用机动车安全检验时,送检机动车的车身颜色、车辆外形应与机动车行驶证上的车辆照片一致(目视不应有明显区别),不应有更改车上颜色、改变车厢形状、改变车辆结构等情形。

130. 在用机动车安全检验时,重中型货车(半挂牵引车除外)、重中型载货专项作业车、重中型挂车外廓尺寸实测值不应超出 GB 7258、GB 1578 规定的限值,且与机动车行驶证记载的数值相比误差不超过 ±3% 或 150mm。

131. 对于 2013 年 3 月 1 日起出厂的乘用车、总质量小于或等于 3500kg 的货车(低速汽车除外),从车外应能清晰地识读到靠近风窗立柱位置的车辆识别代号标识。

132. 对于 2018 年 1 月 1 日起出厂的总质量大于或等于 12000kg 的栏板式、仓栅式、自卸式、罐式货车及总质量大于或等于 10000kg 的栏板式、仓栅式、自卸式、罐式挂车还应在其货箱或常压罐体上打刻至少两个车辆识别代号。

133. 在用机动车安全检验时,货车、挂车的栏板(含盖)高度应与机动车登记信息、驾驶室两侧喷涂的栏板(含盖)高度数值相符,且误差不超过 ±50mm。

134. 2020 年 1 月 1 日起出厂的总质量大于或等于 12000kg 的危险货物运输货车的后轴,所有危险货物运输半挂车,以及三轴栏板式、仓栅式半挂车应装备空气悬架。

135. 2018 年 1 月 1 日起出厂的汽车(无驾驶室的三轮汽车除外)应配备 1 件汽车乘员反光背心。

136. 2018 年 1 月 1 日起出厂的车长大于或等于 6m 的客车和总质量大于 3500kg 的货车,应装备至少 2 个停车楔(如三角垫木)。

137. 公路客车、旅游客车、危险货物运输车及车长大于 9m 的设置乘客站立区的公共汽车,以及 2018 年 1 月 1 日起出厂的车长大于 9m 的其他客车都应具有限速功能或配备限速装置。

138. 2012 年 9 月 1 日起出厂的车长大于 9m 的公路客车、旅游客车,以及 2018 年 1 月 1 日起出厂的车长大于 9m 的未设置乘客站立区的客车(专用校车及乘坐人数小于 20 人的其他专用客车除外)应设置两个乘客门。

139. 采用动力开启的乘客门,车门应急控制器应正常且其附近应标有清晰的符号或字样注明操作方法,字体高度应不小于 10mm。

140. 注册登记安全检验和在用机动车安全检验时,车身外观应车体周正,车体外缘左右对称部位高度差应小于或等于 40mm。

141. 前风窗玻璃驾驶员视区部位及驾驶员驾驶时用于观察外后视镜的部位的可见光透射比应大于或等于 70%。

142. 校车,2012 年 9 月 1 日起出厂的公路客车、旅游客车,2018 年 1 月 1 日起出厂的设有乘客站立区的客车、轻型客车,所有车窗玻璃可见光透射比均应大于 50%。

143. 校车、公路客车、旅游客车、设有乘客站立区的客车以及轻型客车,所有车窗玻璃不应张贴有不透明和带任何镜面反光材料的色纸或隔热纸(客车车窗玻璃上张贴的符合规定的客车用安全标志和信息符号除外)。

144. 2019 年 1 月 1 日起出厂的危险货物运输车辆、公路客车、旅游客车和未设置乘客站立区的公共汽车应装备单燃油箱,且单燃油箱的容积应小于或等于 400L。

145. 货车均应在驾驶室(区)两侧喷涂总质量(半挂牵引车为最大允许牵引质量)。其中,栏板货车和自卸车还应在驾驶室两侧喷涂栏板高度,栏板挂车应在车厢两侧喷涂栏板高度。罐式汽车和罐式挂车还应在罐体上喷涂罐体容积和允许装运货物的种类。

146. 2019 年 1 月 1 日起出厂的总质量大于或等于 12000kg 的货车,应装备车辆右转弯音响提示装置,并在设计和制造上保证驾驶员不能关闭车辆右转弯音响提示装置。

147. 公路客车、旅游客车和校车的所有车轮及其他机动车的转向轮不应装用翻新的轮胎。

148. 注册登记安全检验和在用机动车安全检验时,外部照明和信号装置不得改装,车辆不应有后射灯,也不应加装强制性标准以外的外部照明和信号装置。

149. 注册登记安全检验和在用机动车安全检验时,客车、危险货物运输车辆及 2018 年 1 月 1 日起出厂的旅居车应按照 GB 7258 等相关标准的规定配备灭火器,配备的灭火器应在使用有效期内,不应有欠压失效等情形。道路运输爆炸品和剧毒化学品车辆驾驶室内应配备一个干粉灭火器,在车辆两边应配备与所装载介质性能相适应的灭火器各一个。

150. 注册登记安全检验和在用机动车安全检验时,采用密闭钢化玻璃式应急窗的客车,在相应的应急窗邻近应配备一个应急锤或采用自动破窗装置;2019 年 1 月 1 日起出厂的公路客车、旅游客车和未设置乘客站立区的公共汽车的外推式应急窗邻近处应配备有应急锤。

151. 2018 年 1 月 1 日起出厂的其他乘用车和客车,以及总质量大于 3500kg 且小于 12000kg 的货车和专项作业车(五轴及五轴以上专项作业车除外)、总质量大于 3500kg 的挂车应装备防抱死制动装置,且装备的防抱死制动装置自检功能应正常。

152. 送检机动车所有检验项目的检验结果均合格的,判定为合格;否则判定为不合格。

153. 《汽车维修行业计算机管理信息系统技术规范》(JT/T 640—2005)规定了汽车维修行业计算机管理信息系统技术规范,适用于汽车维修行业和汽车维修企业计算机信息系统管理。

154. 《汽车维修行业计算机管理信息系统技术规范》(JT/T 640—2005)由系统构成和数据信息、系统功能、系统配置、系统数据接口、系统性能、系统安装和维护组成。

155. 《道路运输车辆技术等级划分及技术评定要求》(JT/T 198—2016)适用于申请从事道路运输经营的车辆和正在从事道路运输经营的车辆。从事驾驶员培训等道路运输相关业务的车辆可参照使用。

156. 《道路运输车辆技术等级划分及技术评定要求》(JT/T 198—2016)规定了道路运输车辆技术等级划分为一级和二级。

157. 道路运输车辆技术等级评定项目包括"核查评定项目"和"技术评定项目"。其中"技术评定项目"分为"关键项""一般项"和"分级项"。申请从事道路运输经营的车辆按"核查评定项目"和"技术评定项目"进行评定。在用道路运输经营的车辆按"技术评定项目"进行评定。

158. 车辆技术等级划分时,符合以下要求的车辆评为一级车:
(1)"核查评定项目"达到一级。
(2)"关键项"均为合格。
(3)"一般项"的不合格数不超过3项。
(4)"分级项"达到一级。

159.《事故汽车修复技术规范》(JT/T 795—2011)在有效指导事故汽车维修企业确定合理、科学的汽车修复方案的同时,对保险理赔也起到重要指导作用。

160. 对于可修复车辆来说,结合车辆损伤情况、维修工作量、维修难度,由高至低将损伤等级划分Ⅰ级损伤、Ⅱ级损伤和Ⅲ级损伤三类。

161. 事故汽车出厂检查包括竣工检查和路试检查两个方面。

162. 事故汽车修复质量保证期从车辆检验出厂日起算,对于Ⅰ级、Ⅱ级、漆面损伤的Ⅲ级事故车辆,以行驶100日或行驶20000km为准。对于Ⅲ级事故车辆,以行驶10日或行驶2000km为准。

163. 在事故汽车修复质保期内,因维修质量导致车辆无法正常运行,维修企业必须及时无偿返修,若同一维修项目经两次维修后仍无法正常运行,维修企业必须及时联系其他企业维修,并承担维修费用。

164.《机动车维修服务规范》(JT/T 816—2011)适用于汽车整车维修企业和发动机、车身、电气系统、自动变速器专项维修业户,其他的机动车维修企业可参照执行。

165.《机动车维修服务规范》(JT/T 816—2011)规定了机动车维修服务的总要求、维修服务流程、服务质量管理及服务质量控制等内容。

166.《混合动力电动汽车维护技术规范》(JTT 1029—2016)适用于总质量不小于3500kg的混合动力电动汽车,规定了混合动力电动汽车维护的作业安全和技术要求。

# 考试模拟题

## 一、是非判断题

1. 按《中华人民共和国道路交通安全法实施条例》的规定,已注册登记的机动车若改变车身颜色,需要机动车所有人向登记该机动车的公安机关交通管理部门申请变更登记。(√)
2. 一类机动车维修企业可以从事危险货物运输车辆维修。(×)
3.《机动车维修管理规定》中所指机动车维修经营不包括维修救援活动。(×)
4. 危险货物运输车辆维修企业可对危险货物运输车辆罐体进行维修。(×)
5. 机动车维修经营者不得擅自改装机动车,但可以利用配件拼装机动车,只要检验合格即可。(×)

6. 机动车维修经营者需要终止经营的,应当在终止经营前 15 日告知原备案机构。（ × ）

7. 机动车维修经营者对于换下的配件、总成,可以自行处理。（ × ）

8. 未签发机动车维修竣工出厂合格证的机动车,不得交付使用,车主可以拒绝交费或接车。（ √ ）

9. 机动车维修实行竣工出厂质量保证期制度:汽车和危险货物运输车辆整车修理或总成修理质量保证期为车辆行驶 5000km 或者 30 日。（ × ）

10. 机动车维修质量保证期,从维修竣工出厂之日起计算。（ √ ）

11. 机动车维修经营者签发虚假或者不签发机动车维修竣工出厂合格证的,有违法所得的,没收违法所得,并处以 5000 元以上 2 万元以下的罚款。（ × ）

12. 违反《机动车维修管理规定》,从事机动车维修经营业务,未按规定进行备案的,由县级以上道路运输管理机构责令改正;拒不改正的,处 5000 元以上 2 万元以下的罚款。（ √ ）

13. 《道路旅客运输及客运站管理规定》规定了道路运输管理机构应当定期对货运车辆进行审验,每年审验一次。（ √ ）

14. 合同成立不一定生效,但合同生效则合同一定成立。（ √ ）

15. 根据相关法律规定,给付定金的一方不履行约定义务的,无权要求返还定金;收受定金的一方不履行约定义务的,应当双倍返还定金。（ √ ）

16. 从业人员因生产安全事故受到损害时,已经依法享有工伤社会保险的,生产经营单位可以不再赔偿。（ × ）

17. 《家用汽车产品修理、更换、退货责任规定》中规定汽车的包修期和三包有效期自汽车出厂之日起计算。（ × ）

18. 国家标准权威性最高,要求也最高,行业标准或企业标准可以比国家标准要求低。（ × ）

19. 按《汽车维修业开业条件第 1 部分:汽车整车维修企业》（GB/T 16739.1—2014）规定,维修质量检验员数量应与其经营规模相适应,至少应配备 1 名维修质量检验员。（ × ）

20. 《汽车综合性能检验机构能力的通用要求》（GB/T 17993—2017）要求综检机构应建立记录、报告控制文件,包括质量记录、技术记录、结果报告等,保存期限为 2 年。（ × ）

21. 引车员应持有与承检车型相适应的有效机动车驾驶证,具有 3 年以上的驾驶经历。（ √ ）

22. 按《汽车维护、检测、诊断技术规范》（GB/T 18344—2016）规定,汽车一级维护、二级维护周期的确定,应以汽车行驶里程为基本依据。（ √ ）

23. 大修竣工出厂的汽车主要结构参数应符合原设计规定,由修理改变的整备质量,不得超过新车出厂额定值的 3%。（ √ ）

24. 《商用汽车发动机大修竣工出厂技术条件》（GB/T 3799—2005）规定,承修单位对大修竣工出厂的发动机应给予质量保证,质量保证期自竣工之日起,不少于半年或行驶里程为 10000km（以先到者为准）。（ × ）

25. 根据《机动车运行安全技术条件》（GB 7258—2017）进行机动车漏油检查,应在机动车连续行驶距离不小于 10km、停 5min 后观察,无漏油现象。（ √ ）

26. 根据《机动车运行安全技术条件》（GB 7258—2017）规定:所有机动车转向盘的最大

自由转动量应小于或等于15°。 (×)

27.《机动车安全技术检验项目和方法》(GB 38900—2020)适用于机动车安全技术检验机构对机动车进行安全技术检验,也适用于出入境检验检疫机构对入境机动车进行安全技术检验,不适用于拖拉机运输机组等上道路行驶的拖拉机的安全技术检验。 (√)

28.《机动车安全技术检验项目和方法》(GB 38900—2020)规定,注册登记安全检验时,送检机动车的车辆外形(包括车身颜色)应与机动车产品公告照片一致。 (×)

29.《机动车安全技术检验项目和方法》(GB 38900—2020)规定,前风窗玻璃驾驶员视区部位及驾驶员驾驶时用于观察外后视镜的部位的可见光透射比应大于或等于50%。 (×)

## 二、单项选择题

1.《机动车维修管理规定》中规定,机动车维修经营业务根据维修对象分为(C)类。
   A. 二    B. 三    C. 四    D. 五

2.《机动车维修管理规定》中规定,在质量保证期内因维修质量原因造成机动车无法正常行驶的,维修经营者应该(B)。
   A. 收费返修              B. 无偿返修
   C. 仅收取返修材料费      D. 仅收取返修工时费

3. 机动车维修合同在《中华人民共和国合同法》中属于(D)规范的范畴。
   A. 劳动合同    B. 委托合同    C. 技术合同    D. 承揽合同

4.《机动车维修管理规定》中规定,机动车维修经营者应当将其执行的机动车维修工时单价标准报所在地道路运输管理机构(C)。
   A. 批准    B. 审核    C. 备案    D. 存档

5. 建立机动车维修经营者和从业人员黑名单制度,(A)负责认定机动车维修经营者和从业人员黑名单。
   A. 运输管理机构         B. 工商管理机构
   C. 公安司法机构         D. 市场监督机构

6.《机动车维修管理规定》中规定,二级维护质量保证期为车辆行驶5000km或者(C)日。
   A. 10    B. 20    C. 30    D. 50

7.《机动车维修管理规定》中规定,道路运输管理机构在调解维修质量纠纷时,组织专家组或委托具有法定检测资格的检测机构进行技术分析和鉴定所产生的费用由(C)承担。
   A. 承修方    B. 托修方    C. 责任方    D. 双方共同

8.《机动车维修管理规定》中规定,机动车维修经营者有违规行为的,由县级以上道路运输管理机构责令其限期整改;情节严重的(D)。
   A. 罚款处理    B. 通报批评    C. 吊销执照    D. 停业整顿

9. 标准是对重复性事物和(C)所作的统一规定。
   A. 行为    B. 规格    C. 概念    D. 等级

10.《汽车维修业开业条件》(GB/T 16739.1—2014、GB/T 16739.2—2014)规定,汽车整

车维修企业检验人员数量应与其(D)相适应。

　　A.维修车型　　　B.企业类型　　　C.资金投入　　　D.经营规模

11.《汽车维修业开业条件》(GB/T 16739.1—2014、GB/T 16739.2—2014)规定,租赁的生产厂房应具有合法的书面合同书,租赁期限不得小于(A)年。

　　A.1　　　　　　B.2　　　　　　C.3　　　　　　D.5

12.《汽车维护、检测、诊断技术规范》(GB/T 18344—2016)规定,汽车一级维护基本作业项目的作业内容以(B)为主。

　　A.清洁、补给　　B.润滑、紧固　　C.检查、诊断　　D.拆卸、更换

13.按《汽车大修竣工出厂技术条件》(GB/T 3798.1—2005、GB/T 3798.2—2005)规定,载客汽车或载货汽车大修竣工出厂要求:左右轴距差不得大于原设计轴距的(B)。

　　A.2/1000　　　B.1/1000　　　C.2/100　　　　D.1/100

14.按《商用汽车发动机大修竣工出厂技术条件》(GB/T 3799—2005)规定,在标准状态下,发动机额定功率和最大转矩不得低于原设计标定值的(B)。

　　A.100%　　　　B.90%　　　　C.80%　　　　D.70%

15.《商用汽车发动机大修竣工出厂技术条件》(GB/T 3799—2005)规定,发动机在低温255K(-18℃)时,都能顺利起动,允许起动(B)。

　　A.4次　　　　　B.3次　　　　　C.2次　　　　　D.1次

16.《机动车运行安全技术条件》(GB 7258—2017)规定,汽车的制动协调时间,对液压制动的汽车应小于或等于0.35s,对气压制动的汽车应小于或等于(B)。

　　A.0.5s　　　　B.0.6s　　　　C.0.35s　　　　D.0.45s

17.《机动车安全技术检验项目和方法》(GB 38900—2020)规定,对于2018年1月1日起出厂的总质量大于或等于12000kg的栏板式、仓栅式、自卸式、罐式货车及总质量大于或等于10000kg的栏板式、仓栅式、自卸式、罐式挂车还应在其货箱或常压罐体上打刻至少(B)个车辆识别代号。

　　A.1　　　　　　B.2　　　　　　C.3　　　　　　D.4

18.《机动车安全技术检验项目和方法》(GB 38900—2020)规定,2019年1月1日起出厂的危险货物运输车辆、公路客车、旅游客车和未设置乘客站立区的公共汽车应装备单燃油箱,且单燃油箱的容积应不大于(C)。

　　A.250L　　　　B.300L　　　　C.400L　　　　D.500L

19.按《事故汽车修复技术规范》(JT/T 795—2011)规定,结合车辆损伤情况、维修工作量、维修难度,可将损伤等级划分为(B)级。

　　A.二　　　　　　B.三　　　　　　C.四　　　　　　D.五

20.《混合动力电动汽车维护技术规范》(JTT 1029—2016)适用于总质量不小于(D)kg的混合动力电动汽车,规定了混合动力电动汽车维护的作业安全和技术要求。

　　A.500　　　　　B.1500　　　　C.2500　　　　D.3500

### 三、多项选择题

1.根据《机动车维修管理规定》的规定:申请从事机动车维修经营的,应当具备(ABCD)

等条件。
  A.有相应的机动车维修场地    B.有必要的设备、设施和技术人员
  C.有健全的机动车维修管理制度   D.有必要的环境保护措施
 2.从事危险货物运输车辆维修的汽车维修经营者,除具备汽车维修经营一类维修经营业务的开业条件外,还应当具备(ABCD)条件。
  A.有与其作业内容相适应的专用维修车间和设备、设施,并设置明显的指示性标志
  B.有完善的突发事件应急预案
  C.有相应的安全管理人员
  D.有齐全的安全操作规程
 3.机动车维修经营者应当公布机动车维修(BD),合理收取费用。
  A.技术标准  B.工时定额  C.管理制度  D.收费标准
 4.根据《机动车维修管理规定》的规定,机动车维修企业信用档案主要包括(ABD)。
  A.维修电子数据记录上传情况  B.车主评价情况
  C.企业纳税情况      D.投诉和处理情况
 5.按《机动车维修管理规定》中有关质量管理方面规定,机动车维修企业应当实行(ABCD)。
  A.质量保证期制度     B.质量信誉考核制度
  C.配件追溯制度      D.质量检验制度
 6.根据《家用汽车产品修理、更换、退货责任规定》,有下列(BCD)情形的,可以免除三包责任。
  A.易损耗零部件出现产品质量问题的
  B.家用汽车产品用于出租或者其他营运目的的
  C.发生产品质量问题,消费者自行处置不当而造成损坏的
  D.无有效发票和三包凭证的
 7.《中华人民共和国标准化法》规定,我国标准分为(ABCD)。
  A.国家标准  B.行业标准  C.地方标准  D.企业标准
 8.《中华人民共和国安全生产法》规定,国家安全生产管理坚持(ABD)方针。
  A.安全第一  B.综合治理  C.防患未然  D.预防为主
 9.《汽车维修业开业条件》(GB/T 16739.1—2014、GB/T 16739.2—2014)规定了汽车整车维修企业和汽车专项维修业户必须具备的(ABCD)等条件。
  A.人员  B.组织管理  C.安全生产  D.设施和设备
 10.根据《汽车综合性能检验机构能力的通用要求》(GB/T 17993—2017),汽车综合性能检验机构开展汽车综合性能检验工作应具备的服务项目包括(ABCD)。
  A.依法对道路运输车辆的技术状况进行检验和评定
  B.依法对车辆维修竣工质量进行检验
  C.对车辆改装、改造、技术评估以及相关新技术、科研鉴定等项目进行检验
  D.接受国家相关管理部门和机构的委托,对车辆进行规定项目的检验与核查
 11.下列关于汽车综合性能检验机构检验员的说法正确的是(BC)。
  A.1条检测线检验员数量不少于4人

B. 每增加 1 条检测线,增加检验员数量不少于 4 人

C. 检验员应具有高中(含技校)以上学历,了解汽车构造和原理

D. 检验员应具备汽车维修或检测工作 1 年以上经历

12. 按《汽车维护、检测、诊断技术规范》(GB/T 18344—2016)规定,关于汽车二级维护说法正确的是(ACD)。

A. 二级维护作业由维修企业负责执行的车辆维护作业

B. 二级维护不需要进行进厂检测

C. 二级维护后必须进行竣工检验

D. 二级维护质量保证期为车辆行驶不少于 5000km 或者 30 日,以先达到者为准

13. 根据《机动车运行安全技术条件》(GB 7258—2017),下列说错误的是(ACD)。

A. 液压行车制动器在到达规定的制动效能时,制动踏板行程应小于或等于制动踏板全行程的 4/5

B. 汽车(三轮汽车除外)的转向盘必须设置于左侧,其他机动车的转向盘不允许设置于右侧

C. 除转向信号灯、危险警告信号灯、紧急制动信号灯、校车标志灯,以及消防车、救护车、工程救险车和警车安装使用的标志灯具外,其他外部灯具不允许闪

D. 机动车在车身外表面的易见部位上应至少装置一个能永久保持的商标或厂标

14. 按《道路运输车辆技术等级划分及技术评定要求》(JT/T 198—2016)规定,符合(ABCD)要求的车辆评为一级车。

A. "核查评定项目"达到一级
B. "关键项"均为合格
C. "一般项"的不合格数不超过 3 项
D. "分级项"达到一级

15. 《商用汽车发动机大修竣工出厂技术条件》(GB/T 3799—2005)规定了商用汽车发动机大修竣工出厂的(ABC)要求。

A. 技术
B. 质量保证
C. 包装
D. 环保

16. 根据《道路运输从业人员管理规定》中的规定,道路运输从业人员包括(ABCD)等。

A. 经营性道路客货运输驾驶员
B. 机动车维修技术人员
C. 机动车驾驶培训教练员
D. 道路运输经理人

17. 机动车维修技术负责人员应具有(AB)条件。

A. 机动车维修或者相关专业大专以上学历,或者具有机动车维修或相关专业中级以上专业技术职称

B. 熟悉机动车维修业务,掌握机动车维修及相关政策法规和技术规范

C. 年龄不超过 60 周岁

D. 经考试合格,取得相应的从业资格证件

18. 根据《机动车安全技术检验项目和方法》(GB 38900—2020),下列说法错误的是(ACD)。

A. 2019 年 1 月 1 日起出厂的货车,应装备车辆右转弯音响提示装置

B. 采用动力开启的乘客门,车门应急控制器应正常且其附近应标有清晰的符号或字样注明操作方法,字体高度应不小于 10mm

C. 道路运输爆炸品和剧毒化学品车辆驾驶室内应配备一个干粉灭火器,在车辆外应再配备与所装载介质性能相适应的灭火器一个

D. 公路客车、旅游客车和校车的转向轮不应装用翻新的轮胎

19. 根据《机动车安全技术检验项目和方法》(GB 38900—2020),车辆唯一性检查包括(ABCD)等。

A. 机动车号牌号码和分类

B. 车辆品牌和型号、车辆识别代号(或整车出厂编号)

C. 发动机号码/驱动电机号码

D. 车身颜色和车辆外形

# 第三章 汽车构造

## 第一节 汽车概述

1. 汽车是指由动力驱动、具有四个或四个以上车轮的非轨道承载的车辆,主要用于载运人员和/或货物、牵引载运人员和/或货物的车辆以及特殊用途的车辆。

2. 汽车按用途分为乘用车和商用车。

3. 乘用车是指在其设计和技术特性上主要用于载运乘客及其随身行李和/或临时物品的汽车,包括驾驶员座位在内最多不超过9个座位。它也可以牵引一辆挂车。

4. 商用车是指在设计和技术特性上用于运送人员和货物的汽车,并且可以牵引挂车。乘用车不包括在内。

5. 车辆识别代号由世界制造厂识别代号(WMI)、车辆说明部分(VDS)、车辆指示部分(VIS)三部分组成,共17位字码。

6. 汽车通常由发动机、底盘、车身、电气设备组成。

7. 发动机是汽车的动力源,其功用是使供入其中的燃料燃烧而发出动力。现代汽车发动机主要采用的是往复活塞式内燃机,它一般由曲柄连杆机构、配气机构、燃料供给系统、冷却系统、润滑系统、点火系统(汽油发动机采用,柴油机没有)和起动系统等组成。

8. 底盘的功用是支承、安装汽车发动机及其各部件、总成,形成汽车的整体造型,并接受发动机的动力,使汽车产生运动,保证正常行驶。底盘由传动系统、行驶系统、转向系统和制动系统组成。

9. 电气设备包括发动机电气设备(蓄电池、充电系统、起动系统和发动机点火系统)、照明与信号系统、组合仪表与报警装置、刮水器和洗涤器系统、空调系统以及音响、安全气囊等。

10. 车身是驾驶员工作的场所,也是装载乘客和货物的场所。

11. 现代汽车按发动机相对于各总成的位置,有发动机前置后轮驱动(FR)、发动机前置前轮驱动(FF)、发动机后置后轮驱动、发动机中置后轮驱动(MR)和四轮驱动(4WD)等布置形式。

12. 发动机前置后轮驱动布置形式是传统的布置形式,大多数货车、部分乘用车和部分客车都采用这种形式。

13. 发动机前置前轮驱动布置形式是现代大多数乘用车采用的布置形式,具有结构紧凑、整车质量小、底板低、高速时操纵稳定性好等优点。

14. 发动机后置后轮驱动布置形式是目前大、中型客车采用的布置形式,具有室内噪声小、空间利用率高等优点。少数乘用车也采用这种布置形式。

15. 发动机中置后轮驱动布置形式是方程式赛车和大多数跑车采用的布置形式。将功率和尺寸很大的发动机布置在驾驶员座椅与后轴之间,有利于获得最佳轴荷分配和提高汽车的性能。少数大、中型客车也采用这种布置形式,把卧式发动机安装在底板下面。

16. 四轮驱动是指汽车4个车轮都是驱动轮,这是越野汽车特有的布置形式。通常发动机前置,在变速器之后的分动器将动力分别输送给全部驱动轮。

17. 汽车行驶阻力包括滚动阻力、空气阻力、上坡阻力和加速阻力。

18. 空气阻力的大小与汽车和空气的相对速度的平方成正比。

19. 当驱动力等于行驶阻力时,汽车将匀速行驶;当驱动力大于行驶阻力时,汽车将加速行驶;当驱动力小于行驶阻力时,汽车将减速行驶或静止不动。

20. 驱动力的最大值固然取决于发动机的最大转矩和传动系统的传动比,但实际发出的驱动力还要受到轮胎与路面附着作用的限制。

## 第二节　汽车发动机基本构造

1. 发动机是将某一种形式的能量转换为机械能的机器。
2. 现代汽车用发动机应用最广、数量最多的是水冷式四冲程往复活塞式内燃机。
3. 常见的车用发动机有汽油发动机和柴油发动机两种。
4. 汽缸体内圆柱形腔体称为汽缸,内装有活塞,活塞通过活塞销、连杆与曲轴相连接。活塞在汽缸内作往复直线运动,通过连杆推动曲轴作旋转运动。
5. 上止点是指活塞离曲轴回转中心最远处,即活塞的最高位置。
6. 下止点是指活塞离曲轴回转中心最近处,即活塞的最低位置。
7. 上止点与下止点之间的距离称为活塞行程。
8. 曲轴与连杆下端的连接中心至曲轴中心的距离(即曲轴的回转半径)称为曲柄半径。活塞行程为曲柄半径的2倍。
9. 活塞从一个止点运动到另一个止点所扫过的容积称为汽缸工作容积或汽缸排量。
10. 活塞在上止点时,活塞顶与汽缸盖之间的容积称为燃烧室容积。
11. 活塞在下止点时,活塞顶上方的容积称为汽缸总容积。显然,汽缸总容积是汽缸工作容积与燃烧室容积之和。
12. 多缸发动机各汽缸工作容积的总和称为发动机排量。
13. 汽缸总容积与燃烧室容积之比称为压缩比。
14. 在汽缸内进行的每一次将燃料燃烧的热能转变成机械能的一系列连续过程(进气、

压缩、做功、排气)称为发动机的一个工作循环。

15. 四冲程汽油机每一个工作循环包括 4 个活塞行程,即进气行程、压缩行程、做功行程和排气行程。

16. 四冲程柴油机每个工作循环也是由进气、压缩、做功和排气 4 个活塞行程组成。但由于柴油和汽油使用性能的不同,柴油机在可燃混合气的形成方式、着火方式等方面与汽油机有着较大的区别。

17. 汽油发动机通常由两大机构、五大系统组成,而柴油机由两大机构、四大系统组成。两大机构是指曲柄连杆机构和配气机构,五大系统是指燃料供给系统、冷却系统、润滑系统、点火系统(柴油机无此系统)和起动系统。

18. 发动机的主要性能指标有动力性指标(有效转矩、有效功率、转速等)和经济性指标(燃油消耗率)。

19. 发动机通过飞轮对外输出的转矩称为有效转矩,有效转矩与外界施加于发动机曲轴上的阻力矩相平衡。

20. 发动机通过飞轮对外输出的功率称为发动机的有效功率,它等于有效转矩与曲轴角速度的乘积。

21. 发动机每发出 1kW 有效功率,在 1h 内所消耗的燃油质量(以 g 为单位),称为燃油消耗率。很明显,燃油消耗率越低,经济性越好。

22. 发动机的性能是随着许多因素而变化的,其变化规律称为发动机特性。

23. 发动机转速特性是指发动机的功率、转矩和燃油消耗率三者随曲轴转速变化的规律。当节气门开到最大时,所得到的是总功率特性也称为发动机外特性,它代表了发动机所具有的最高动力性能。而把在节气门其他开度情况下得到的特性称为部分特性。

24. 发动机工作状况(简称发动机工况)一般是用它的功率与曲轴转速来表征,有时也可用负荷与曲轴转速来表征。发动机在某一转速之下的负荷就是当时发动机发出的功率与同一转速下所可能发出的最大功率之比,以百分数表示。在同一转速下,节气门开度越大表示负荷越大。

25. 曲柄连杆机构是往复活塞式内燃机将热能转变为机械能的主要机构,其功用是把燃气作用在活塞顶面上的压力转变为曲轴的转矩,向外输出动力。曲柄连杆机构由机体组、活塞连杆组和曲轴飞轮组等组成。

26. 发动机的机体组主要由汽缸体、曲轴箱、汽缸盖、汽缸盖罩、汽缸垫、油底壳等组成。机体组是发动机的骨架,是发动机各机构和系统的装配基体。

27. 水冷发动机的汽缸体和曲轴箱常制成一体,而且多缸发动机的各个汽缸也合铸成一个整体,称为汽缸体—曲轴箱,简称汽缸体。

28. 汽缸盖用来封闭汽缸的上部,并与活塞顶、汽缸壁共同构成燃烧室。

29. 汽缸体与汽缸盖间装有汽缸垫,用来保证汽缸体与汽缸盖结合面间的密封,防止气体、冷却液和润滑油等的泄漏。汽缸垫有金属-石棉汽缸垫和纯金属汽缸垫等结构形式。

30. 汽缸盖罩位于汽缸盖上部,起封闭及防尘作用,一般由薄钢板冲压而成,其上设有润滑油加注口。

31. 油底壳的功用是储存机油并封闭曲轴箱。

32. 活塞连杆组主要由活塞、活塞环、活塞销和连杆等部件组成。

33. 活塞的功用是承受汽缸中的燃烧压力,并将此力通过活塞销和连杆传给曲轴。此外,活塞顶部还与汽缸盖、汽缸壁共同组成燃烧室。

34. 气环的功用是保证活塞与汽缸壁间的密封,防止汽缸中的高温、高压燃气大量漏入曲轴箱,同时它还将活塞头部的热量传导给汽缸壁。

35. 油环的功用是刮除汽缸壁上多余的机油,并在汽缸壁上布油。

36. 活塞销的功用是连接活塞和连杆小头,将活塞所承受的气体压力传给连杆。

37. 连杆的功用是将活塞承受的力传给曲轴,推动曲轴转动,将活塞的往复运动转变为曲轴的旋转运动。

38. 曲轴飞轮组主要由曲轴、飞轮、正时齿轮或正时链轮、V形带轮及曲轴扭转减振器等组成。曲轴的功用是将活塞连杆组传来的气体压力转变为转矩,然后通过飞轮输出。飞轮的功用是储存做功行程的一部分能量,以克服各辅助行程的阻力,使曲轴均匀旋转,使发动机具有克服短时超载的能力。

39. 配气机构的功用是按照发动机每一汽缸内所进行的工作循环或发火次序的要求,定时开启和关闭各汽缸的进、排气门,使新鲜可燃混合气(汽油机)或空气(柴油机)得以及时进入汽缸,废气得以及时从汽缸中排出。进入汽缸内的可燃混合气(汽油机)或空气(柴油机)对发动机性能的影响很大。进气量越多,发动机的输出转矩越大、功率越高。

40. 配气机构由气门组和气门传动组组成。气门组包括气门、气门座、气门导管和气门弹簧等部件。气门传动组主要包括凸轮轴、凸轮轴正时带轮、正时齿形带、张紧轮、液压挺柱等部件。

41. 由于四冲程发动机每完成一个工作循环,曲轴旋转2周,而各缸进、排气门各开启1次,完成一次进气和排气,此时凸轮轴只旋转1周,因此,曲轴与凸轮轴的转速比为2:1,即凸轮轴正时带轮的齿数是曲轴正时带轮齿数的2倍。

42. 气门及其相关零件称为气门组,气门组的功用是实现汽缸的密封。

43. 气门的功用是与气门座相配合,对汽缸进行密封,气门头部用来封闭汽缸的进、排气道,气门杆部用来为气门的运动起导向作用。

44. 气门座不仅有密封作用,还起到了冷却气门的作用。

45. 气门导管的功用是为气门的运动导向,保证气门作直线往复运动,使气门与气门座能正确贴合。

46. 气门弹簧的功用是保证气门及时落座并与气门座或气门座圈紧密贴合,同时也可防止气门在发动机振动时因跳动而破坏密封。

47. 气门传动组的功用是使气门按发动机配气相位规定的时刻及时开启和关闭,并保证规定的开启时间和开启高度。

48. 凸轮轴主要由各缸进气凸轮、排气凸轮、凸轮轴轴颈等组成。进、排气凸轮用于使气门按一定的工作次序和配气相位及时开启和关闭,并保证气门有足够的升程。

49. 挺柱的功用是将凸轮的推力传递给推杆或气门杆,并承受凸轮轴旋转时所施加的侧向力。挺柱可分为普通挺柱和液压挺柱两种。

50. 在凸轮轴下置式或中置式的配气机构中,凸轮轴经挺柱传来的运动和作用力要通过推杆传递给摇臂。

51. 摇臂的功用是将凸轮轴(或推杆)传来的力作用到气门杆尾部,推开气门。

52. 用曲轴转角表示的进、排气门实际开闭时刻和开闭持续时间,称为配气相位。通常用相对于上、下止点曲拐位置的曲轴转角的环形图来表示,这种图形称为配气相位图。

53. 汽油机燃油供给系统的功用是根据发动机各工况的不同要求,配制一定数量和浓度的可燃混合气并将其供入汽缸,使之在压缩终了时点火、燃烧而膨胀做功,最后将燃烧后的废气排入大气中。目前,绝大多数汽车的汽油机燃料供给系统采用电子控制燃油喷射式燃料供给系统(一般称为"电控燃油喷射系统")。

54. 电控燃油喷射系统由空气供给系统、排气系统、燃油供给系统和电子控制系统组成。

55. 空气供给系统的功用是为发动机可燃混合气的形成提供必要的空气,并计量和控制燃油燃烧时所需要的空气量。空气经空气滤清器、空气流量传感器、节气门体进入进气总管,再分配到各缸进气歧管。在进气歧管内(或进气门处),空气与喷油器喷出的燃油混合后被吸入汽缸内燃烧。

56. 排气系统主要由排气歧管、排气消声器等组成,电控燃油喷射系统汽油机的排气系统多带有三元催化转化器。

57. 燃油供给系统的功用是供给发动机燃烧过程所需的燃油。燃油供给系统主要由燃油泵、燃油滤清器、油压脉动阻尼器、燃油压力调节器和喷油器等组成。

58. 电子控制系统的功用是根据发动机运转状况和车辆运行状况确定汽油最佳喷射量和最佳点火提前角。此外,还可进行怠速控制、排放控制和故障自诊断等。电子控制系统由传感器、电子控制单元(ECU)和执行器组成。

59. 传感器是用来测量或检测反映发动机运行状态下的各种物理量、电量和化学量等,并将它们转换成计算机能接收的电信号后再送给ECU。常用的传感器主要有空气流量传感器、进气歧管绝对压力传感器、发动机转速与曲轴位置传感器、冷却液温度传感器、节气门位置传感器、氧传感器、爆震传感器等。另外,还有各类开关、继电器等。

60. 电子控制系统的核心是ECU,ECU根据发动机中各种传感器送来的信号控制喷油时间、点火正时等。

61. 柴油机燃料供给系统的功用是根据柴油机不同工况,定时、定压、定量地把柴油按一定规律喷入汽缸,与吸入汽缸的清洁空气迅速地混合燃烧,并将燃烧后生成的废气排到大气中。

62. 柴油机燃料供给系统一般由燃油供给装置(包括柴油箱、柴油粗滤器、输油泵、柴油细滤器、喷油泵、调速器、喷油器及油管等)、空气供给装置(包括空气滤清器、进气管和进气道等)、混合气形成装置(即为燃烧室)和废气排出装置(包括排气道、排气管和排气消声器等)组成。

63. 泵喷嘴是将泵油柱塞和喷油器合成一体,安装在缸盖上。电子控制泵喷嘴系统主要由泵喷嘴、驱动摇臂机构、电子控制单元(ECU)、各种传感器等组成。

64. 发动机冷却系统的功用使工作中的发动机得到适度的冷却,从而保持发动机在最适宜的温度范围内工作。另外,冷却系统还为空调暖风系统提供热源。

65. 现代汽车多采用封闭式强制循环水冷却系统,即用水泵强制地使冷却液在冷却系统中进行循环流动,使发动机中高温零件的热量先传给冷却液,然后散发到大气中。

66. 水冷却系统一般由水泵、散热器、节温器、冷却风扇、风扇控制机构、水套、膨胀水箱、温度指示器及报警灯等组成。

67. 润滑系统的功用是将机油输送到发动机各个需要润滑的部位,以达到提高发动机工作可靠性和耐久性的目的。

68. 润滑系统主要由机油泵、机油滤清器、集滤器、油道等组成,另外包括机油压力开关、机油指示灯(在仪表板上)、机油冷却器等。

## 第三节　汽车底盘基本构造

1. 传动系统的基本功用是将发动机的转矩传递给驱动车轮,同时还必须适应行驶条件的需要,改变转矩的大小。发动机发出的动力依次经过离合器、变速器和由万向节与传动轴组成的万向传动装置,以及安装在驱动桥中的主减速器、差速器和半轴,最后传到驱动车轮。现在乘用车中采用自动变速器的越来越多,其传动系统包括自动变速器、万向传动装置、驱动桥等,即用自动变速器取代了离合器和手动变速器。

2. 离合器安装在发动机与变速器之间,其功用是:使发动机与传动系统逐渐接合,保证汽车平稳起步;暂时切断发动机的动力传动,保证变速器换挡平顺;限制所传递的转矩,防止传动系统过载。

3. 离合器分为主动部分、从动部分、压紧装置和操纵机构。

4. 变速器的功用:实现变速、变矩;实现倒车;实现中断动力传动。

5. 一对齿数不同的齿轮啮合传动时可以实现变速,而且两齿轮的转速比与其齿数成反比。主动齿轮(即输入轴)转速与从动齿轮(即输出轴)转速之比值称为传动比。

6. 变速器包括变速传动机构和操纵机构两大部分。

7. 变速器操纵机构一般都具有换挡锁装置,包括自锁装置、互锁装置和倒挡锁装置。自锁装置用于防止变速器自动脱挡或挂挡,并保证轮齿以全齿宽啮合;互锁装置用于防止同时挂上两个挡位;倒挡锁装置用于防止误挂倒挡。

8. 自动变速器主要由液力变矩器、齿轮变速机构、换挡执行元件、液压控制系统、电子控制系统等组成。

9. 液力变矩器位于自动变速器的最前端,安装在发动机的飞轮上,它是一个通过自动变速器油(ATF)传递动力的装置,可以实现动力的柔和传递。

10. 齿轮变速机构可形成不同的传动比,组合成电控自动变速器不同的挡位。目前绝大多数电控自动变速器采用行星齿轮变速机构进行变速,有的车型采用定轴式齿轮变速机构(如本田车系)进行变速。

11. 电控自动变速器换挡执行元件主要包括离合器、制动器和单向离合器,其中离合器和制动器由液压控制系统控制其工作。

12. 液压控制系统是由液压油泵、各种控制阀及与之相连通的液压换挡执行元件,如离合器油缸、制动器油缸等组成液压控制回路。汽车行驶中根据驾驶员的要求和行驶条件的需要,控制离合器和制动器的工作状况的改变来实现齿轮变速机构的自动换挡。

13. 电子控制系统主要包括各类传感器及开关、电子控制单元、执行器等。电子控制系统中的传感器及各种控制开关将发动机工况、车速等信号传递给电子控制单元(ECU),经ECU处理后发出控制指令给执行器,执行器和液压系统按一定规律控制换挡执行元件工作,实现自动变速器自动换挡。

14. 万向传动装置功用是在轴线相交且相互位置经常发生变化的两转轴之间传递动力。

15. 万向传动装置主要包括万向节和传动轴,对于传动距离较远的分段式传动轴,为了提高传动轴的刚度,还设置有中间支承。

16. 驱动桥的功用是将由万向传动装置传来的发动机转矩传给驱动车轮,并经降速增矩、改变动力传动方向,使汽车行驶,而且允许左右驱动车轮以不同的转速旋转。

17. 驱动桥一般由主减速器、差速器、半轴和桥壳等组成。

18. 主减速器的功用是将发动机转矩传给差速器;在动力的传动过程中要将转矩增大和相应降低转速;对于纵置发动机,还要将转矩的旋转方向改变90°。

19. 差速器的功用是将主减速器传来的动力传给左、右两半轴,并在必要时允许左、右半轴以不同转速旋转,使左、右驱动车轮相对地面纯滚动而不是滑动。

20. 汽车行驶系统的主要功用是:将传动系统传来的转矩转化为汽车行驶的驱动力;支承汽车的总质量;承受并传递路面作用于车轮上的力和力矩;减少振动,缓和冲击,保证汽车的平稳行驶。

21. 汽车行驶系统一般由车桥、车架(或车身)、悬架和车轮总成等组成。

22. 车桥位于悬架与车轮总成之间,其两端安装车轮总成,通过悬架与车架(或车身)相连,其功用是传递车架(或车身)与车轮总成之间各种载荷的作用。

23. 按车桥上车轮的功用不同,车桥分为转向桥、驱动桥、转向驱动桥和支持桥,其中转向桥和支持桥都属于从动桥。只起支承作用的车桥称为支持桥。支持桥除不能转向外,其他功能和结构与转向桥相同。

24. 车架俗称"大梁",它是跨接在前后车轮上的桥梁式结构,是构成整个汽车的骨架,是整个汽车的装配基体。

25. 汽车上采用的车架有4种类型:边梁式车架、中梁式车架、综合式车架和无梁式车架。目前汽车上多采用边梁式车架和无梁式车架。

26. 部分乘用车和客车为减轻自身质量,以车身代替车架,这种车身又称为承载式车身或无梁式车架。

27. 乘用车车身总成结构主要包括:车身壳体、车门、车窗、车前后钣金件、车身内外装饰件、车身附件、座椅以及通风装置等。车身壳体是一切车身部件和零件的安装基础,由纵、横梁支柱等主要承力元件,以及与它们相连接的钣金件经焊接而共同组成的刚性空间结构。车前后钣金件,包括散热器框架前后围板、发动机舱盖、前后翼子板、挡泥板等。这些钣金件形成了容纳发动机、车轮等部件的空间。

28. 悬架是车架(或车身)与车桥(或车轮)之间一切传力连接装置的总称。悬架具有如下的功用:连接车架(或车身)和车轮,把路面作用到车轮的各种力和力矩传给车架(或车身);缓和冲击、衰减振动,使乘坐舒适,具有良好的平顺性;保证汽车具有良好的操纵稳定性。

29. 汽车悬架可分为两大类:非独立悬架和独立悬架。非独立悬架的特点是左右车轮安装在一根整体式车桥两端,车桥则通过悬架与车架相连。当一侧车轮发生位置变化后会导致另一侧车轮的位置也发生变化。独立悬架的结构特点是车桥做成断开的,每一侧车轮单独通过悬架与车架(或车身)连接,两侧车轮可以单独运动而互不影响,这样在不平道路上可减少车架和车身的振动,而且有助于消除转向轮不断偏摆的不良现象。

30. 悬架一般都由弹性元件、减振器、导向机构等组成,乘用车一般还有横向稳定器。

31. 弹性元件使车架(或车身)与车桥(或车轮)之间做弹性连接,可以缓和由于不平路面带来的冲击,并承受和传递垂直载荷。减振器可以衰减由于路面冲击产生的振动,使振动的振幅迅速减小。导向机构包括纵向推力杆和横向推力杆,用于传递纵向载荷和横向载荷,并保证车轮相对于车架(或车身)的运动关系。横向稳定器可以防止车身在转向等情况下发生过大的横向倾斜。

32. 车轮总成由车轮和轮胎两大部分组成,它处于车桥和地面之间,具有如下基本功用:支承整车质量,包括在汽车质量上下运动时产生的惯性动载荷;缓和由路面传递来的冲击载荷;通过轮胎和路面之间的附着作用,产生驱动和阻止汽车运动的外力,即为汽车提供驱动力和制动力;产生平衡汽车转向离心力的侧向力,以便顺利转向,并通过轮胎产生的自动回正力矩,使车轮具有保持直线行驶的能力;承担跨越障碍的作用,保证汽车的通过性。

33. 车轮是介于轮胎和车桥之间承受负荷的旋转组件,其功用是安装轮胎,承受轮胎与车桥之间的各种载荷的作用。车轮一般由轮毂、轮辋和轮辐组成。

34. 现代汽车都采用充气式轮胎,轮胎安装在轮辋上,直接与路面接触,它的功用是:支承汽车的质量,承受路面传来的各种载荷;和汽车悬架共同缓和汽车行驶中所受到的冲击,并衰减由此而产生的振动,以保证汽车有良好的乘坐舒适性和行驶平顺性;保证车轮和路面有良好的附着性,以提高汽车的动力性、制动性和通过性。

35. 充气轮胎按结构不同,可分为有内胎轮胎和无内胎轮胎两种。

36. 有内胎轮胎由外胎、内胎和垫带等组成。无内胎轮胎俗称真空胎,在外观上与普通轮胎相似,但是没有内胎及垫带。

37. 目前乘用车上应用的轮胎主要是低压(超低压)、无内胎的子午线轮胎。

38. 转向系统是指由驾驶员操纵,能实现转向轮偏转和回位的一套机构。转向系统的功用是按照驾驶员的意愿改变汽车的行驶方向和保持汽车稳定的直线行驶。

39. 汽车转向系统按转向动力源的不同分为机械转向系统和动力转向系统两大类。

40. 机械转向系统以驾驶员的体力作转向动力源,系统的所有传动件都是机械的。

41. 动力转向系统是兼用驾驶员体力和发动机的动力作为转向能源的转向系统。动力转向系统是在机械转向系统的基础上加设一套转向加力装置而形成的。

42. 汽车机械转向系统由转向操纵机构、机械转向器和转向传动机构组成。转向器是转向系统中的降速增矩的装置,其功用是增大由转向盘传到转向节的力,并改变力的传动方向。

43. 常见的转向器有齿轮齿条式和循环球式等。

44. 齿轮齿条式转向器采用一级传动副,主动件是齿轮,从动件是齿条。

45. 循环球式转向器由侧盖、底盖、壳体、钢球、带齿扇的摇臂轴、圆锥滚子轴承、制有齿形的螺母、转向螺杆等组成。

46. 循环球式转向器采有两级传动副,第一级是转向螺杆与螺母,第二级是齿条与齿扇。

47. 液压动力转向装置由机械转向器、转向控制阀(转阀式)、转向动力缸以及将发动机输出的部分机械能转换为压力能的转向油泵、转向油罐等组成。

48. 电动式电子控制动力转向系统主要由转矩传感器、转角传感器、车速传感器、电动机、电磁离合器、减速机构、电子控制单元等组成。

49. 汽车制动系统的功用是:按照需要使汽车减速或在最短距离内停车;下坡行驶时保持车速稳定;使停驶的汽车可靠驻停。

50. 汽车制动系统包括行车制动系统和驻车制动系统两大部分。行车制动系统用于使行驶中的车辆减速或停车,通常由驾驶员用脚操纵,一般包含制动踏板、制动主缸、制动轮缸、制动管路、车轮制动器等;驻车制动系统用于使停驶的汽车驻留原地,通常由驾驶员用手(或脚)操纵,一般包含制动手柄(或驻车踏板)、拉索(或拉杆)、制动器。另外,较为完善的制动系统还包括制动力调节装置以及报警装置、压力保护装置等。

51. 车轮制动器由旋转元件和固定元件两大部分组成。旋转元件与车轮相连接,固定元件与车桥相连接。利用旋转元件和固定元件之间的摩擦,产生制动器制动力。

52. 盘式制动器根据其固定元件的结构形式可分为钳盘式制动器和全盘式制动器。

53. 钳盘式制动器按制动钳固定在支架上的结构形式可分为定钳盘式制动器和浮钳盘式制动器。

54. 简单的鼓式车轮制动器由旋转部分、固定部分、促动装置和间隙调整装置组成。旋转部分为制动鼓;固定部分是制动底板和制动蹄,制动底板固装在车桥的凸缘盘上,通过支承销与制动蹄相连;促动装置的功用是对制动蹄施加力使其向外张开,常用的促动装置有凸轮或制动轮缸;间隙调整装置的功用是保持和调整制动蹄和制动鼓间正确的相对位置。

55. 驻车制动器的功用是:车辆停驶后防止滑溜;使车辆在坡道上能顺利起步;行车制动系统失效后临时使用或配合行车制动器进行紧急制动。

56. 液压制动传动装置由制动踏板、制动主缸、储液罐、制动轮缸、油管等组成。现代汽车上采用了各种制动力调节装置,用以调节前后车轮制动管路的工作压力,常用的调节装置有限压阀、比例阀、感载比例阀和惯性阀等。

57. 现代汽车的行车制动系统须采用双管路液压制动传动装置,常见的双管路的布置方案有前后独立式和交叉式两种形式。

58. 汽车防抱死制动系统(ABS)是一种安全控制制动系统,ABS既有普通制动系统的制动功能,又能防止车轮制动抱死。

59. 防抱死制动系统可使汽车在制动过程中车轮滑移率保持在20%左右范围内,此时轮胎处于边滚边滑状态,制动力最大,保证了汽车的方向稳定性,防止产生侧滑和跑偏。

60. ABS通常由轮速传感器、制动压力调节器、电子控制单元(ECU)和ABS警示装置等组成。

61. 驱动防滑控制系统的功用是防止汽车在加速过程中打滑,特别是防止汽车在非对称路面或在转向时驱动轮滑转。

62. 典型 ABS/ASR 系统主要由轮速传感器、ABS/ASR ECU、制动压力调节器、主副节气门开度传感器、副节气门控制步进电动机等组成。

63. 汽车电子稳定程序控制系统是改善汽车行驶性能的一种控制系统,是 ABS 和 ASR 在功能上的延伸。利用与 ABS 一起的综合控制可防止汽车在制动时车轮抱死;利用 ASR 可阻止汽车在起步时驱动轮滑转(空转)。ESP 可以通过有选择性地控制各车轮上的制动力,防止车辆滑移,因此,ESP 是一个主动安全系统。

64. ESP 由传统制动系统、传感器、液压调节器、汽车稳定性控制电子控制单元和辅助系统组成。

## 第四节　汽车电气设备基本构造

1. 发动机电气设备由蓄电池、充电系统、起动系统和发动机点火系统等组成。

2. 汽车蓄电池是一种储能装置,是低压直流电源,它并不是直接储存电能,而是将电能转变成化学能储存起来,当蓄电池连接外部电路时,化学能才变成电能,从蓄电池的正极流出经导线到负荷,再经导线流回蓄电池负极完成回路放电。

3. 当发动机运转时,使用小部分动力驱动发电机以产生电能,再充入蓄电池,把电能变成化学能储存。现代汽车一般使用 12V 的蓄电池,大型柴油车则常用两个 12V 蓄电池串联而成 24V 系统。

4. 汽车蓄电池的功用:起动发动机时供给起动机摇转发动机所需的大量电流;当发电机发出的电压低于蓄电池电压时或发电机不工作时,供给全车用电器所需的电流;当汽车上电器的用电量超过发电机的输出量时,帮助发电机提供用电器所需的电流;平衡汽车电气系统的电压,不使电压过高或过低。

5. 蓄电池由壳体、盖板、极板组、隔板与极柱等组成。蓄电池中的电解液为稀硫酸。

6. 充电系统是将发动机一部分机械能转变为电能的装置。充电系统最重要的部件是产生电能的发电机,其次为控制发电机最高输出电压的调节器,另外还需有指示充电系统工作是否正常的指示灯或电流表,以及连接各电器间的导线等。

7. 交流发电机的功能:在车辆行驶时,供应点火系统、空调、音响及其他电器用电;补充蓄电池在起动时损耗的电能(即对蓄电池充电)。

8. 交流发电机由定子、转子、整流器、前端盖、电刷、后端盖和风扇等组成。

9. 汽车的起动系统由蓄电池、点火开关、电磁开关、起动机和导线等元件组成。

10. 起动机的功能:利用起动机小齿轮与发动机飞轮啮合,以摇转发动机使其能起动;发动机起动后,小齿轮与飞轮必须立刻分离,以免起动机受损。

11. 起动机是起动系统中的主要组成部分,起动机由直流串励式电动机、离合机构和控制装置组成。

12. 现代汽车电控燃油喷射式发动机均已采用微型计算机控制点火系统(ESA),ECU 接收曲轴位置传感器、空气流量传感器、冷却液温度传感器等的信号,以进行点火时间的控制与修正。

13. 为了保证汽车行驶安全,现代汽车上都装备照明与信号系统。照明系统用于提供车辆夜间安全行驶必要的照明,包括车外照明和车内照明等,信号系统用于提供安全行车所必需的灯光信号。

14. 前照灯也称前大灯或头灯,安装于汽车头部两侧,用于夜间行车时的道路照明,灯光为白色,功率一般为 30~60W。前照灯包括远光灯和近光灯两种,远光灯用于保证车前有明亮而均匀的照明,使驾驶员能辨明 100m 以内道路上的任何障碍物;近光灯在会车和市区内使用,用于保证夜间车前 50m 内的路面照明,以及避免两车交会时造成驾驶员炫目而发生事故。

15. 前照灯主要由灯泡、反射镜和配光镜组成。

16. 雾灯用于雨、雪、雾或尘埃弥漫天气时的行车照明并具有信号作用。

17. 牌照灯安装于汽车尾部的牌照上方,用于夜间照亮汽车牌照。

18. 仪表灯安装于汽车仪表板上,用于仪表照明。

19. 车顶灯(又称车内灯或室内灯)安装于驾驶室或车厢顶部,主要用于车内照明。

20. 工作灯的功用是对排除汽车故障或检修提供照明。

21. 阅读灯(又称地图灯、个人灯、内小灯等)安装在前座椅上方,为了便于乘客阅读。

22. 点火开关照明灯的功用是在所有车门关闭后,它会持续点亮 10~15s 才熄灭,以方便驾驶员插入钥匙。

23. 车门灯(又称探照灯)安装在 4 个车门下方,当车门打开时灯亮,照亮地面,以方便进出车辆的驾驶员及乘客。

24. 行李舱灯安装于行李舱顶部,用于夜间行李舱盖打开时照亮行李舱。

25. 发动机舱盖灯安装于发动机舱盖内侧,用于夜间发动机舱打开时照亮发动机舱。

26. 信号系统包括信号灯和喇叭。信号灯包括转向信号灯、危险警报灯、示廓灯、尾灯、制动灯和倒车灯等。

27. 转向信号灯(简称转向灯)的功用是在汽车起步、超车、转弯和停车时,左侧或右侧的转向信号灯会发出明暗交替的闪光信号,以示汽车改变行驶方向。

28. 危险警报灯(又称危险报警灯)与转向信号灯共用同一套灯具。当车辆在路面上遇到紧急情况需要处理时,按下危险警报开关,全部转向灯同时闪烁,提醒后方车辆避让。

29. 示廓灯(又称小灯、驻车灯或停车灯)安装在车辆前面两侧对称位置,用于标识汽车夜间行驶或停车时的宽度轮廓。

30. 尾灯一般为红色,用于在夜间行驶时向后面的车辆或行人提供位置信息。

31. 制动灯安装于汽车后面,用于当汽车制动或减速停车时,向车后发出灯光信号,以警示随后车辆及行人。

32. 倒车灯安装于汽车尾部,左右各一只。倒车灯一般为白色。用于照亮车后路面,并警示车后的车辆和行人,表示该车正在倒车,提高倒车时的安全性。

33. 汽车喇叭是用来警告路上车辆或行人的警报装置。喇叭的种类主要有电磁式、电子式和压缩空气式3类。

34. 电磁式喇叭一般包括高音喇叭、低音喇叭、喇叭继电器、喇叭按钮、电源、熔断丝等。常见的电磁式喇叭为螺旋形喇叭和盆形喇叭。

35. 刮水器的功用是用来清除风窗玻璃上的雨水、雪或尘土,以确保驾驶员有良好的视野。在行驶中,由于泥土的飞溅或其他原因污染风窗玻璃,所以刮水器还设有洗涤装置,有些乘用车还装备有前照灯冲洗装置。

36. 刮水器由直流电动机、涡轮箱、曲柄、连杆、摆杆、摇臂和刮水片等组成。

37. 目前汽车使用的洗涤器均为电动式,其结构包括储水箱、水管及喷嘴等,电动机(永久磁铁式)及水泵(离心式)安装在储水箱上。

38. 汽车组合仪表分为传统组合仪表和电子组合仪表。传统组合仪表是机械式或电气机械式,它们都是通过指针和刻度来实现模拟显示的。随着电子及计算机技术在汽车上的广泛应用,以及新型传感器和电子显示器的出现,电子组合仪表已被越来越多的汽车所采用。

39. 传统组合仪表主要包括机油压力表、冷却液温度表、发动机转速表、燃油表、电流表、机油压力报警灯、充电指示灯等,这些仪表通常都组装在仪表板上。

40. 电子组合仪表主要有电子式燃油表、发动机电子转速表、车速表、里程表和冷却液温度表等。

41. 报警装置一般由传感器、报警灯(或蜂鸣器)等组成。

42. 汽车空调系统即车内空气调节装置,是指对车内空气的温度、湿度及清洁度进行调节控制的装置。汽车空调系统功用是在各种气候和行驶条件下,为乘员提供舒适的车内环境,并能预防或除去附在风窗玻璃上的雾、霜或冰雪,以确保驾驶员的视野清晰与行车安全。

43. 汽车空调系统主要由制冷系统、采暖系统、通风装置、加湿装置、空气净化装置和控制装置等组成。

44. 汽车空调制冷系统主要由压缩机、冷凝器、储液干燥器、膨胀阀、蒸发器、导管与软管、压力开关等组成。

45. 安全气囊系统的全称为汽车安全辅助气囊系统,又称SRS。汽车安全气囊在汽车发生碰撞时,可以迅速在乘员和汽车内部结构之间打开一个充满气体的袋子,使乘员撞在气袋上,避免或减缓碰撞,从而达到保护乘员的目的。

46. 安全气囊系统主要由碰撞传感器、安全气囊控制单元、安全气囊组件和安全气囊警告灯等组成。

# 考试模拟题

## 一、是非判断题

1. 乘用车是指在其设计和技术特性上主要用于载运乘客及其随身行李和/或临时物品

的汽车,不包括驾驶员座位,最多不超过 9 个座位。　　　　　　　　　　(×)
  2. 曲轴与连杆下端的连接中心至曲轴中心的距离(即曲轴的回转半径)称为曲柄半径。活塞行程与曲柄半径相等。　　　　　　　　　　　　　　　　　　　　　　　(×)
  3. 四冲程发动机中的曲轴与凸轮轴的转速比为 1∶2。　　　　　　　　　　(×)
  4. 发动机排气系统主要由排气歧管、排气消声器等组成,电控燃油喷射系统汽油机的排气系统多带有三元催化转化器。　　　　　　　　　　　　　　　　　　　(√)
  5. 现代汽车多采用封闭式强制循环水冷却系统。　　　　　　　　　　　　(√)
  6. 电控自动变速器换挡执行元件主要包括离合器、制动器和单向离合器。　　(√)
  7. 现在一般汽车均采用高压胎。　　　　　　　　　　　　　　　　　　　(×)
  8. 驻车制动系统用于使停驶的汽车驻留原地,通常由驾驶员用手(或脚)操纵。(√)
  9. 前照灯的远光灯在会车和市区内使用,用于保证夜间车前 60m 内的路面照明。(×)
  10. 汽车空调系统即车内空气调节装置,是指对车内空气的温度、湿度及清洁度进行调节控制的装置。　　　　　　　　　　　　　　　　　　　　　　　　　　　(√)

## 二、单项选择题

1. ( D )布置形式是方程式赛车和大多数跑车采用的布置形式。
   A. 发动机前置后轮驱动　　　　　　B. 发动机前置前轮驱动
   C. 发动机后置后轮驱动　　　　　　D. 发动机中置后轮驱动
2. ( A )的功用是承受汽缸中的燃烧压力,还与汽缸盖、汽缸壁共同组成燃烧室。
   A. 活塞　　　B. 活塞环　　　C. 活塞销　　　D. 连杆
3. ( D )的功用是储存做功行程的一部分能量,以克服各辅助行程的阻力。
   A. 活塞　　　B. 连杆　　　C. 曲轴　　　D. 飞轮
4. ( D )的功用是根据发动机运转状况和车辆运行状况确定汽油最佳喷射量和最佳点火提前角。
   A. 空气供给系统　　B. 排气系统　　C. 燃油供给系统　　D. 电子控制系统
5. ( D )是汽车离合器的主要作用之一。
   A. 保证汽车怠速平稳　　　　　　B. 增加变速比
   C. 实现倒车　　　　　　　　　　D. 保证变速器换挡平顺
6. ( C )可以衰减由于路面冲击产生的振动,使振动的振幅迅速减小。
   A. 弹性元件　　B. 导向机构　　C. 减振器　　D. 横向稳定器
7. ( D )是转向系统中的降速增矩的装置。
   A. 转向盘　　　B. 转向轴　　　C. 转向横拉杆　　　D. 转向器
8. 防抱死制动系统可使汽车在制动过程中车轮滑移率保持在( B )左右范围内。
   A. 10%　　　B. 20%　　　C. 50%　　　D. 70%
9. 现代汽车一般使用( D )的蓄电池。
   A. 5V　　　B. 6V　　　C. 10V　　　D. 12V
10. 目前汽车使用的洗涤器均为( B )。
    A. 机械式　　　B. 电动式　　　C. 液压式　　　D. 气压式

### 三、多项选择题

1. 底盘的功用是支承、安装汽车发动机及其各部件、总成,形成汽车的整体造型,并接受发动机的动力,使汽车产生运动,保证正常行驶。底盘由(ABCD)组成。
   A. 传动系统　　　　B. 行驶系统　　　　C. 转向系统　　　　D. 制动系统
2. 发动机的主要性能指标有(ABC)。
   A. 有效转矩　　　　B. 有效功率　　　　C. 燃油消耗率　　　D. 传动效率
3. 水冷式冷却系统通常由(ACD)等组成。
   A. 散热器　　　　　B. 机油泵　　　　　C. 节温器　　　　　D. 冷却风扇
4. 润滑系统主要由(ABD)等组成。
   A. 机油泵　　　　　B. 集滤器　　　　　C. 水套　　　　　　D. 机油滤清器
5. 离合器安装在发动机与变速器之间,它可分为(ABCD)。
   A. 主动部分　　　　B. 从动部分　　　　C. 压紧装置　　　　D. 操纵机构
6. 驱动桥一般由(ABCD)组成。
   A. 主减速器　　　　B. 差速器　　　　　C. 半轴　　　　　　D. 桥壳
7. 按车桥上车轮的功用不同,车桥分为转向桥、驱动桥、转向驱动桥和支持桥,其中(AD)属于从动桥。
   A. 转向桥　　　　　B. 驱动桥　　　　　C. 转向驱动桥　　　D. 支持桥
8. 循环球式转向器采有两级传动副,第一级是(AB)。
   A. 转向螺杆　　　　B. 螺母　　　　　　C. 齿条　　　　　　D. 齿扇
9. 发动机电气设备由(ABD)等组成。
   A. 蓄电池　　　　　B. 充电系统　　　　C. 信号系统　　　　D. 起动系统
10. 电子组合仪表主要有(ABCD)等。
    A. 电子式燃油表　　　　　　　　　　　B. 发动机电子转速表
    C. 车速表　　　　　　　　　　　　　　D. 冷却液温度表

# 第四章

# 常用机动车材料性能及应用

## 第一节 车用燃料

1. 汽油的使用性能包括：

(1)蒸发性。指汽油蒸发的难易程度。对发动机的起动、暖机、加速、气阻、燃料耗量等有重要影响。汽油的蒸发性由馏程、蒸气压、气液比3个指标综合评定。

(2)抗爆性。指汽油在各种使用条件下抗爆震燃烧的能力。车用汽油的抗爆性用辛烷值表示。辛烷值高，抗爆性好。高辛烷值汽油可以满足高压缩比汽油机的需要。

(3)安定性。指汽油在自然条件下，长时间放置的稳定性。用胶质和诱导期及碘价表征。胶质越低越好，诱导期越长越好，碘价表示烯烃的含量。

(4)汽油的腐蚀性。若汽油中含有硫及硫化物、有机酸及水溶性酸碱及水分，就有了腐蚀性。

(5)汽油的清洁性。指汽油在生产、运输、储存和使用过程中不应混入炼制工艺以外的杂质，以保持汽油清洁。

2. 我国车用无铅汽油按研究法辛烷值分为多种牌号，现行国Ⅴ标准汽油一般分为92号和95号两个牌号，个别地区还有可能根据当地的实际情况制定了相应的地方燃油标号。

3. 选用汽油主要依据压缩比：高压缩比的发动机应选用牌号较高的汽油，低压缩比的发动机可选用牌号较低的汽油。

4. 柴油的使用性能包括：

(1)低温流动性。柴油低温流动性以凝点表示。

(2)燃烧性。是指柴油喷入汽缸后立即着火燃烧的性能。燃烧性好的柴油着火延迟期(滞燃期)短，工作平稳。柴油的燃烧性以十六烷值表示。

(3)蒸发性。是指柴油从液态转化为气态的性能，通常用馏程和闪点评价。

(4)黏度。黏度用以表示柴油的稀稠程度，它随温度而变。柴油的黏度与流动性、雾化性、燃烧性和润滑性都有很大关系。

(5)腐蚀性。是指硫分、酸分、水溶性酸或碱对金属材料的破坏作用，其中以柴油中的硫分影响最大。

(6)清洁性。包括柴油中灰分、水分、机械杂质的含量。

5. 目前国内应用的轻柴油按凝点分为6个牌号:10号柴油、0号柴油、-10号柴油、-20号柴油、-35号柴油和-50号柴油。例如:10号柴油表示该种柴油的凝点不低于10℃。

6. 柴油应根据不同地区和季节选用。气温较高的地区,选用凝点较高的柴油;反之,选用凝点较低的柴油。

7. 一般选用凝点较最低气温低2~3℃的柴油,以保证在最低气温时不凝固。

8. 低凝点柴油生产工艺复杂,产量比高凝点柴油少,价格也高。所以,在气温允许的情况下,尽量延长高凝点柴油使用期。

9. 现阶段开发和具有应用价值的代用燃料有液化石油气(LPG)、天然气(CNG)、生物柴油、醇类、二甲醚、氢气等。

## 第二节 车用润滑料

1. 发动机润滑油能对发动机起到润滑减磨、辅助冷却降温、密封防漏、防锈防蚀、减振缓冲等作用。

2. 发动机润滑油由基础油和添加剂两部分组成:基础油是润滑油的主要成分,决定着润滑油的基本性质,添加剂则可弥补和改善基础油性能方面的不足,赋予某些新的性能。

3. 发动机润滑油黏度等级划分:

(1) 由美国汽车工程师学会(SAE)制定,有单级油和多级油之分。

(2) 如只能满足一组黏度特性要求的为单级油,如5W、30等。

(3) 如能满足两组黏度特性要求的则为多级油,如5W/40、10W/20等。

(4) "W"代表冬季,前面的数字越小说明低温黏度越低,发动机冷起动时的保护能力越好。

(5) "W"后面的数字则是发动机润滑油耐高温性的指标。代表冬用部分的数字越小,代表夏季部分的数字越大者,适用的环境温度范围越大。

4. 发动机润滑油质量等级划分:

(1) 由美国石油学会(API)制定,分为两类。

(2) "S"开头系列代表汽油发动机用油(在我国标准中采用"Q"开头,等效采用了API质量标准),规格有:SA、SB、SC、SD、SE、SF、SG、SH、SJ、SL、SM、SN。

(3) "C"开头系列代表柴油发动机用油(在我国标准中也是"C"开头),规格有:CA、CB、CC、CD、CE、CF、CF-2、CF-4、CG-4、CH-4、CI-4。

(4) 当"S"和"C"两个字母同时存在,则表示此润滑油为汽油发动机和柴油发动机通用型。

(5) 在S或C后面的字母表示的意义是:每递增一个字母,润滑油的性能都会优于前一种,润滑油中会有更多用来保护发动机的添加剂。字母越靠后,质量等级越高,国际品牌中润滑油级别多是SF级别以上的。

5. 应严格按照汽车使用说明书中的规定,根据汽车发动机的工作条件,选用适当的润滑油品种及使用级别。

6. 汽油机润滑油与柴油机润滑油,两者不能混用。

7. 不同地区要根据当地温度选用不同的黏度级别的润滑油,如北方冬季应选用5W/30或0W/30的润滑油。

8. 重载低速和高速下应选择黏度较大的润滑油;轻载高速应选择黏度较小的润滑油。

9. 新发动机选择黏度较小的润滑油;磨损程度较重的发动机则选择黏度较大的润滑油。

10. 高质量等级可代替低的质量等级的油,但绝不能用低质量级别的油去代替高质量级别的油,否则会导致发动机故障甚至损坏。

11. 齿轮润滑油多用于变速器、转向器和减速器等总成的润滑。

12. 齿轮润滑油的工作条件与发动机润滑油的工作条件相比,工作温度虽不很高,但油膜所承受的单位压力却很大。

13. 选用齿轮润滑油时,首先根据传动齿轮的类型和使用时的负荷、速度选出齿轮润滑油种类,即普通齿轮润滑油还是双曲线齿轮润滑油。然后再按照使用地区季节的最低气温选出黏度,即可得知选用齿轮润滑油的牌号。

14. 润滑脂具有良好的黏附性,不易从摩擦表面流失,可在不密封和受压较大的摩擦零部件上使用,并有防水、防尘、密封作用。

15. 润滑脂由基础油、稠化剂、添加剂三部分组成。

16. 润滑脂的使用性能包括:滴点(反映润滑脂耐热程度)、针入度、胶体安定性、水分和腐蚀性等。

17. 滴点反映了润滑脂耐热程度。

18. 针入度是表示润滑脂稠度的指标,也是表示润滑脂硬度的数值,针入度越小,稠化剂含量越多,润滑脂越硬。润滑脂太硬会增大运动阻力,太软则会在高速时被甩掉。

19. 选用润滑脂时主要考虑以下因素:

(1)工作温度。温度越高,选用滴点也越高;反之,就选用滴点较低的润滑脂。

(2)运动速度。速度越大,选用的黏度就应越低;反之,应选高黏度的。

(3)承载负荷。承载负荷大的,应选针入度小的,以免润滑脂被挤出来;反之,应选针入度较大的润滑脂。

## 第三节　其他车用材料

1. 制动液是液压制动系统中传递制动压力的液态介质,是制动系统制动不可缺少的工作介质。

2. 国际通用汽车制动液标准,是美国联邦政府运输安全部(DOT)制定的联邦机动车辆安全标准,具体为DOT3、DOT4、DOT5。

3. 我国的《机动车辆制动液》（GB 12981—2012）中规定机动车辆安全使用 HZY3、HZY4、HZY5、HZY6 四种产品，其中 H、Z、Y 分别为合成、制动和液体第一个汉字的汉语拼音首字母，阿拉伯数字作为区别本系列的标记。HZY3、HZY4、HZY5 分别对应国际通用产品 DOT3、DOT4、DOT5.1。

4. 汽车制动液的技术性能要求主要有较小的橡胶密封件膨胀率、较低的腐蚀性、较高沸点。此外，还要求制动液要有适宜的黏度和良好的低温流动性，以保证在各种气温条件下的制动性能。

5. 制动液的选用及使用注意事项：
（1）选用制动液应按照车辆使用说明书选择制动液是最合理可靠的。
（2）使用前必须检查是否有白色沉淀。
（3）不得混用制动液，在更换制动液品牌时一定要用新加入的产品清洗管路。
（4）定期更换制动液。建议每隔 2 万～4 万 km 或 1 年时间更换一次。
（5）安全存放及时添加。

6. 液力传动油又称自动变速器油(ATF)或自动传动油，用于由液力变矩器、液力耦合器和机械变速器构成的车辆自动变速器中作为工作介质，借助液体的动能起传递能量的作用。

7. 液力传动油的性能要求包括：黏度、热氧化安定性、剪切安定性、抗泡性能和摩擦特性等。

8. 液力传动油按 100℃ 运动黏度分为 6 号和 8 号两种。其中 6 号液力传动油主要用于大型、重负荷车辆和工程机械的液力传动系统。8 号液力传动油主要用于各种小型、轻重负荷车辆的液力传动系统。

9. 不同厂家同级别的液力传动油品不可以混用。且储存期限不得超过 1 年，常温下密封保存。

10. 冷却液的主要功能为保护发动机正常良好运行，在发动机散热器内循环，起到防冻、防沸、防锈、防腐蚀等效果。

11. 现在的商品防冻液几乎都是用乙二醇配制的，大多为红色或绿色，以观察是否泄漏或与发动机其他液体相区别。

12. 应根据当地冬季最低气温选用适当冰点牌号的防冻液，冰点至少应低于最低气温5℃。

13. 乙二醇水溶液的膨胀系数较大，发动机的冷却系统注入冷却液的量要比其容积少 5%～6%，以免发动机温度升高后冷却液外溢。

14. 发动机冷却系统液体可能因渗漏或喷溅而损耗，遇此情况需要补充防冻液，只补充水会使防冻液冰点升高。

15. 在制冷设备中完成制冷循环的工作介质称为制冷剂，俗称冷媒。

16. 制冷剂的性能要求：蒸发潜热大，且易于液化；化学安定性好，不易变质；工作温度和压力适中；对金属物件无腐蚀；不燃烧、不爆炸；无毒性、无污染；可与润滑油（冷冻机油）按照任何比例互溶。

17. 目前汽车空调用制冷剂广泛使用环保型产品 R134a（四氟乙烷）。不同型号的制冷剂是有区别的，使用时切不可用错制冷剂。

18. 轮胎与路面接触,和汽车悬架共同来缓和汽车行时所受到的冲击,保证汽车有良好的乘坐舒适性和行驶平顺性;保证车轮和路面有良好的附着性,提高汽车的牵引性、制动性和通过性;承受着汽车的质量。

19. 按轮胎结构、用途不同,分为普通斜交轮胎和子午线轮胎两种。

20. 我国汽车轮胎规格的表示方法如下:

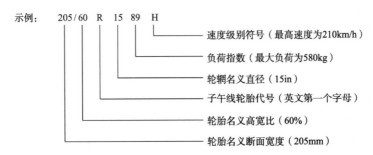

21. 汽车对轮胎的要求是多方面的,选择时不能取决于单一因素,应针对具体汽车的性能要求和使用特点综合考虑,可重点参考轮胎类别、胎面花纹、胎体结构、轮胎材质、规格气压、速度特性等几方面。

22. 汽车常用制造材料包括金属材料和非金属材料两大类。

# 考试模拟题

## 一、是非判断题

1. 选用汽油主要依据发动机压缩比,高压缩比的发动机应选用牌号较高的汽油;低压缩比的发动机可选用牌号较低的汽油。　　　　　　　　　　　　　　　　　　　(√)

2. 我国将车用无铅汽油按研究法辛烷值分为92号和95号等多个牌号,它们反映了汽油的清洁性。　　　　　　　　　　　　　　　　　　　　　　　　　　　　　　(×)

3. 柴油应根据不同地区和季节选用。气温较高的地区,选用凝点较高的柴油;反之,选用凝点较低的柴油。　　　　　　　　　　　　　　　　　　　　　　　　　　(√)

4. 与发动机润滑油的工作条件相比,齿轮油的工作温度不高,油膜所承受的压力不大,所以可以使用更长的时间。　　　　　　　　　　　　　　　　　　　　　　　　(×)

## 二、单项选择题

1. 我国轻柴油标准是按照(C)方法进行划分的。
   A. 十六烷值　　　B. 闪点　　　C. 凝点　　　D. 浊点

2. 汽油的使用性能不包括(D)。
   A. 蒸发性　　　B. 清洁性　　　C. 腐蚀性　　　D. 低温流动性

3. 关于汽车防冻液的说法正确的是(C)。
   A. 现在的商品防冻液几乎都是用乙二醇配制的
   B. 大多为红色或绿色,以便观察泄漏或与发动机其他液体相区别
   C. 发动机防冻液有少量损耗,只补充清洁的水即可
   D. 根据当地冬季最低气温选用适当冰点牌号的防冻液,冰点至少应低于最低气温5℃

4. 某北方城市冬季最低气温大约为-23℃,夏季最高气温为35℃,一辆新的家用汽油轿车使用以下(C)发动机润滑油最合适。
   A. SM15W30    B. SL20W50    C. SM5W40    D. CI-420W50

### 三、多项选择题

1. 下列属于发动机润滑油作用的有(ABCD)。
   A. 润滑    B. 冷却    C. 密封    D. 防锈

2. 下列关于选用发动机润滑油的说法正确的有(BCD)。
   A. 汽油机选用C系列润滑油,柴油机选用S系列润滑油
   B. 选用发动机润滑油时,高质量等级可代替低的质量等级的油,但绝不能用低质量级别的油去代替高质量级别的油
   C. 重载低速和高速下应选择黏度较大的润滑油;轻载高速应选择黏度较小的润滑油
   D. 新发动机选择黏度较小的润滑油;磨损程度较重的发动机则选择黏度较大的润滑油

3. 选用润滑脂时主要考虑的因素有(ABC)。
   A. 工作温度    B. 运动速度    C. 承载负荷    D. 表面质量

4. 某轮胎规格为:205/60 R16 91 H,下列说法正确的是(ACD)。
   A. 轮胎的断面宽度为205mm
   B. 轮胎的断面高度为60mm
   C. 轮胎的内径为16in
   D. 轮胎能承受的最高速度为210km/h

# 第五章
# 常用测量器具

## 第一节 计量基础知识

1. 计量是指实现单位统一和量值准确可靠的活动。从定义中可以看出,它属于测量,源于测量,而又严于一般测量,它涉及整个测量领域,并按法律规定,对测量起着指导、监督、保证的作用。

2. 测试是具有试验性质的测量,也可理解为测量和试验的综合,它具有探索、分析、研究和试验的特征。

3. 我国的计量法规体系由三部分组成:由全国人大颁布的《中华人民共和国计量法》;国务院制定(或批准)的计量行政法规和省、自治区、直辖市人大常委会制定的地方计量法规;国务院计量行政部门制定的计量管理办法和技术规范,国务院有关部门制定的部门计量管理办法,县级以上人民政府计量行政部门制定的地方计量管理办法。

4. 1977年5月,我国正式加入国际米制公约组织。

5. 1985年9月6日发布《中华人民共和国计量法》。

6. 计量单位是为定量表示同种量的大小而约定定义和采用的特定量。

7. 目前国际单位制(SI)共有七个基本单位:长度单位为米(m)、质量单位为千克(kg)、时间单位为秒(s)、电流单位为安培(A)、热力学温度单位为开尔文(K)、物质的量单位为摩尔(mol)和发光强度单位为坎德拉(cd)。

8. 我国法定计量单位包括以下几种:国际单位制的基本单位;国际单位制的辅助单位;国际单位制中具有专门名称的导出单位;国家选定的非国际单位制单位;由以上单位构成的组合形式的单位和由词头和以上单位构成的十进倍数和分数单位。

## 第二节 汽车维修常用测量器具的使用

1. 测量时应该注意以下事项:进行测量时,应使测量仪器温度和握持的方法保持在一定的状态;保持固定的测量动作;使用后应注意仪器的清理和维护,并存放在不受灰尘和气体污染的场所;要定期检查仪器精度。

2. 游标卡尺又称四用游标卡尺,简称卡尺,是由尺身和附在尺身上能滑动的游标制造而成的精密测量仪器,能够正确且简单地从事长度、外径、内径及深度的测量。

3. 游标卡尺读数时,首先读出游标零线左边与尺身相邻的第一条刻线的整毫米数,即测得尺寸的整数值,例如,尺身上的读数为 45.00mm。再读出游标与尺身刻度线对齐的那一条刻度线所表示的数值,即为测量值的小数,例如,游标的读数为 0.25mm。把从尺身上读得的整毫米数和从游标上读得的毫米小数加起来即为测得的实际尺寸,即 45 + 0.25 = 45.25 ( mm )。

4. 使用游标卡尺时先应依照下列事项逐一检查:测量爪的密合状态;零点校正;游标尺的移动状况。

5. 外径千分尺又称螺旋测微器,它是利用螺纹节距来测量长度的精密测量仪器,是一种用于测量加工精度要求较高的零部件,汽车维修工作中一般使用可以测至 1/100mm 的外径千分尺,其测量精度可达到 0.01mm。

6. 外径千分尺主要由测砧、测微螺杆、尺架、固定套筒、微分筒、棘轮旋钮及锁紧装置等零部件组成。

7. 百分表利用指针和刻度将心轴移动量放大来表示测量尺寸,主要用于测量工件的尺寸误差以及配合间隙。

8. 汽车修理厂大多采用最小刻度为 1/100mm 的百分表。同时百分表可以和夹具配合使用。

9. 百分表的测量头包括 4 种类型,分别为:长型,适合在有限空间中使用;滚子型,用于轮胎的凸面/凹面测量;杠杆型,用于测量不能直接接触的部件;平板型,用于测量活塞突出部分等。

10. 百分表表盘刻度分为 100 格,当量头每移动 0.01mm 时,大指针偏转 1 格;当测量头每移动 1.0mm 时,大指针偏转 1 周。小指针偏转 1 格相当于 1mm。注意:百分表的表盘是可以转动的。

11. 百分表要装设在支座上才能使用,在支座内部设有磁铁,旋转支座上的旋钮使表座吸附在工具台上,因而又称磁性表座。此外,百分表还可以和夹具、V 形槽、检测平板和顶心台合并使用,从事弯曲、振动及平面状态的测定或检查。

12. 量缸表又称内径百分表,是利用百分表制成的测量仪器,也是用于测量孔径的比较常用的测量工具。在汽车维修中,量缸表通常用于测量汽缸的磨耗量及内径。

13. 量缸表主要包括百分表、表杆、替换杆件和替换杆件紧固螺钉等。

14. 在测量内径很小的配件时,如气门导管等部位,就需要另一种类似于量缸表的量具——卡规。

15. 在使用卡规时,将测量端压缩放入被测物体内,读数与量缸表相同,当移动吊耳移动 2mm 时,则长指针转动一圈,测量精度:0.01mm。

16. 厚薄规又称塞尺或间隙片,是一组淬硬的钢条或刀片,这些淬硬的钢条或刀片被研磨或滚压成为精确的厚度,它们通常都是成套供应。

17. 厚薄规的每条钢片标出了厚度(单位为 mm),它们可以单独使用,也可以将两片或多片组合在一起使用,以便获得所要求的厚度,最薄的一片可以达到 0.02mm。常用厚薄规长度有 50mm、100mm、200mm。

18.厚薄规在汽车维修工作中主要用于测量气门间隙、触点间隙和一些接触面的平直度等。

19.使用厚薄规测量时,应根据间隙的大小,先用较薄片试插,逐步加厚,可以一片或数片重叠在一起插入间隙内,插入深度应在 20mm 左右。例如,用 0.2mm 的厚薄规片刚好能插入两工件的缝隙中,而 0.3mm 的厚薄规片插不进,则说明两工件的结合间隙为 0.2mm。

20.使用厚薄规测量时,必须平整插入,松紧适度,所插入的钢片厚度即为间隙尺寸。严禁将钢片用大力强硬插入缝隙测量。插入时应特别注意前端,不要用力过猛,否则容易折损或弯曲厚薄规。

21.塑料线间隙规是汽车维修用来测量汽车裂损破坏程度的一种工具,可以为固定表面的间隙测量提供非常简单、精确、有效的测量方法,在汽车维修方面是必不可少的工具。

# 考试模拟题

## 一、是非判断题

1.在汽车维修工作中,卡规主要用于测量气门间隙、触点间隙和一些接触面的平直度等。　　　　　　　　　　　　　　　　　　　　　　　　　　　　　　(×)

2.外径千分尺是利用螺纹节距来测量长度的精密测量仪器,是一种用于测量加工精度要求较高的零部件。　　　　　　　　　　　　　　　　　　　　　　　　　(√)

## 二、单项选择题

1.(A)能够正确且简单地从事长度、外径、内径及深度的测量。
　　A.游标卡尺　　　B.外径千分尺　　　C.厚薄规　　　D.百分表

2.(C)我国正式加入国际米制公约组织。
　　A.1957 年 5 月　　B.1967 年 5 月　　C.1977 年 5 月　　D.1987 年 5 月

## 三、多项选择题

1.第十届国际计量大会决定采用(ABC)等作为基本计量单位。
　　A.米(m)　　　B.千克(kg)　　　C.安培(A)　　　D.分(min)

2.游标卡尺是由尺身和附在尺身上能滑动的游标制造而成的精密测量仪器,能够正确且简单地从事(ABCD)的测量。
　　A.长度　　　　B.外径　　　　C.内径　　　　D.深度

# 第六章
# 汽车检测维修安全常识

## 第一节　汽车维修个人安全防护

1. 个人安全就是保护好自己免受伤害,包括使用防护装置、穿戴安全、职业行为和正确的使用工具和设备。

2. 当工作环境存在损伤眼睛的风险时,就要戴上安全眼镜,对眼睛进行保护。

3. 进行某些作业时,应该佩戴其他的护眼器材,而不是安全眼镜。例如维修汽车制冷系统时,就应当戴着防溅护目镜,用压力喷射清理零部件时就要戴上防护面罩,防护面罩不仅能对眼部部进行保护,还能对面部进行保护。

4. 在蓄电池电解液、燃油、溶剂等化学品不慎进入眼睛时,要用清水长时间冲洗眼睛,还要及时让医生进行药物处理。

5. 在经常有噪声的环境里,应该带上耳罩或耳塞。

6. 汽车维修工经常在有毒化学气体环境中工作,不论是暴露在有毒气体中还是过量尘埃中,都要带上呼吸器或呼吸面罩。用清洗剂清洗零件、部件和喷漆是最常见的需要带上呼吸面罩进行的作业。处理吸附了灰尘的部件或有害物质时,也一定要带高效呼吸面罩。

7. 工作时穿着的服装不但要合体舒适,还要结实。宽松的服装很容易被运动的零部件和机器挂住。

8. 维修汽车时一定要穿用皮革或类似材料做成的并具有防滑底的鞋或靴子。铁头安全鞋可以增强对脚部的保护。

9. 戴上手套可以保护手,避免手受伤。在进行不同的作业时,要选戴不同类型的手套,对手进行保护。

## 第二节　汽车维修工具、维修设备的使用安全

1. 手工工具的使用安全如下:

（1）选择大小和类型都合适的手工工具来做一项工作，而且只用指定用来做该项工作的手工工具。

（2）保持手工工具处于良好状态，不用时应存放在安全处。保持切削工具有合适的磨锋。

（3）切勿把尖的或削尖的工具放在衣袋里。

（4）加工小零件时，应把小零件夹在台虎钳或夹紧装置上。

（5）手柄活动或断裂的工具应修理或更换。

（6）选用錾子刀口至少要同待加工的錾口一样大。不要用錾子或冲子去冲坚硬部件，如固定销。切勿用錾子、冲子或刮刀当撬棍。过大的力会损坏或折断工具。

（7）多次敲击后，锐边可能折断或形成圆形头，应对其修整，保持全部冲子和錾子的头部打磨平滑。

（8）当使用切削工具时，一定要使金属屑飞离身体，使双手以及手指处在刀口的后面。手柄应清洁、干燥及确保牢固地握住。

（9）切勿用锤子敲击锉刀或把锉刀当作撬棍用。使用锉刀时，锉削行程总是朝向远离自己的方向并用锉刷刷净锉刀。

（10）一字螺丝刀或十字螺丝刀只能用来拧紧或拧松螺钉，切勿当作冲子或撬棍用。确保螺丝刀的刀刃完全固定到螺钉槽中。不正确的配合可能损坏螺钉槽和螺丝刀刀刃。保持螺丝刀刀刃垂直于螺钉槽，使滑移量减至最少。

（11）使用敲击工具时，最好要佩戴合适的眼睛保护装置。对坚硬表面应用软锤。切勿用一锤子敲打另一锤子，否则锤子将会损坏或被敲碎，且飞出碎片易引起伤人。

（12）作业中应使用大小合适的扳手。打滑的扳手会损坏螺栓头和螺母，且易引起人身伤害。使用扳手时，应对扳手施加垂直的、均匀的拉力。若必须推扳手，则用手掌跟部，不要用手指抓住扳手，扳手不得翘起来，否则，会使接触点受力增加，导致扳手损坏。

（13）不要用管子来加长扳手，在过大的作用力下，扳手或螺栓会打滑或断裂。也不要把扳手当锤子用，除非该扳手有此特定用途。

（14）更换有裂纹或已磨损的扳手，不要试图把弯曲的扳手矫直，这样只会进一步降低扳手的强度。

（15）鲤鱼钳有固定、夹紧、挤压和剪切作用，但不能用于转动。不要用鲤鱼钳代替扳手，因鲤鱼钳会打滑而损坏螺栓头和螺母。

（16）动力、手动或冲击工具的套筒不应互换使用，否则，会导致损坏或伤害。

（17）扭力扳手只用于拧紧螺栓或螺母，不应把它当一般扳手使用。

2. 以电力和压缩空气为动力的工具称为动力工具。使用时需要注意以下事项：

（1）对动力工具的操作不了解或未经正确使用动力工具的培训，切勿操作动力工具。

（2）开动动力工具前，应确保没有其他物件会碰到动力工具的运转部件。

（3）全部电动工具，除非是双绝缘式的，否则，都必须搭铁连接。不要使用两脚插头插入三脚插座（第三脚是动力工具搭铁线）。切勿使用卸下第三搭铁线插头的动力工具。

（4）动力工具正在运转或接通电源时，切勿试图调整、上油或清洁等。将全部防护装置按照顺序保存在适当位置。

(5)确保气动工具和管路正确连接。

(6)当不用动力工具时,关闭电源和拔出全部插头,并把所有动力工具返回到适当位置。

(7)操作某些动力工具时,应按规定戴安全眼镜、手套、面罩等保护用品。如在砂轮机修磨机件时须戴安全眼镜。

(8)在没有得到正确操作程序说明书时,不要开动任何动力工具。开动动力工具前应阅读使用说明书,学会正确使用动力工具和了解它的局限性。确保全部保护装置就位。

(9)操作动力工具要全神贯注,不要环顾其他人,或与别人交谈。工作场所应清洁、明亮,切勿在潮湿的地方工作。

(10)不要从插座上猛拉电线或将动力工具压在电线上。

(11)使用前,检查动力工具是否有故障。接通动力工具之前应做好所有调整工作。每当去掉安全设施进行调整、更换刀具或进行修理时,都要关掉设备电源,拔出插头。在检查期间,应锁上主开关和加上警示标记,或使断开的动力线随时看得见。

(12)操作时要等待动力工具全速稳定运转后才能开始工作。

(13)在动力工具完全停转后方可离开现场。手与任何刀具或运转零件之间要保持安全距离。手不要伸得太长,要保持身体平衡。

3.举升机可以举升车辆,举升臂必须安置在汽车生产商推荐的举升部位。还应注意以下安全事项:

(1)举升机提升后一定要确保保险锁锁止。

(2)引导别人把汽车驾驶上举升机时,要站在驾驶员的侧面而不是车前方。

(3)把车驾驶到举升机上之前,应安放好举升臂并确保没有任何阻碍。

(4)放好举升臂接触垫,使之位于车辆支承点位置。

(5)举升车辆前,车门、发动机舱盖和行李舱盖一定要完全关闭,车内有人时绝不能将车辆升起。在车底工作前,确保举升机的保险锁锁止正常。

(6)当车辆升到所需高度后,将车辆降低至其机械保险装置。

(7)车辆下面一定不要有工具箱、案台或其他设备。

## 第三节  汽车维修环境安全

1.汽油是一种易燃的挥发性液体,一定要将汽油和柴油装在安全油箱中,不要用汽油擦洗手和工具。

2.要小心处理各种溶剂(或液体),以防泄漏。除了在倒出溶剂之外,所有盛装溶剂的容器都应保持密封,保持使用溶剂和化学品的区域适当通风非常重要。溶剂和其他易燃物品必须存放在符合安全要求的专用存储柜中或房间中。

3.从大容器中倒出易燃物品时要格外小心,静电产生的火花能够引起爆炸。用过的溶剂容器要及时丢弃或清理,容器底部残余的溶剂非常易燃。不要在易燃溶剂和化学品(包括蓄电池电解液)附近点火或吸烟。

4. 沾油抹布也要存放在符合标准的金属容器中。

5. 维修汽车电气系统或进行焊接作业之前,要断开汽车蓄电池负极接线柱,以防由电气系统引起的着火和伤害。断开汽车蓄电池就是将负极电缆从蓄电池上拆下,并将其放置在远离蓄电池的地方。

6. 要了解车间里所有灭火器的放置地点及其适用的火险类别,在灭火器标签上都清楚地标明了灭火器的类型及其适用的火险类别。灭火时,一定要使用适合火险类别的灭火器,通用干粉灭火剂适用于扑灭一般易燃物、易燃液体和电器着火。汽油着火时,切不可向火中浇水,水会使火焰进一步蔓延,适当类型的灭火器能够使火焰窒息。

7. 灭火时,要站在距离火焰2~3m以外,将灭火器牢牢地拿住,对准火焰根部来回摆动喷嘴,扫过整个火焰区,低下身子以免吸入烟气,如果温度太高或烟气太大,就要撤离。记住,无论如何不要返回着火的建筑物内。

8. 使用手提泡沫灭火筒救火时,应用一只手握着灭火筒上端的提环,另一只手握着灭火筒的底边,把灭火筒倒转过来并摇动几下,灭火泡沫就会从喷嘴喷出。

9. 鸭嘴式开关灭火器使用时,先将灭火器提到着火处,将喷嘴对准火焰,拔出开关的保险销,握紧喇叭柄,将上面的鸭嘴向下压,二氧化碳气体即从喷嘴喷出。

10. 干粉灭火器使用时,先将干粉灭火器送到火场,需要上下颠倒几次,在离着火点3~4m远处撕去灭火器上的封记,拔出保险销,一只手握紧喷嘴对准火源,另一只手的大拇指将压把按下,干粉即可喷出。迅速摇摆喷嘴使粉雾横扫整个火区,由近而远向前推移可快速灭火。

11. 为了防止触电事故的发生,应采用以下安全措施:电气设备的保护搭铁;电气设备的保护搭铁。

12. 所有从车上排放出来的液体都不允许倒入下水道。可以将冷却液回收并再利用或进行正确处理。

13. 汽车上的各种油液滤清器(自动变速器油滤清器、燃油滤清器和机油滤清器)也需要按照既定的方法进行处理。旧滤清器应当将液体排空并压碎或用特殊的转运桶盛放。多数国家规定要求机油滤清器在处理或压碎之前至少要排油24h。

## 第四节　汽车维修专业技术人员操作规程

1. 汽车维修安全生产通则如下:

(1)汽车维修工应参加安全教育培训,掌握必要的消防知识,会使用消防器材,会扑救初起火,会报警。

(2)汽车维修工应自觉遵守劳动纪律,按作业性质穿戴防护用品,上岗作业时,不穿拖鞋、不穿背心、不穿短裤和裙子、不干私活、不打瞌睡、不喝酒。

(3)汽车维修工应熟悉其操作设备的性能、使用要求和操作规程。

(4)汽车维修工应合理选用、正确操作、经常维护、定期检修设备和仪器。工作前,应确认所使用的设备、仪器安全技术状况完好。正在运转的设备、仪器,必须有人看管。严禁超负荷使用和带病运行设备和仪器。设备运行过程中,发现操作失灵、异响、电器开关断路及其他故障时,应立即停机,查明原因或请专业维修人员维修。不符合安全要求的陈旧设备,应有计划地更新和改造。

(5)正确选择和使用工具。作业时,工具必须摆放整齐,不得随地乱放。工作后,应将工具清点检查并擦干净,按要求放入工具车或工具箱内。

(6)计量器具应经检定合格。

(7)作业时,应注意保护汽车车身涂层、车内装饰、乘员座椅以及地毯,并随时保持修理车辆的整洁。

(8)按规定的工艺、标准规范或制造厂汽车维修说明书的程序维修车辆。

(9)拆装零部件时,应使用合适工具或专用工具,不可大力蛮干,不得用硬质手锤直接敲击零件,谨防飞屑伤人。所有零件拆卸后应按顺序摆放整齐,不可随地堆放。

(10)仅可使用允许的清洗剂和清洗设备清洗零部件,而不使用易燃、易爆性溶剂,如汽油、煤油、二甲苯等。清洗剂洒落应及时清除。

(11)在发动机旁作业时,应切断风扇电源,手和工具应离开风扇等可以旋转的部件。维修中,所有人员要避开旋转物体的切线方向。

(12)工作灯应采用特低压安全灯,工作灯不得冒雨或拖地使用,并应经常检查工作灯导线、插座是否良好,手湿时,不得扳动电力开关或插座。电源线路、熔断丝应按规定安装,不得用铜线、铁线代替。

(13)不用压缩空气吹自己身上的灰尘,不用压缩空气吹含毒粉尘,不用压缩空气吹其他人。

(14)升降机等设备应向特种设备安全监督管理部门登记,进行经常性日常维护,定期自行检查,按照安全技术规范的定期检验要求进行检验,并由具有资质的人员操作。

(15)不在楼梯口、消防通道、运输通道、消防设备、易燃易爆仓库旁等处进行汽车维修作业。

(16)在易燃、易爆、有毒环境作业时,应使用通风换气装置和防护设施。易燃、易爆、具有腐蚀性、有毒的剩余物品,应及时归仓储存,不允许个人留存。

(17)不在发动机运转的情况下给汽车加油。不在作业区内进行未经许可的明火作业和加热作业。

(18)非指定人员不得动用在修车辆。汽车在厂内行驶车速不得超过5km/h,不准在厂内路试制动。

(19)不在作业区吸烟、玩耍、跑步、做游戏等。

(20)身体不适作业时,不勉强作业。

(21)下班时,必须切断电源、气源、熄灭火种、清理场地、关好门窗。

(22)汽车维修产生的废弃物应集中回收,分类存放,分别情况予以处置。

2.机动车整形专业(钣金方向)技术人员安全操作规程如下:

(1)焊接操作人员应持特种作业操作资格证书,并穿戴必要的防护用品。

(2)电焊机不要放置在潮湿、有酸碱液体或易燃气体存在的环境中,也不能与氧—乙炔焊接的气瓶靠得太近。操作前,应确认电焊机线路、插座及焊钳、搭铁线完好;检查气体保护焊机压力表、回火装置是否正常,减压阀及各管路接头、皮管有无漏气现象,然后按启动程序开动使用。严禁将易燃易爆管道作焊接回路使用。焊机安装电源时,应同时安装漏电保护器,对焊机壳体和二次绕组引出线的端头应采取良好的保护搭铁或接零措施。检修、移动电焊机时,必须先切断电源。

(3)所有氧焊工具不得沾上油污、油漆,并定期检查焊枪、气瓶、表头、气管是否漏气,氧气瓶与乙炔气瓶距离7m以上,乙炔气瓶、氧气瓶周围10m范围内,禁止烟火。氧气瓶与乙炔气瓶使用后,应分别保持0.05MPa和0.1MPa残余压力。

(4)焊接作业场地10m以内不得有可燃物、易燃物,必须有良好的通风环境,通道宽度应大于1m。工作前,要清理干净工作场地可燃物。作业时,应有人监护,没有安全防范措施不能进行作业。焊接处高空作业更应注意火花的迸溅方向。

(5)焊条要干燥、防潮,施焊时,应根据工作大小选择适当的电流及焊条。电焊作业时,操作者要戴面罩及劳动保护用品。清除焊渣时,应戴防护镜,并应对眼部进行遮挡保护。严禁裸眼施焊。

(6)进行气焊点火前,先开乙炔气,后开氧气,熄火时先关乙炔气阀,发生回火现象时应迅速卡紧胶管,先关乙炔气阀,再关氧气阀。

(7)氧气瓶、乙炔气瓶应立式存放,相距12m以上,分别储存于阴凉、通风的库房,远离火种、热源。库房应采用防爆型照明、通风设施,库温不宜超过30℃,并备有泄漏应急处理设备。乙炔气瓶应与氧化剂、酸类、卤素分开存放。搬运时,必须使用专门搬运小车,轻装轻卸,不得撞击,禁止使用易产生火花的机械设备和工具。

(8)在重点部位进行焊割作业时,必须履行审批程序。

(9)在燃油箱周边5m内,进行焊接作业时,必须用阻燃物将燃油箱盖严实,周边10m内有易燃易爆物品时,禁止动火、施焊作业。

(10)燃油箱、油罐、高压容器、储存过化学有毒、有害物品的设施设备,未经专业清洁,无专业资质的焊接工禁止对其施焊作业。

(11)进行校正作业或使用车身校正台时,应正确夹持、固定、牵制,并使用适合的顶杆、拉具及站立位置,谨防物件弹跳伤人。

(12)作业完毕后,必须对动火区域进行彻底的安全检查,确认安全后方可离开。

(13)对车身进行电焊作业时,应关闭汽车电源,以防损坏车用电控单元或导线。

3.机动车整形专业(喷漆方向)技术人员安全操作规程如下:

(1)喷漆作业时,要穿防止静电产生的化学纤维质料的防护服。

(2)在喷漆车辆进入烤漆房前,应先将各部泥土、灰尘擦拭干净,严禁在喷漆房内清除灰尘。

(3)进入烤漆房作业时,必须备齐所需涂料、溶剂及所需器具。

(4)使用砂轮片前,应检查砂轮片有无损坏,安全防护装置是否完好,并核对砂轮片是否与主轴直径相适应,不准使用裂纹或缺损的砂轮片。安装砂轮片时,应采用专用扳手进行紧固,使得砂轮片转动时不产生滑动。砂轮片安装好后,应空转5s,不应有明显振动。使用手持电动砂轮机打磨时,必须有牢固的防护罩和加设保护接零线或配用漏电保护,调整砂轮防护罩时,必须在砂轮片停转后进行。发现电源线缠卷打结时,要耐心解开,不得手提电线或砂轮片强行拉动。禁止用端面进行打磨。以防砂轮片破裂伤人。正在转动的砂轮机,不准随意放在地上和工作台上,应待砂轮机停稳后,放在指定的地方。不用时,必须关闭电源开关,切断电源,砂轮机要存放在干燥处,避免潮湿。

(5)打磨时,应先起动吸尘装置,夹紧工件,用力不得过猛,严禁有人站在砂轮片正面,以防砂轮片破裂伤人。

(6)严禁在喷漆间内点火吸烟。

(7)在喷漆间内作业时,不得打开喷漆车间大门。

(8)进行保温烘干作业时,不得将温度调节器设定在80℃以上。

(9)经常清洁喷烤漆房进气滤网,以防止阻塞。

# 考试模拟题

## 一、是非判断题

1. 一字螺丝刀或十字螺丝刀用于拧紧或拧松螺钉,必要时候可当作冲子或撬棍用。
( × )
2. 鲤鱼钳有固定、夹紧、挤压和剪切作用,但不能用于转动。 ( √ )

## 二、单项选择题

1. 引导别人把汽车驾驶上举升机时,要站在驾驶员的(B)。
  A. 前方    B. 侧面    C. 后方    D. 随意位置
2. 灭火时,要站在距离火焰(B)以外,将灭火器牢牢地拿住,对准火焰根部来回摆动喷嘴,扫过整个火焰区
  A. 1m    B. 2~3m    C. 4~5m    D. 6~7m

## 三、多项选择题

1. 个人安全就是保护好自己免受伤害,包括(ABCD)。
  A. 使用防护装置      B. 穿戴安全
  C. 职业行为       D. 正确地使用工具和设备
2. 操作某些动力工具时,应按规定戴(ABCD)等保护用品。如用砂轮机修磨机件时须戴安全眼镜。
  A. 安全眼镜    B. 手套    C. 面罩    D. 耳塞

# 第七章
# 新能源汽车

1. 新能源汽车是指采用非常规的车用燃料(或同时使用常规车用燃料和新型车载动力装置)作为动力来源,综合车辆的动力控制和驱动方面的先进技术,形成技术原理先进、具有新技术、新结构的汽车。

2. 现在应用及研究中的新能源汽车主要包括电动汽车(包括纯电动汽车、混合动力电动汽车、燃料电池电动汽车等)、气体燃料汽车(包括压缩天然气汽车、液化天然气汽车、液化石油气汽车等)、生物燃料汽车(包括醇类汽车、生物柴油汽车、二甲醚汽车等)、氢气汽车、太阳能汽车等。

3. 电动汽车包括纯电动汽车、混合动力电动汽车和燃料电池电动汽车三种结构形式。

4. 纯电动汽车是指驱动能量完全由电能提供的、由电机驱动的汽车。电机的驱动电能来源于车载可充电储能系统或其他能量储存装置。

5. 纯电动汽车由电力驱动控制系统、驱动力传动等机械系统、完成既定任务的工作装置等组成。纯电动汽车主要由电机驱动,所以没有发动机,替代发动机的是电力驱动控制系统,它是纯电动汽车的核心,主要由电力驱动主模块、车载电源模块和辅助模块三大部分组成。

6. 电力驱动主模块主要包括中央控制器、驱动控制器、电机、机械传动装置和车轮等。它的主要功用是将蓄电池的电能转化为车轮的动能,为车辆提供可靠的驱动力。装有能量回收装置的车辆还可以将车辆减速制动时车轮的动能转变为电能储存在蓄电池内。

7. 中央控制器根据加速踏板传来的电流信号,向驱动控制器发出指令,对电机进行控制,如加速、减速等。

8. 驱动控制器是按照中央控制器的要求指令、电机的速度和电流反馈信号,对电机的速度、旋转方向等进行控制。电动汽车倒挡功能的实现是通过驱动电机的反转实现的。

9. 车载电源模块主要包括可充电蓄电池、充电控制器和能量管理系统等。

10. 蓄电池是电动汽车的动力来源,制约电动汽车发展的最大瓶颈就是蓄电池。蓄电池占到电动汽车制造成本的1/3左右。电动汽车使用的蓄电池主要有铅酸蓄电池、镍氢蓄电池、镍镉蓄电池、锂离子蓄电池、锌镍蓄电池等。

11. 现代内燃机的起动电源仍采用铅酸蓄电池。铅酸蓄电池的电极主要由铅及其氧化物二氧化铅制成,电解液是硫酸溶液。

12. 镍氢蓄电池是由氢离子和金属镍合成的。它的正极活性物质是氢氧化镍,负极活性物质是储氢合金,是一种碱性蓄电池。

13. 镍镉蓄电池是指采用金属镉作负极活性物质,氢氧化镍作正极活性物质的碱性电池。它的电解液是氢氧化钾水溶液或者氢氧化钠水溶液。

14. 锂离子蓄电池按照正极材料不同可分为锰酸锂离子蓄电池、磷酸铁锂离子蓄电池、镍钴锂离子蓄电池和镍钴锰锂离子蓄电池。

15. 电动汽车的辅助模块主要是一些提高汽车舒适性、安全性和操控性的装置。比如,声光信号、空调、电子助力、音响设备等。

16. 混合动力电动汽车是指能够至少从可消耗的燃料、可再充电能/能量储存装置获得动力的汽车。按照使用可消耗的燃料不同可分为汽油混合动力和柴油混合动力。

17. 混合动力汽车借助内燃机的动力系统提供的动力可以带动空调装置、助力装置等,提高了驾驶时的操控性和乘坐的舒适性。在道路拥堵时可以切换至电动模式,实现零排放。

18. 串联式混合动力电动汽车是指车辆的驱动力只来源于电机的混合动力电动汽车,主要由发动机、发电机、驱动电机和蓄电池组等部件组成。发动机仅仅用于发电,发电机所发出的电能供给电机,电机驱动汽车行驶。发电机发出的部分电能向蓄电池充电,来延长混合动力电动汽车的行驶里程。另外蓄电池还可以单独向电机提供电能来驱动电动汽车,使混合动力电动汽车在零污染状态下行驶。

19. 并联式混合动力电动汽车是指车辆的驱动力电机及发动机同时或单独供给的混合动力电动汽车,主要由发动机、发电机/电动机和蓄电池组等部件组成。并联式驱动系统可以单独使用发动机或电机作为动力源,也可以同时使用电机和发动机作为动力源来驱动汽车。

20. 混联式混合动力电动汽车是指同时具有串联式和并联式驱动方式的混合动力电动汽车,主要由发动机、发电机、电机、行星齿轮机构和蓄电池组等部件组成。

21. 燃料电池电动汽车是指以燃料电池系统作为单一动力源或是以燃料电池系统与可充电储能系统作为混合动力源的电动汽车。

22. 燃料电池电动汽车主要由燃料电池组、控制系统、驱动系统、辅助动力系统和蓄电池组等部分构成。燃料箱供给燃料,燃料电池把燃料氧化的化学能转换为电能,产生的直流电经过控制器变为交流电后供入驱动电机,经传动系统驱动车轮。

23. 常见的气体燃料汽车包括压缩天然气汽车(CNG)、液化天然气汽车(LNG)、液化石油气汽车(LPG)等。

24. 天然气是在油田、气田、煤田和沼泽地带产生的天然气体,主要成分是甲烷,纯天然气甲烷含量一般占90%以上。天然气用作汽车燃料主要方式是压缩天然气和液化天然气。

25. 天然气密度低,不如汽油和柴油容易储存,天然气用于汽车燃料时,需要专用的燃料储运和供给系统。为提供充足的燃料,天然气必须压缩至20.7~24.8MPa,然后进入高压气瓶内。

26. 将气田生产的天然气净化处理,再经超低温(-161℃)处理后,气体天然气就变成了液体天然气,即液化天然气。液化天然气无色、无味、无毒且无腐蚀性,体积约为同量气态天然气体积的1/610,质量仅为同体积水的45%左右。

27. 液化石油气(LPG)是指常温下加压(1MPa左右)而液化的石油气。液化石油气来自炼厂气、湿性天然气或油田伴生气。

28. 常见的生物燃料汽车包括醇类汽车、生物柴油汽车、二甲醚汽车等。

29. 乙醇俗称酒精,它以玉米、小麦、薯类、糖或植物等为原料,经发酵、蒸馏而制成。

30. 燃料乙醇一般不会直接用来当汽车燃料,而是按一定的比例与汽油混合在一起使用,这有利于增加燃料的辛烷值。按照我国的国家标准,乙醇汽油是用90%的普通汽油与

10%的燃料乙醇调和而成。

31. 乙醇汽油是燃料乙醇和普通汽油按一定比例混配形成的新型替代能源。

32. 二甲醚又称甲醚,简称DME,能从煤、煤气层、天然气、生物质等多种资源中提取。

33. 氢气在常温常压下为无色、无味、无毒的气体。

34. 目前氢气作为动力汽车主要有两种方式:一种是以氢作为燃料电池的燃料与氧发生化学反应,从而产生出电能起动电动机并驱动汽车;另一种是以氢气直接作为燃料燃烧产生动力。

35. 太阳能汽车是将太阳能转化为电能,并利用该电能驱动车辆行驶的汽车。

36. 太阳能在汽车上的应用技术主要有两个方面:一是作为驱动力,二是用作汽车辅助设备的能源。

37. 太阳能汽车主要由太阳能电池组、自动阳光跟踪系统、驱动系统、控制器、机械系统等组成。

38. 太阳能电池依据所用半导体材料的不同,通常分为硅太阳能电池、硫化镉太阳能电池、砷化镓太阳能电池等,其中最常用的是硅太阳能电池。

# 考试模拟题

## 一、是非判断题

1. 常见的气体燃料汽车包括压缩天然气汽车(CNG)、液化天然气汽车(LNG)、液化石油气汽车(LPG)等。　　　　　　　　　　　　　　　　　　　　　　　　　(√)

2. 乙醇汽油是燃料乙醇和普通汽油按一定比例混配形成的新型替代能源。　(√)

## 二、单项选择题

1. 蓄电池是电动汽车的动力来源,制约电动汽车发展的最大瓶颈就是蓄电池。蓄电池占到电动汽车制造成本的(C)左右。
   A. 1/5　　　　　B. 1/4　　　　　C. 1/3　　　　　D. 1/2

2. 天然气是在油田、气田、煤田和沼泽地带产生的天然气体,主要成分是(A)。
   A. 甲烷　　　　B. 乙烷　　　　C. 甲醇　　　　D. 乙醇

## 三、多项选择题

1. 现在应用及研究中的新能源汽车主要包括(ABCD)等。
   A. 电动汽车　　B. 气体燃料汽车　　C. 生物燃料汽车　　D. 太阳能汽车

2. 电动汽车使用的蓄电池主要有(ABCD)等。
   A. 铅酸蓄电池　　B. 镍氢蓄电池　　C. 镍镉蓄电池　　D. 锂离子蓄电池

# 第八章 机动车专业英语

## 第一节 专业英语的翻译方法概述

1.科技文体的特点：

(1)大量使用名词化结构。科技英语所表述的是客观规律，多用前置性陈述，使主要的信息置于句首。

(2)广泛使用被动语句。因为科技文章侧重叙事推理，强调客观准确。第一、二人称使用过多，会造成主观臆断的印象，因此，尽量使用第三人称叙述，采用被动语态。

(3)多用非限定动词。科技文章要求行文简练，结构紧凑，为此，往往使用非限定动词结构。这样可缩短句子，又比较醒目。

(4)多见后置定语。

(5)特定句型较多。

(6)长句较多。

(7)大量使用复合词与缩略词。

2.专业英语翻译应遵循简洁准确，避免误译的原则。

3.专业英语翻译要注意词义引申，应根据上下文和逻辑关系，从其基本含义出发，进一步加以引申，选择适当的词来表达。

4.增词法就是在翻译时根据句法上、意义上或修辞上的需要增加一些词，以便能更加忠实通顺地表达原文的思想内容。

5.重复法是指译文中重复原文中重要的或关键的词，以期达到两个目的：一是清楚，二是强调。

## 第二节 机动车检测维修常用英文术语

1.常见汽车品牌的中英文对照如下：奥迪(AUDI)；奔驰(BENZ)；宝马(BMW)；雪佛兰

(CHEVROLET);别克(BUICK);法拉利(FERRARI);福特(FORD);通用(GM);凯迪拉克(CADILLAC);本田(HONDA);现代(HYUNDAI);起亚(KIA);日产(NISSAN);丰田(TOYOTA);大众(VOLKSWAGEN);沃尔沃(VOLVO);吉普(JEEP);马自达(MAZDA);标致(PEUGEOT);三菱(MITSUBISHI)。

2. 常见汽车维修专业术语的中英文对照如下:汽车整形技术 Vehicle plastic technology;汽车维护 maintenance;汽车修理 Vehicle repair;汽车技术状况 Technical Condition of Vehicle;汽车维修管理 Administration of Vehicle Maintenance;汽车维修周期 Period of vehicle maintenance;汽车大修平均工时 Average man-hours of vehicle maintenance and repair;总成互换修理法 Unit exchange repairing method;就车修理法 Personalized repair method;汽车修理生产纲要 Production program of vehicle repair;汽车修理厂 Vehicle repair plant;汽车维修工具和设备 Instrument and Device for Vehicle Maintenance and Repair;螺丝刀 Screwdriver;扳手 spanner;锉刀 File;工具袋 Tool bag;车身修整工具 Body bumping tool;黄油枪 Grease gun;螺旋千斤顶 Screw jack;轮胎压力计 Pressure gauge;电子诊断式发动机试验仪 Electronic-diagnostic engine tester;车轮动平衡机 Dynamic wheel balancer;汽车架 Car stand(jack stand);车架量规 Frame gauge;事故性缺陷 Accidental defect;汽车零件磨损 Wear of vehicle part;疲劳磨损 Fatigue wear;腐蚀性磨损 Corrosion wear;极限磨损 Limiting wear;故障 Malfunctioning;断裂 Breakdown;损坏 Damage。

3. 汽车检测维修常用英语缩略语如下:4WD(四轮驱动);ABS(防抱死制动系统);A/C(空气调节器);ACC(自适应巡航控制);A/F(空燃比);ATF(自动变速器用油);BATT(蓄电池电压);BCM(车身控制模块);CAN(控制器局域网);SRS(辅助乘员保护系统);TRC(牵引力控制);S/W(开关);DTC(诊断故障码);ECM(发动机控制模块);ECU(电子控制单元);EGR(废气再循环);ESP(电子稳定系统);FTA(故障树分析法);GND(搭铁);GPS(全球定位系统)。

# 第二篇 专业技术篇

# 第一部分 机动车钣金维修

## 第一章 车身结构与材料

（本章适用于检测维修士）

### 第一节 汽车钣金维修作业安全

1. 危害车身钣金维修人员的因素有：焊接作业、噪声、机械损伤等。
2. 焊接作业中危害健康的因素有，弧光辐射、金属烟尘和有害气体三种。
3. 焊接弧光包含红外光、紫外光和强可见光，会危害施工人员的眼睛、皮肤等。
4. 长期吸入高浓度的焊接烟尘，会使呼吸系统、神经系统等发生多种严重的器质性变化。
5. 在焊接电弧的高温和强烈紫外光作用下，焊接电弧周围形成许多有毒气体，主要有氮氧化物、氟化物、臭氧等。
6. 预防焊接危害的手段有：
  （1）汽车车身钣金焊接维修时，工作场所要保持通风。
  （2）车身钣金维修操作遇到粉尘时要使用呼吸器（注意：工作场地应有防爆排尘装置）。
  （3）使用防护面罩、焊接手套、工作服等。
7. 声音的量度单位是分贝（dB）。
8. 60dB 以下为无害区，60~110dB 为过渡区，110dB 以上是有害区。

9. 人们长期生活在85～90dB的噪声环境中,就会得"噪声病"。

10. 当声音达到120dB时,人耳便感到疼痛。车身维修噪声主要来源于对板件进行整形时的敲打和锤击,一般都在100dB以上。

11. 噪声给人带来生理上和心理上的危害,表现为:

(1) 损害听力。有检测表明,当人连续听摩托车声,8h以后听力就会受损;若是在摇滚音乐厅,0.5h后,人的听力就会受损。

(2) 有害于人的心血管系统。我国对城市噪声与居民健康的调查表明,噪声每上升1dB,高血压发病率就增加3%。

(3) 影响人的神经系统,使人急躁、易怒。

(4) 影响睡眠,造成疲倦。

12. 在高分贝工作时需要佩戴耳塞或耳罩等耳朵保护装置,例如使用气动錾、气动锯等切割工具、板件击打、打磨等操作。

13. 佩戴和维护耳塞的正确方法:

(1) 佩戴时要先把耳朵向外和向上拉起,插入耳塞,直到耳道感觉耳塞已佩戴密合好。

(2) 取出耳塞时,先慢慢地旋松,然后逐步取出。

(3) 在稳态噪声现场进行耳塞的密合性检查。

14. 车身维修人员受到的机械损伤有很多,受损板件的边缘会变得十分锋利,一不小心就会划伤。

15. 在实际工作中要经常操作举升机、电动切割机、车身拉伸等,如果不注意安全操作,很容易会对操作者的身体造成伤害。

16. 在钣金维修操作中,随时穿安全鞋。

17. 除了进行损伤评估和质量检查,其他工作都需要佩戴防护眼镜。(损伤评估也要佩戴防护眼镜或防护面罩)

编者认为评估损伤和质量检查不涉及具体操作,同时戴眼部防护装备影响视线不便于观察,因此不需要带防护眼镜或面罩。

18. 车身钣金修复工作区一般分为钣金加工检查工位、钣金加工校正工位、车身校正工位和材料存放工位等。

19. 在车身修复工作区域要完成事故车辆的检查、车辆零部件拆卸、板件维修、车身测量校正、车身板件更换,车身装配调整等工作。

20. 车身测量校正、车身焊接、车身装配调整工作一般在一个固定的工位进行,即在车身校正仪上完成这些工作。

21. 车身校正工位是车身修复工作区最重要的工位,同时也是完成工作最多的工位,要有足够的安全操作空间。

22. 在车身校正平台外围至少要有1.5～2m的操作空间。

23. 车身修复工作区的工作要使用压缩空气和电,所以气路和电路的布置是否合理非常重要。

24. 一般维修车间使用一个压缩空气站,各个工位都有压缩空气接口,压缩空气的压力一般为0.5～0.8MPa。

25. 压缩管路沿着墙壁布置,布置高度不超过1m,也可以布置在靠近车间顶板的位置。

26. 车身修复的焊接工作用电量很大,特别是气体保护焊和电阻点焊焊接用电,气体保护焊焊接时的电流不能小于15A,而大功率的电阻点焊机焊接时的电流不能小于30A。

27. 在车身校正工位附近应该设置一个专用的配电箱供车身修复焊接用电,配电箱位置距离车身校正仪不能超过15m,否则,焊机接线过长会引起线路过热。

28. 在每个车身修复工位要留出至少2个三孔的插座(不小于15A),每个插座要保证接地良好。

29. 车身修理时会用到大量的手动工具、电动工具、气动工具和校正设备,在使用每一件工具前要充分了解使用方法、安全提示及操作规程,避免产生危险。

30. 在进行研磨、钻孔、打磨时,对工件的正确固定方法是一定要使用夹紧钳或台虎钳来固定小零件。

31. 扳手操作时的规范动作是一只手扶扳手前端,另一只手向后拉。

33. 对车身进行检查时,发现车身板件有锐利的边缘,应贴上胶带或用锉刀锉平。

34. 请勿将手动工具做任何非设计规定的用途,如不要对锉刀或旋具进行敲击,工具可能会断裂并造成人身伤害。

35. 手动工具应保持清洁和良好的工作状况,工具使用完毕和收拾前应将其擦拭干净。

36. 手动工具在使用前应检查是否存在裂纹、碎片、毛刺、断齿或其他的情况。

37. 在使用锋利或带尖的工具时应特别当心,例如錾子和冲子应正确研磨,保持锋利。

38. 在使用动力工具前要安装好动力工具的护具。在对工具进行修理和维护之前,先将工具的空气软管或电源线断开。

39. 动力工具使用时不要超出其额定功率。

40. 当用工具进行研磨修整时,应慢慢研磨,避免工具表面的硬化金属过热。

41. 在车身修理中要经常使用液压装置,在使用液压机时,应确保施加的液压是安全的。在操作液压机时要站在侧面,一定要戴上全尺寸面罩,防止零件飞出造成伤害。

42. 焊接用的气瓶要固定牢靠,防止倾倒产生危险。使用完毕后应关上气瓶顶部的主气阀,避免气体泄漏流失或爆炸。

## 第二节 车身结构

1. 车身要通过部件的形状和结构设计以及优化部件的材料选用,达到减轻质量、提高强度的目的。

2. 汽车车身按用途不同可分为轿车车身、客车车身和货车车身。

3. 按照轿车车身尺寸可分为紧凑型轿车,又称为经济型轿车,车身属于最小级别;中高级轿车,具有中等的质量和外形尺寸;豪华轿车,是轿车中尺寸最大的。

4. 客车车身分为城市公共汽车车身、长途客车车身、旅游客车车身等。

5. 货车车身通常包括驾驶室和货厢两部分。而货厢往往可以分为传统式货厢、封闭式货厢、自卸式货厢、专用车货厢以及特种车货厢等多种。

6. 汽车车身按受力情况不同可分为非承载式车身、半承载式车身和承载式车身。

7. 货车、客车和越野车多采用非承载式车身,现代轿车则大多采用承载式车身。

8. 半承载式车身应用很少。

9. 非承载式车身具有完整的骨架(或构架),车身蒙皮固定在已装配好的骨架上。车身通过弹性元件与车架相连,车身不承受汽车载荷,因此又称车架式车身。

10. 半承载式车身只有部分骨架(如单独的立柱、拱形梁、加固件等),它们彼此直接相连或者借蒙皮相连。车身与车架系刚性连接,车身承受汽车的一部分载荷,又称半架式车身。

11. 承载式车身是利用各种蒙皮连接时所形成的加强筋来代替骨架。全部载荷均由车身承受,底盘各部件可以直接与车身相连,所以取消了车架,故又称整体式车身。

12. 承载式车身具有更轻的质量、更大的刚度和更低的高度。

13. 整体式车身是由冲压成不同形状的薄钢板件用电阻点焊连接成一个整体,其特点有:

(1)整体式车身的主要部件是焊接在一起的,车身易于形成紧密的结构,有助于在碰撞时保护车内乘员。

(2)由于没有独立车架,车身紧挨地面,重心低,行驶稳定性较好。

(3)整体式车身内部的空间更大,汽车可以小型化。

(4)结构紧凑,质量轻。

(5)整体式车身刚性较大,有助于向整个车身传递和分散冲击能量,使远离冲击点的一些部位也会有变形。

(6)当碰撞程度相同时,整体式车身的损坏要比车架式车身的损坏更为复杂,修复前要做彻底的损坏分析。

(7)车身一旦损坏变形,则需要采用特殊的(不会导致进一步损坏)程序来恢复原来的形状。

14. 按被分隔的空间单元数量不同车身分为三厢、两厢和单厢。

15. 车架式车身由主车身和车架组成。

16. 车架是汽车的基础,车身和主要部件都固定在车架上,因此,要求车架有足够的坚固度,在发生碰撞时能保持汽车其他部件的正常位置。

17. 车架式的车身通常用螺栓固定在车架上,为了减少乘客室内的噪声和振动,车身与车架之间除放置特制橡胶垫外,还安装了减振器,将振动减至最小。

18. 车架式车身的车架有梯形车架、X形车架和框式车架三种类型,前两种在轿车车身上已不使用,目前所使用的大多数车架都是框式车架。

19. 车架式的前车身由发动机舱盖、散热器支架、前翼子板和前挡泥板组成。

(1)发动机舱盖用螺栓安装,易于拆卸。

(2)散热器支架由上支架、下支架和左右支架焊接成一个单体。

(3)车架式车身的前翼子板不同于整体式车身的前翼子板,其上边内部和后端是点焊的,不仅增加了翼子板的强度和刚性,并且与前挡泥板一起降低了传到驾驶室的振动和噪声,也有利于减小悬架及发动机在侧向冲击时受到的损伤。

20. 车架式主车身的驾驶室和行李舱焊接在一起构成主车身,它们由围板、地板、顶板等组成。

(1)围板由左右前车身立柱、内板、外板和盖板的侧板构成。

(2)横梁与地板前部焊接在一起,并安装到车架上,传动轴凹槽纵贯地板中心。当驾驶室受到侧向冲击碰撞时,可使驾驶室顶边梁、门和车身得到保护。

21. 常见的整体式车身结构有前置发动机后轮驱动(简称前置后驱,用 FR 表示)、前置发动机前轮驱动(简称前置前驱,用 FF 表示)和中置发动机后轮驱动(简称中置后驱,用 MR 表示)三种基本类型。

22. 对于整体式轿车车身,采用前置前驱和前置后驱的结构最普遍。

23. 整体式前置后驱车身结构特点:

(1)发动机、传动装置和差速器均匀分布在前、后轮之间,减轻了操纵系统的操纵力。

(2)发动机纵向放置在前车身的副车架或支撑横梁上。

(3)发动机可单独地拆卸和安装,便于车身修理操作。

(4)传动轴安装在地板下的通道内,减少了驾驶室的内部空间。

(5)由于发动机传动系及后轮由前到后布置,因而汽车的振动和噪声源也分布到车身的前面和后面。

24. 整体式前置前驱车身结构特点:

(1)变速器和差速器结合成一体,没有传动轴,车身质量显著减小。

(2)因噪声和振动源多在车身的前部,汽车的总体噪声和振动减小。

(3)前悬架和前轮的负荷增加。

(4)车身的内部空间增大。

(5)油箱可设在车中心底部,使行李舱的面积增大,其内部也变得更加平整。

(6)由于发动机安装在前面,碰撞时有向前惯性力,所以发动机的安装组件要相应加强。

25. 前置后驱(FR)车身因为变速器纵向放置,并且有传动轴传递动力至后方,所以需要有较大的车底拱起空间。因此,只能提供较小的腿部活动空间。

26. 前置后驱车型一般适用于大中型具有较大车身的轿车上。地板的中心有传动轴通道,加强了地板的强度,它能阻止地板扭曲。此外,地板主纵梁和横梁位于前排座下面和后排座前面,从而强化了左侧和右侧的刚性,在侧面碰撞中防止地板折曲。

27. 现代轿车基本上都采用整体式车身结构,车身结构可分成若干个称为组件的小单元,它们本身又可分成更小的单元,称作部件或零件。

28. 车身组件按功能不同可分为结构件和覆盖件两大类。

29. 结构件主要用来承载质量、吸收或传递车身受到的外力或内力,所用材料以钢板为主,使用的钢板较厚,多为车身上的梁、柱等零件,如前纵梁、地板梁、车顶梁等。

30. 覆盖件是指覆盖在车身表面的组件,单个组件的面积较大,所用材料较多,使用的钢板较薄,多为车身外部的蒙皮、罩板等,如发动机舱盖、保险杠蒙皮、风窗玻璃等。

31. 整体式车身前部结构件由前纵梁、前横梁、前围板、减振器支撑、散热器支架、前罩板等构成。

(1)车身纵梁。在车身前部底下延伸的箱形截面梁,通常是承载车身上最坚固的部件。

(2)前横梁。连接左右前纵梁前部,作为散热器的下支撑。

(3)前围板。是围绕着车轮和轮胎的内板,防止路面的瓦砾进入驾驶室。常用螺栓连接或焊接在前纵梁和前罩板上。

(4)减振器支撑。是装配在被加强的车身部分,用以支承悬架系统的上部分,螺旋弹簧、减振器安装在支撑内,它们通常构成了前围板内部的一部分。

(5)散热器支架。安装在前纵梁和前围板侧上,用以支承冷却系统的散热器以及相关部分。

(6)前罩板。是车身前段后部的车身部件,在前风窗的正前方,它包括顶罩板和侧罩板。

32.整体式车身前部的覆盖件有发动机舱盖、前翼子板、保险杠总成等。是用螺栓、螺母和铰链固定,其他的部件都焊接在一起,以减轻车身质量,增加车身强度。

(1)发动机舱盖包括外板、内板和加强梁。内板和外板的四周以褶边连接取代焊接。为了确保发动机舱盖铰链和发动机舱盖锁支架的刚性和强度,将加强梁点焊于内板上,将密封胶涂抹于内板和外板的某些间隙中,以确保外板有足够的张力。发动机舱盖的铰链用螺栓连接在发动机舱盖和前罩板上,使发动机舱盖可以打开。

(2)前翼子板。从前车门一直延伸至前保险杠,它盖住了前悬架部分和内围板。通常是用螺栓固定在车身上面的。

(3)保险杠总成。由塑料蒙皮、保险杠横梁、吸能器等零件组成。用螺栓连接到前纵梁上,吸收小的撞击。

33.整体式车身中部结构件包括中部地板、支柱、车顶纵梁和车顶横梁等。

(1)底部车身中段主要由地板、地板下加强梁、地板横梁和地板纵梁等构成。

(2)支柱是汽车车身上用以支撑车顶板的梁,并为打开车门提供方便,它们必须非常坚固,以便在万一发生严重碰撞或翻车事故时保护乘客的安全。

34.整体式车身前柱向上延伸到风窗的末端,必须足够坚固以保护乘客。它又称A支柱,是从车顶向下延伸到车身主干上的箱形钢梁。

35.整体式车身中柱是车顶的支承件,在四门汽车上位于前门和后门之间,又称B支柱。它增强了车顶的强度,并且为后门铰链提供了安装位置。

36.整体式车身后柱从后侧围板向上延伸用以支承车顶的后部和后窗玻璃,又称C支柱,它们的形状随车身的型式而变化。

37.整体式车身中部覆盖件包括车顶、车门、车窗玻璃以及相关部分。

(1)车顶。是安装到驾驶室上面的多块板件,通常是焊接在支柱上。同时靠车顶横梁支承。

(2)车门包括外板、内板、加强梁、侧防撞钢梁和门框。其中内板、加强梁和侧防撞钢梁以点焊结合在一起,而内板和外板通常是以折边连接。

38.车门的形式大致分为窗框车门、冲压成型车门和无窗框车门三种。

39.整体式车身后部结构件有后围板、后地板和后纵梁等。

(1)后围板是一个大的侧面车身部分,它从侧门一直延伸到后保险杠。后翼子板不同于前翼子板,它跟后柱外板、车顶纵梁外板和后部的下围板制成一体,后翼子板属于后围板的一部分。后围板内侧临近后柱部位的是后减振器支撑,它跟后轮弧内外板和车身后地板连接。

(2)后纵梁从后排座下边延伸到接近后桥,并上弯延伸到后桥。当燃油箱固定于地板下面时(悬浮式),后地板纵梁后半部具有强韧而不易弯曲的特性,通过在弯角区域(向上弯曲)折损变形,吸收后端碰撞时的能量,并可保护燃油箱。另外后地板纵梁后段和后地板纵梁是分开的,以方便维修车身时更换作业。

40. 整体式后部覆盖件由行李舱盖、后保险杠以及相关部件组成。它常常需要从汽车上拆下来以便修理尾部的碰撞损伤。

41. 汽车车身是由若干零件制成组件,各个组件再组成完整的车身结构。

42. 车身上的零件之间以及组件之间连接在一起的方法有两大类:可拆卸连接方法和不可拆卸连接方法。

43. 可拆卸连接方式有螺纹连接、卡扣连接、铰链连接等几种,该种连接方式多用于车身覆盖件的连接。例如车门是通过铰链固定在车身立柱上的,能够方便开关。

44. 不可拆卸连接方式包括折边连接、铆钉连接、粘接连接、焊接连接等方式。该种连接方式多用于车身结构件上,或者覆盖件单个组件的零件之间的连接。

45. 折边连接用来连接车门内外板、发动机舱盖内外板、行李舱盖内外板。

46. 铆接用来连接车身上不同材料(当使用其他方式不能有效连接时),或者用来连接铝、镁或塑料车身等。同时,当车身组件从铝合金件到钢件过渡时,此处的连接也需要通过铆接的方式实现。

47. 粘接主要用于车身需要密封的板件,一些车身大面积面板、铝车身板件、塑料车身件等。粘接一般不单独使用,而是配合螺纹连接、铆接、电阻点焊、折边连接等方式一起进行。

48. 焊接是对需要连接的金属板件加热,使它们共同熔化,最后结合在一起的方式。

49. 电阻点焊是车身板件常用的一种连接方式,例如B柱的内外板采用点焊的连接方式。

## 第三节 车身材料

1. 白车身是指车身骨架及其覆盖件,是未经任何修饰的车身框架。
2. 选择白车身材料时,首先要满足刚度、耐碰撞和抗振动方面的功能要求。
3. 一般来说,车身使用的材料主要有钢板、铝合金、塑料、碳纤维等。
4. 车身材料向质量轻、强度高的方向发展。随着科技的不断进步,现代轿车车身使用的材料越来越多样化,科技含量越来越高,对车身维修人员的素质要求也越来越高。
5. 车身结构中有热轧钢板和冷轧钢板两种类型的钢板。
6. 热轧钢板是在800℃以上的高温下轧制的,它的厚度一般为1.6~8mm,用于制造汽车上要求强度高的零部件,例如车身、横梁、车架、车身内部钢板、底盘零件、底盘大梁等。

7. 冷轧钢板是由热轧钢板经过酸洗后冷轧变薄,并经过退火处理得到的,一般厚度为0.4~1.4mm。冷轧钢的表面质量好,具有良好的可压缩性和焊接性能。大多数整体式车身都采用冷轧钢板制成。

8. 高强度钢泛指强度高于低碳钢的各种类型的钢材。

9. 整体式车身外部覆盖件一般采用低碳钢或强度比较低的高强度钢制造,但是车身的结构件都采用高强度钢或超高强度钢来制造。

10. 高强度钢板具有以下特性:

(1)有足够的强度,提高车身安全性。

(2)质量轻,可以减少燃料消耗,减少排放污染。

(3)有很好的塑性。

(4)高强度钢经过过度加热再冷却后,强度会下降。

11. 车身高强度钢板的维修要求:

(1)并不是所有类型的高强度、超高强度钢板都不能加热,只不过它们允许加热的温度都很低,一般不超过200℃。

(2)在修理中对钢板进行加热消除钢板内部的应力时,要采用热敏材料来控制加热的温度,同时加热时间不可超过3min。

(3)对高强度、低合金钢进行焊接时,要采用气体保护焊或电阻点焊,不允许采用氧乙炔焊和电弧焊焊接。

(4)超高强度钢材非常坚硬,一般修理厂的设备无法在常温下对它们进行校正。因此,受损坏的超高强度钢零部件不可修复,必须更换。

12. 车身中的铝合金是铝硅、铝镁系列铝合金,合金中主要合金元素是镁、硅,有的加入铜。

13. 依照铝合金在车身中功能的要求,可分为铸造件、冲压件、压铸件,车身板件大部分使用压铸件。

14. 铝合金件的维修要求:

(1)维修铝合金件时,要用木制、铝或塑料锤等专用的工具,受到钢微粒污染的工具应进行彻底清洁,否则,会产生严重的表面腐蚀。

(2)不得使用有锐边的工具,以避免过度延展和开裂。

(3)砂轮在进行钢加工后务必更换。要用不锈钢刷替换钢刷,否则,有腐蚀危险。

(4)降低砂轮机的转速,并用平面砂轮替换粗磨砂轮。

(5)油漆残余和氧化部位只能用专用于铝的砂纸进行处理。

15. 铝合金件的储存要求:

(1)铝合金件应干燥储存。

(2)铝合金件原则上应与钢制零部件分开或隔离储存。

(3)不要损坏厂方为防止氧化加在表面上的保护层。

16. 维修铝合金件注意事项:

(1)有专用的排风装置排出打磨铝合金件产生的铝粉尘。

(2)在清洁工作场地时不得使用压缩空气。

(3)避免在清洁工作场地时扬起灰尘。

(4)不得在排风装置的吸入区域操作火源。

17. 随着汽车工业的发展,塑料的应用越来越受到重视。

18. 用塑料替代金属,既可获得汽车轻量化的效果,又可改善汽车的某些性能,如耐磨、防腐、避振、减小噪声等。

19. 在车身上使用量最大的塑料是热塑性塑料,约占全部塑料的80%。

## 考试模拟题

### 一、是非判断题

1. 汽车车身钣金焊接维修时,工作场所要保持通风。　　　　　　　　　　　　(√)
2. 车身钣金维修噪声危害是无法预防的。　　　　　　　　　　　　　　　　　(×)
3. 车身尺寸较小的经济型轿车一般采用前置后驱布置。　　　　　　　　　　　(×)
4. 结构件主要用来承载质量、吸收或传递车身受到的外力或内力,多为车身上的梁、柱等零件。　　　　　　　　　　　　　　　　　　　　　　　　　　　　　　(√)
5. 现代轿车车身使用的材料越来越多样化、科技含量越来越高,车身损伤的维修越来越容易。　　　　　　　　　　　　　　　　　　　　　　　　　　　　　　(×)
6. 选择白车身材料时,首先要满足刚度、耐碰撞和抗振动方面的功能要求。　　(√)

### 二、单项选择题

1. 焊接作业中危害健康的因素有有害气体、金属烟尘和(A)。
   A. 弧光辐射　　　B. 噪声　　　C. 溶剂　　　D. 粉尘
2. 需要佩戴防护面罩的钣金操作有(D)。
   A. 车身尺寸测量　　　　　　　B. 车身损伤评估
   C. 钣金维修竣工检查　　　　　D. 板件切割
3. 单个组件的面积较大,使用的钢板较薄的车身零件被称为(A)。
   A. 覆盖件　　　B. 结构件　　　C. 蒙皮　　　D. 装饰件
4. 下列属于车身结构性部件的是(A)。
   A. 前纵梁　　　B. 前翼子板　　　C. 后侧围板　　　D. 发动机舱盖
5. 现代车身的结构件大都采用(B)。
   A. 低碳钢　　　　　　　　　　B. 高强度钢或超高强度钢
   C. 合金钢　　　　　　　　　　D. 工程塑料
6. 加热会造成强度下降的钢材是(A)。
   A. 高强度钢　　　B. 低碳钢　　　C. 合金钢　　　D. 镀锌钢

### 三、多项选择题

1. 噪声给人带来生理上和心理上的危害,表现为(BCD)。
   A. 损害视力　　　　　　　　　　　　B. 有害于人的心血管系统
   C. 影响人的神经系统,使人急躁、易怒　　D. 影响睡眠,造成疲倦

2. 在进行板件切割时,应佩戴的防护用具有(ACD)。
   A. 防尘口罩　　　B. 护脚　　　　C. 防护眼镜　　　D. 耳塞

3. 前置后驱汽车的地板拱起,作用是(AC)。
   A. 传动轴通道　　B. 排气管通道　　C. 增加地板刚性　　D. 通风效果好

4. 一般和粘接共同使用的连接方式有(AC)。
   A. 铆接连接　　　　　　　　　　　　B. 气体保护焊
   C. 折边连接　　　　　　　　　　　　D. 卡扣连接

5. 使用高强度钢可以使汽车(BC)。
   A. 质量增加　　　B. 排放减少　　　C. 安全性提高　　D. 刚性降低

6. 对高强度钢加热会(ABCD)。
   A. 损坏镀锌层　　　　　　　　　　　B. 改变钢铁强度
   C. 改变钢板的尺寸　　　　　　　　　D. 形成氧化膜后使钢板厚度减小

# 第二章

# 车身损伤评估

## 第一节　车身尺寸测量

（1~39条适用于检测维修士，40~55条适用于检测维修工程师）

1. 车身的外廓尺寸包括长度方向的尺寸、宽度方向的尺寸、高度方向的尺寸和角度尺寸等，是车身整体外部尺寸的总称。
2. 轮距越宽，汽车的稳定性越好。
3. 在所有车身外廓尺寸中，影响车辆通过性的车身尺寸参数有：最小离地间隙、接近角、离去角。
4. 按测量数据的不同，车身尺寸测量可以分为点对点测量和三维尺寸测量。
5. 点对点测量是指测量车身上两个控制点之间的直线距离，通过跟标准尺寸对比或者对比对称点之间的尺寸变化情况来判断车身变形情况。
6. 三维尺寸测量需要使用专业测量仪器来测量车身控制点的长、宽、高三个尺寸，与标准尺寸对比来判断车身变形情况。
7. 按使用的测量工具的不同，车身测量可分为机械测量和电子测量。
8. 机械测量是指使用直尺、卷尺等量具来测量车身尺寸，该种方法操作简单、成本低，但是测量误差较大。
9. 电子测量使用电子车身测量仪器来测量车身尺寸，该种方法成本高，但是测量精度高，能满足车身尺寸标准公差±3mm的要求。
10. 车身测量的控制点，用于检测车身损伤及变形的程度。
11. 车身设计与制造中设有多个控制点，检测时可以测量车身上各个控制点之间的尺寸，如果测量值超出规定的极限尺寸时，就应对其进行校正，使之达到技术标准规定范围。
12. 承载式车身控制点位置通常是在：
(1) 前保险杠或前车身散热器支撑部位。
(2) 发动机舱的中部，相当于前横梁或前悬架支承点。
(3) 车身中部，相当于后车门框部位；车身后横梁或后悬架支承点。

13. 承载式车身上的测量控制点有：
(1) 车身设计的关键点、车身制造的定位孔。
(2) 汽车各主要总成在车身上的装配连接部位。

14. 车身三维测量必须先找到长度、宽度和高度的测量基准,测量才能顺利进行。

15. 基准面是一个假想的面,与车身底板平行并与之有固定的距离。基准面是高度尺寸基准。

16. 在实际的测量过程中,只要找到一个与基准面平行的平面作为测量的基准面即可。

17. 中心面将汽车分成左右对等的两部分,是三维测量的宽度基准。对称的汽车的所有宽度尺寸都是以中心面为基准测得的。

18. 在实际的测量过程中,把测量系统的中心与车辆的中心重合,以后测量得到的读数就是实际数值。有时要求测量系统的中心与车辆的中心平行即可,但要知道两个中心面的距离,测量点的宽度数值也要考虑这两个中心面距离的因素,否则可能读数错误。

19. 为了正确分析汽车损伤,一般将汽车看作一个矩形结构并将其分成前、中、后三部分,三部分的基准面称作零平面,这三部分在汽车的设计中已形成。

20. 零平面又称零点,是长度的基准。

21. 零平面处于车身中部刚性最强的区域,并且有前后2个。

22. 在实际测量工作中,长度的基准不在平台或测量尺上,而是在车身上。

23. 因为零平面有2个,所以车身尺寸的长度基准也有2个,因此,车身某个测量点的长度尺寸也有2个值。

24. 车身上部数据图主要显示上部车身的测量点。包括发动机舱部位翼子板安装点、散热器框架安装点、减振器支座安装点和其他一些测量点,还有前、后风窗的测量点,前后门测量点,中、后立柱铰链和门锁的测量点,行李舱的测量点等。

25. 上部车身的这些测量点如发动机舱的测量点对车身的性能影响很大,其他的测量点数据对车身的外观尺寸调整非常重要。

26. 实际操作中车身上部的测量位置有：螺栓,车身上的圆孔、方孔或椭圆孔,焊接裙边搭接缝隙,车身部件表面(车顶板的拐角等)。

27. 车身上部数据图主要显示上部车身的测量点,表达方式为点对点。

28. 车身上部数据图包括发动机舱、前后风窗、前后门、前中后立柱和行李舱的尺寸。

29. 点对点测量使用卷尺、轨道式量规等量具进行测量。

30. 利用俯视图和侧视图来表达的车身底部数据图,如图2-2-1所示。图的上半部分是俯视图,下半部分是侧视图,用一条虚线隔开。俯视图上标有重要点间距离(长度)和宽度,侧视图上标有长度和高度。

31. 利用俯视图和侧视图来表达的车身底部数据图。图的左侧部分代表车身的前方,右侧部分代表车身的后方。

32. 要读取某个测量点的三维数据,首先要找到图中长、宽、高的三个基准。

33. 在俯视图中间位置有一条线是中心面,又称为中心线,它把车身一分为二。在俯视图上的黑点表示车身上的测量点,一般的测量点是左右对称的。两个黑点之间的距离有数据显示,单位是毫米(有些数据图还会在括号内标出英制数据,单位是英寸)。

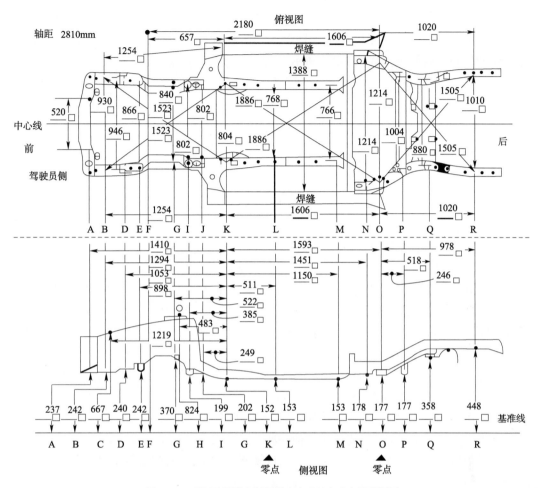

图 2-2-1 利用俯视图和侧视图来表达的车身底部数据图

34. 每个测量点到中心线的宽度数据是图上标出的数据值的 1/2。例如：若一对测量点之间标注的尺寸是 520mm，则其中一点的宽度值为 260mm。

35. 在侧视图的下方有一条较粗的黑线，这条线就是车身高度的基准线(面)。线的下方有从 A 至 R 的字母，表示车身测量点的名称，每个字母表示的测量点一般在俯视图上部显示两个左右对称的测量点。

36. 俯视图上每个点到高度基准线都有数据表示，这些数据就是测量点的高度值。

37. 在高度基准线的字母 K 和 O 的下方各有一个小黑三角，表示 K 和 O 是长度方向的零点。

(1) K 点是车身前部测量点的长度基准，O 点是车身后部测量点的长度基准。

(2) 在车身上对应的测量点有 4 个。

(3) 从图中可以看出这 4 个基准点处于车身刚性最强的中部位置。

38. 使用利用俯视图和侧视图来表达的车身底部数据图进行测量时：

(1) 首先要把测量系统的宽度的基准调整到与车辆的宽度基准一致或平行。

(2) 然后调整车辆的高度，让车辆的高度基准与测量系统的高度基准平行。

(3) 长度基准就在车身下部的基准孔位置。

39.维修人员常用的基本测量工具有钢直尺和卷尺。

40.两孔之间距离是指孔中心的直线尺寸。测量孔的中心距时,可从孔的边缘起测量,以便于读数(同缘测量法),如图 2-2-2 所示。

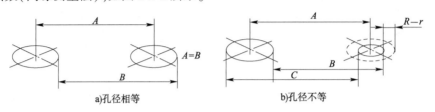

图 2-2-2 孔距测量

A-两孔之间距离;B-同缘尺寸;R-大孔径;r-小孔径

(1)当两孔的直径相等并且孔本身没有变形时,才能以孔的边缘间距代替中心距。

(2)当两孔的直径不相等时,中心距应按下式计算:

$$A = B + (R - r) \text{ 或 } A = C - (R - r)$$

例如:用同缘测量法测量两个直径不同孔的距离时,外边缘距离 540mm,内边缘距离 360mm,两个孔的距离是 450mm。

41.量规主要有轨道式量规、中心量规和麦弗逊撑杆式中心量规等多种,它们既可以单独使用,也可互相配合使用。

42.轨道式量规多用于测量点对点之间的距离,车身上部的测量可以大量使用轨道式量规来进行。使用轨道式量规测量时的注意事项:

(1)汽车上固定点(如螺栓测量孔的位置)是中心。

(2)点至点测量为两点间直线的距离测量。

(3)量规臂应与汽车车身平行,这就要求量规臂上的指针在测量某些尺寸时要设置成不同长度。

(4)某些标准车身数据尺寸要求平行测量,有些则只要求点至点之间的长度测量,而有的两者都用。维修人员必须使用与车身表述的数据一致的测量方法,否则就很容易发生错误的测量。

(5)按车身标准数据测量损坏车辆上所有的点,损坏的程度通常用标准数据减去实际测量数据来表示。

43.中心量规用来检验部件之间是否发生错位。不能测量车身尺寸。

44.麦弗逊撑杆式中心量规可以测量麦弗逊悬架支座(减振器支座)是否发生错位。

45.轨道式量规和麦弗逊撑杆式中心量规既可作为一个整体使用,也可作为单独的诊断工具使用。

46.车身上点对点的测量位置通常在螺栓、车身上的圆孔、方孔或椭圆孔、焊接裙边搭接缝隙、车身部件表面。

47.在车身修复的各个工序中,需要使用测量系统的有诊断分析、拉伸操作、检测安装部件。

48.机械式通用测量系统有门式通用测量系统、米桥式通用测量系统等。通用测量系统能够测量车身上的每个点的三维尺寸。

49.车身维修中常用的电子测量系统有红外线测量系统和超声波测量系统等。

50. 电子测量系统的优点：

(1) 电子测量系使用方便，不用进行烦琐的车身定位，也可以不在校正平台上进行。

(2) 测量精度高，误差小，完全满足车身测量精度要求。

(3) 可以在不拆卸车身零件的情况下对车身尺寸进行测量。

(4) 超声波测量系统的横梁或者红外线发生装置只要平稳安放在车身底部规定区域即可，小范围移动，对测量没有影响。例如在测量时向前移动 50mm，长度读数不变。

51. 电子测量系统能够显示所测车型的实际测量数据、标准数据以及变形尺寸，当变形尺寸超过标准的 3mm 时，所测数值用红色标识。

52. 电子测量时，首先测量 4 个基准点的长、宽、高尺寸，如图 2-2-3 所示。通过测量图可以得到的信息有：长度是以前部基准点为零点，左后基准点后移了 552mm，右后基准点后移了 531mm；左前基准点降低了 1mm，右前基准点升高了 1mm。左后基准点升高了 26mm，右后基准点升高了 22mm。左前基准点变宽了 92mm，右前基准点也变宽了 92mm。左后基准点变窄了 90mm，右后基准点也变窄了 90mm。

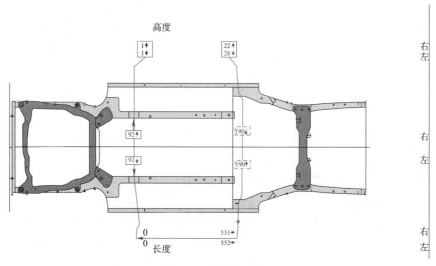

图 2-2-3　基准点的测量

53. 三维测量系统主要用来测量车底部结构件的位置情况。

54. 无论机械测量还是电子测量，测量车身三维尺寸时，必须首先要测量四个基准点的尺寸。

55. 超声波测量系统一次可以测量多个测量点，能同时对几个点测量监控。

## 第二节　车身损伤

（本节适用于检测维修士）

1. 车身常见的损伤类型有变形损伤(凹陷、裂纹)、锈蚀损伤等。

2. 车身大部分的零件都是由金属制成的,金属的腐蚀是板件自身损伤的最常见表现形式。车身金属板件损伤类型多样,锈蚀损伤是最难进行直观检测的。

3. 金属腐蚀的类型分为电化学腐蚀和化学腐蚀。

4. 化学腐蚀的现象有表面均匀腐蚀、槽状和点状腐蚀、缝隙腐蚀等几类。

5. 电化学腐蚀是金属腐蚀的主要原因。如图 2-2-4 所示,在某一电压系列的两种材料中,左侧是非贵金属材料,右侧是贵金属材料。在一个原电池中始终是位于左侧的金属溶解。例如与铁在一起先被腐蚀的有铝、镁、锌等。

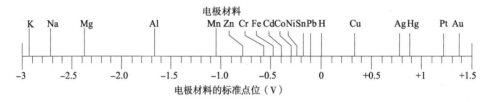

图 2-2-4 电极材料的电压系列

6. 常用的防腐蚀方式有涂料防腐蚀和金属涂层防腐蚀两种。

7. 金属产品技术结构中通常带有孔、切割边和冲孔等,多采用金属涂层防腐蚀。

8. 车身用钢板的表面都有一层镀层,镀层的种类有镀锌、镀铝和镀锡。

9. 双面镀锌钢板一般用在车身的下部板件,如车地板、挡泥板、发动机舱盖等部位。

10. 单面镀锌钢板一般用在不经常接触腐蚀物质的部件,如车身上部的板件(车顶盖板)。

11. 车身修复操作中造成维修部位腐蚀的原因有:维修过程破坏涂层、油漆层脱落损坏、碰撞损坏、发生电化学反应。

12. 维修时,清除密封防腐材料的最佳方法是用旋转式钢丝刷清除。

13. 为防止腐蚀,对焊接面板件进行修整后要涂抹点焊防锈底漆。

14. 在发生碰撞后,碰撞能量更多地被车身前部或后部吸收,而发生较大变形。而驾驶室部分采用高强度钢板,能承受碰撞冲击力,同时能通过不同的路径将碰撞力传导到其他部位,碰撞后驾驶室发生的变形较小,从而保证了车上人员的安全。这样的车身可称为安全车身。

15. 影响车身碰撞损伤的因素有碰撞的位置高低、碰撞物形状的不同、碰撞车辆的行驶方向、不同类型的车辆和碰撞力的方向等。

16. 当碰撞点在汽车前端较高部位,会引起车壳和车顶后移及后部下沉。

17. 当碰撞点在汽车前端下方。汽车后部向上变形、车顶被迫上移,在车门的前上方与车顶板之间形成一个极大的裂口。

18. 如果汽车撞上墙壁与柱状物体相比,其碰撞面积较大,损伤程度就较轻。

19. 如果汽车撞上电线杆,因碰撞面积较小,其撞伤程度较严重,汽车保险杠、发动机舱盖、散热器框架、散热器等部件都严重变形,发动机也被后推,碰撞影响还会扩展到后部的悬架等部位。

20. 当横向行驶的汽车撞击纵向行驶汽车的侧面时:

(1)纵向行驶汽车的中部会产生弯曲变形。

(2)横向行驶汽车除产生压缩变形还会导致弯曲变形。

21. 在十字路口汽车碰撞中,横向行驶的汽车虽然只有一次碰撞但损伤却可能发生在两个方向。

22. 碰撞车辆质量越大,被碰撞变形和损害越小。

23. 碰撞力的损坏程度还取决于碰撞力与汽车质心相对应的方向,如图2-2-5所示。

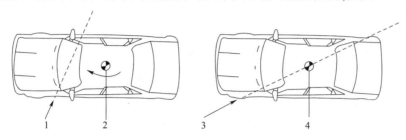

a)碰撞力不经过质心　　　　　　b)碰撞力经过质心

图2-2-5　碰撞力方向对损伤程度的影响
1-碰撞力1;2-质心1;3-碰撞力2;4-质心2

24. 碰撞力的延长线不通过汽车的质心,一部分冲击力将形成使汽车绕着质心旋转的力矩,该力矩使汽车旋转,从而减少了冲击力对汽车零部件的损坏。

25. 碰撞力指向汽车的质心,汽车就不会旋转,大部分能量将被汽车零件所吸收,造成的损坏是非常严重的。碰撞力指向汽车的质心,造成的损坏更严重。

26. 车架受撞时的变形,大致可分为弯曲变形、断裂变形、菱形变形和扭转变形等几种类型。

27. 当汽车一侧被碰撞时,应观察被撞一侧钢梁的内侧及另一侧钢梁的外侧是否有皱曲,车门长边上有无裂缝和短边上是否有皱折,或汽车被撞一侧是否有明显的碰撞损伤,车身和车顶盖是否有错位等情况,可确定是否有左右弯曲变形。

28. 当汽车被撞后,车身外壳表面会比正常位置低,结构上也有后倾现象,这就发生了上下弯曲变形。

29. 大多数车辆碰撞损伤中都会有上下弯曲变形。

30. 车架式车身的断裂变形损伤说明金属板件损伤十分严重。

31. 当车辆前部(或后部)的任一侧角或偏心点受到撞击时,车架的一侧向后(或向前)移动,车架或车身歪斜近似平行四边形的形状,这种变形称作菱形变形。

32. 菱形变形是整个车架的变形,可以明显看到发动机舱盖及行李舱盖发生错位。

33. 菱形变形还会附加有许多断裂及弯曲的组合损伤。

34. 菱形变形在车架式车身上常见,很少会发生在整体式车身上。

35. 发生扭转变形后,汽车的一角会比正常情况高,而相反的一角则会比正常情况低。

36. 扭转变形往往隐藏在底层,也可能在钢板表面检查看不出任何明显的损伤。

37. 整体式车身碰撞损伤与车架式车身相比一般无菱形变形,但是变形复杂得多。

38. 整体式车身结构的碰撞损伤是按弯曲变形、断裂损伤、增宽变形和扭转变形的顺序进行的。

39. 整体式车身的碰撞增宽变形与车架式车身上的左右弯曲变形相似,可以通过测量车身高度和宽度是否超出配合公差来判别。

40. 整体式车身的修理与车架式车身的修理步骤一样,采用"后进先出"的方法,首先校正最后发生的损伤,这是修复整体式车身的最佳方法。

41. 汽车碰撞时,产生的碰撞力及受损程度取决于事故发生时的状况。通过详细了解碰撞的过程,能够部分地确定出汽车损伤。

## 第三节 车身损伤分析

(本节适用于检测维修工程师)

1. 金属在外力作用下,产生弹性变形和塑性变形两个发展阶段。
2. 金属在没有外力作用时,金属晶格原子处于平衡状态。
3. 金属在受到外力作用后,引起原子间距离的改变,造成晶格的畸变,使晶格中的原子处于不稳定状态。这样就表现为整个晶格的变形。
4. 当金属外力除去后,晶格中的原子因为内力的作用,又立即恢复到原来平衡位置,晶格畸变和整个晶体的变形也就立即消失,这就是金属弹性变形。
5. 一般来说金属的弹性变形是很微小的。
6. 金属在弹性变形的基础上,如果外力继续加大,晶格的一部分相对另一部分产生较大的错动,在新的位置与附近的原子组成新的平衡。产生了一种不可恢复的永久变形,即为塑性变形。
7. 金属塑性变形量比弹性变形量大得多。
8. "冷作硬化"现象本质,是金属塑性变形后,在滑移面附件会出现很多被挤乱的晶体碎块,同时晶格被歪扭,这就增加了滑移的阻力,变形越严重,滑移面上的晶格紊乱碎块越多,继续滑移的阻力也就越大。
9. 在钣金成型过程中,往往感到板料越敲越硬,说明金属板件产生了"冷作硬化"现象。
10. 在拉伸矫正中利用拉力作用恢复板件的变形,再用钣金锤消除应力。
11. 大多数应力消除是冷作用,不需要很多热量,如果损坏部分需要加热,必须严格遵守汽车生产厂家维修手册上的建议。
12. 在整体式车身梁上加热辅助消除应力时,应仅在梁的角上加热。
13. 车身梁上加热后不能用水或压缩空气冷却加热区,必须让它自然冷却,快速冷却会使金属变硬,甚至变脆。
14. 监视车身梁上加热的最好办法是用热蜡笔或热敏涂料。
15. 安全车身是指在发生碰撞后:
(1)碰撞能量更多地被车身前部或后部吸收。
(2)车身前部或后部发生较大变形。
(3)驾驶室部分采用高强度钢板,能承受碰撞冲击力。

16. 汽车碰撞试验假人的作用是在碰撞期间模拟真人。

17. 汽车碰撞试验项目有：正面碰撞、侧面碰撞、尾部碰撞、车顶碰撞，以正面碰撞、侧面碰撞内容为主要评价指标。

18. 侧面碰撞试验模拟一辆正在穿过十字路口的汽车被另一辆闯红灯的汽车从侧面撞击的情景。

19. 不同车速下的正面碰撞和不同的障碍物重叠率（碰撞接触面积与车辆碰撞面面积的比值）已成为标准。新车评估程序以规定的速度（一般为50km/h以上）进行正面和侧面碰撞，并根据碰撞过程中乘客（假人）可能受伤的程度对汽车进行分级。

20. 碰撞试验中假人的每种伤害根据其严重程度归类为一个等级，1级指轻微的伤口及划伤，3级指需要立即进行医疗救治并可能危及生命的严重伤害，6级指致命的伤害。

21. 在碰撞中，车身壳体能吸收大部分振动。其中一部分碰撞能量被碰撞区域的部件通过变形吸收掉，另一部分能量会通过车身的刚性结构传递到远离碰撞的区域，这些被传递的振动波引起的影响称为二次损伤。

22. 二次损伤会影响整体式车身的内部结构或与被撞击相反一侧的车身。

23. 为了控制二次损伤变形，汽车在前部和后部设计了吸能区（抗挤压区域）。

24. 前保险杠支撑、前纵梁、挡泥板、发动机舱盖、后保险杠支撑、后纵梁、挡泥板、行李舱盖等部位，都设计为波纹或结构强度上的局部弱化。在受到撞击时，它们就会按照预定的形式折曲，这样碰撞振动波在传送过程中就被大大减小直至消散。

25. 在所有碰撞中，大部分的碰撞发生在汽车的前部。在碰撞力比较小时，由前部的保险杠、保险杠支撑等变形来吸收能量。

26. 碰撞剧烈时，在碰撞事故（正面撞击或后部追尾）中担负主要吸能作用的是前后纵梁，纵梁通过压溃变形和弯曲变形吸收碰撞能量，其中前纵梁几乎要担负前部碰撞总能量的60%左右。后纵梁所需要承担的吸能压力虽然较前纵梁较小，但是仍然是在追尾事故中吸收能量的主力。

27. 中部车身有很高的刚性，把前部（或后部）吸能区不能完全吸收而传过来的能量传递到车身的后部（或前部），引起远离碰撞点部件的变形，从而保证中部乘客室的结构完整及安全。这是现代汽车安全性设计的一个重要特点。

28. 前纵梁作为前部最坚固的部件，不仅有承载前部其他部件和载荷的能力，在碰撞中它还作为主要吸能元件通过变形吸收碰撞能量。

29. 吸能器的类型有充气、充液型吸能器、弹簧吸能器、压溃式吸能器、泡沫垫层吸能器、橡胶吸能装置。

30. 某些车型在吸能器和前纵梁之间装有橡胶垫，当受到碰撞时，吸能器受力后移，橡胶垫受力压缩，吸收冲击能量。当碰撞冲击力减小时，橡胶垫恢复到原始位置，保险杠恢复到原始位置。

31. 安装充气、充液型吸能器的车型，当受到碰撞冲击力较小时，吸能器吸收冲击能量。当冲击力释放时，使保险杠恢复到原来的位置。

32. 检查充气、充液型吸能器时，要注意检查是否有开裂、凹陷、弯曲、渗漏等情况。充气充液型吸能器损坏后不能矫正或焊接，必须予以更换。

33. 压溃式吸能器在现代汽车上广泛采用。它的工作原理是在碰撞时通过部件本身的压缩变形吸收能量,受到损伤后必须更换。

34. 检查压溃式吸能器时通过比较新旧两个吸能器的长度,就可以确定是否有变形。

35. 压溃式吸能器受损变形后不可维修,只能更换新件。

36. 整体式车身正面碰撞时碰撞力主要在梁、柱上传递,力的传递路径如图 2-2-6 所示。

37. 整体式车身正面碰撞时,力通过保险杠支架向整个车身传递。

38. 整体式车身正面碰撞时,即使车辆的碰撞接触面很小,碰撞力也能通过保险杠横连杆、侧面防撞梁、前围和前桥架梁分散到车辆左右两侧。

39. 整体式车身正面碰撞时,能传递力的零件有:保险杠横梁、保险杠支架、前纵梁、前风窗立柱、侧面防撞梁、地板纵梁等。

40. 整体式车身侧面碰撞时,碰撞力首先从侧面防撞保护件和车门锁传递到 A、B 和 C 柱。如果碰撞更严重,那么车门槛将相应的力通过地板横梁传递至车身的另一侧。与此同时,力也会通过车顶传向对侧,如图 2-2-7 所示。

图 2-2-6　整体式车身正面碰撞时力的传递

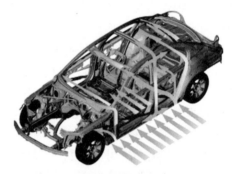
图 2-2-7　整体式车身侧面碰撞力的传递

41. 整体式车身发生尾部碰撞时,碰撞力通过保险杠支架及变形元件传递到车辆两侧,碰撞速度较低时,这些元件作为变形吸能区可以用较低的维修费用更换。碰撞速度较高时各后纵梁才会出现变形现象。车身整个宽度上的负荷由后部底板和整个车门槛承受。在上部区域力主要由后部侧围吸收及传递。侧围将力传递至 C 柱和车顶,同时将一部分力通过车门向前传递,如图 2-2-8 所示。

图 2-2-8　整体式车身车尾碰撞力的传递

42. 整体式车身发生翻滚后,容易损伤的零件是中立柱、车顶板。

43. 整体式车身在汽车前部碰撞时,行李舱中物体的惯性会导致行李舱地板变形、后围板变形。

44. 整体式车身前部碰撞变形特点:

(1)前端碰撞的冲击力取决于汽车的质量、速度、碰撞范围及碰撞物。

(2)碰撞程度比较轻时,保险杠会被向后推,前纵梁、保险杠支撑、前翼子板、散热器支座、散热器上支撑和发动机舱盖锁紧支撑等也会折曲。

(3)如果碰撞的程度剧烈,那么前翼子板就会弯曲而触到前车门,发动机舱盖铰链会向上弯曲至前围上盖板,前纵梁也会折弯到前悬架横梁上并使其弯曲。

(4)如果碰撞力足够大,前挡泥板及前车身立柱(特别是前门铰链上部装置)将会弯曲,并使车门松垮掉下。另外,前纵梁会发生折皱,前悬架构件、前围板和前车门平面也会弯曲。

45.整体式车身中部碰撞变形特点:
(1)当发生侧面碰撞时,车门、前部构件、车身中立柱以及地板都会变形。
(2)如果中部侧面碰撞比较严重,车门、中柱、车门槛板、顶盖纵梁都会严重弯曲,甚至相反一侧的中柱和顶盖纵梁也朝碰撞相反方向变形。
(3)随着碰撞力的增大,车辆前部和后部会产生与碰撞相反方向的变形,整个车辆会变成弯曲的香蕉状。
(4)当前翼子板或后顶盖侧板受到垂直方向较大的碰撞时,振动波会传递到汽车相反一侧。
(5)当前翼子板的中心位置受到碰撞时,前轮会被推进去,振动波也会从前悬架横梁传至前纵梁。
(6)发生侧向碰撞时,转向装置的连杆及齿轮齿条的配合也将被损坏。

46.整体式车身后部碰撞变形特点:
(1)汽车后部碰撞时其受损程度取决于碰撞面的面积、碰撞时的车速、碰撞物及汽车的质量等因素。
(2)如果碰撞力小,后保险杠、后地板、行李舱盖及行李舱地板可能会变形。
(3)如果碰撞力大,相互垂直的钢板会弯曲,后顶盖顶板会塌陷至顶板底面。
(4)对于四门汽车,车身中立柱也可能会弯曲。

47.整体式车身顶部碰撞变形特点:
(1)当坠落物体砸到汽车顶部时,除车顶钢板受损外,车顶纵梁、后顶盖侧板和车窗也可能同时被损伤。
(2)在汽车发生翻滚时,车的顶部顶盖、立柱,车下部的悬架会严重损伤,悬架固定点的部件也会受到损伤。
(3)如果车身立柱和车顶钢板弯曲,那么相反一端的立柱同样也会损坏。
(4)由于汽车倾翻的形式不同,车身的前部及后部部件的损伤也不同。
(5)汽车损伤程度可通过车窗及车门的变形状况来确定。

48.有经验的车身维修人员会把大量精力和时间用在损伤评估上,在整个修复过程中节省更多的时间。

49.整体式车身的碰撞损伤可以用圆锥图形法来进行分析:
(1)将目测撞击点作为圆锥体的顶点,圆锥体顶点通常为主要的受损区域。
(2)圆锥体的中心线表示碰撞的方向。
(3)高度和范围表示碰撞力穿过车身壳体扩散的区域。
(4)从受力点开始,按照碰撞力的传递路线逐一排查。

50.在大多数情况下,在碰撞部位能够观察出结构损伤的迹象:
(1)用肉眼检查后,进行总体估测,从碰撞的位置估计汽车受碰撞大小及方向,判断碰撞如何扩散并造成损伤。
(2)在估测中,先探查汽车上是否有扭转和弯曲变形,再设法确定出损伤的位置及各种损伤是否由同一碰撞引起的。

51.要找出汽车损伤,必须沿着碰撞力扩散的路径,按顺序一处一处的进行检查,确认出变形情况。检查中要特别仔细观察:

(1)板件连接点(板件接缝处)有没有错位断裂。

(2)加固材料(如加固件、盖板、加强筋、连接板)上有没有裂缝。

(3)各板件的连接焊点(电阻点焊焊点部位)有没有变形。

(4)油漆层、内涂层及保护层有没有裂缝和剥落。

(5)部件的棱角和边缘有没有异样。

52.车身上的车门、翼子板、发动机舱盖、行李舱盖、车灯之间的配合间隙都有一定的尺寸要求,通过观察和测量它们之间间隙的变化可以判定发生了哪些变形:

(1)车门是以铰链安装在车身立柱上的,可通过简单地开关车门及观察门的准直来确定车身立柱是否受到损伤。

(2)对比左右翼子板与发动机舱盖的间隙情况,确定前部纵梁是否受损。

(3)比较复杂的车身损坏,为了检查整个车身的损伤情况,需要使用三维测量系统。

(4)车身维修人员在对车辆进行测量分析时,经常会运用点对点测量或对角线测量,认为只要这些尺寸正确就可以了。实际上这只是进行了长度和宽度方向的测量,而忽视了高度方向的测量和调整。

(5)在修理中发现一些未被检查到的损伤,要重新进行损伤分析。

53.变形部位的维修原则:

(1)校正汽车的碰撞损伤时,对损伤部位的拉或推操作必须按照与碰撞相反的方向进行。

(2)多数的碰撞及事故结果是多种类型损伤的混合,例如左右弯曲变形和上下弯曲变形经常几乎同时发生。

(3)碰撞力的分力还作用在车架的横梁上。比如,在汽车倾翻事故中,由于发动机质量会使其支撑横梁受到推或拉而变形,造成上下弯曲。由于横梁影响整个车辆修复工作的效果,因此,不管横梁的损伤程度怎样,都必须对其进行校正。

54.将碰撞力分解为三维尺寸上的三个值:

(1)垂直分力,汽车前部向下变形。

(2)水平分力,汽车前翼子板变形方向指向发动机舱盖中心。

(3)侧向分力,汽车的前翼子板向后变形。

# 考试模拟题

## 一、是非判断题

1.在车身三维尺寸数据图中一个测量点只有一个对应的长度尺寸。　　　　　　(√)

2.中心量规能够准确测量车身尺寸。　　　　　　　　　　　　　　　　　　　(×)

3. 车身损伤都是由碰撞造成的。　　　　　　　　　　　　　　　　　　（×）
4. 在维修车身铝合金件时,不能使用钢铁工具。　　　　　　　　　　　（√）
5. 碰撞力在整体式车身上是无序传递的。　　　　　　　　　　　　　　（×）
6. 评估整体式车身的碰撞损伤常采用圆锥图形法。　　　　　　　　　　（√）

## 二、单项选择题

1. 车身长度数值的测量基准是(C)。
   A. 基准面　　　　B. 中心面　　　　C. 零平面　　　　D. 参考面
2. 在实际测量时,车辆的基准面和测量系统的基准面应(C)。
   A. 要求完全重合　　　　　　　　B. 只要求平行
   C. 重合或平行都可以　　　　　　D. 可以不用调整
3. 在发生碰撞后,车身吸收碰撞能量更多的部位是(D)。
   A. 驾驶室部分　　B. 车身底板部分　　C. 车顶部分　　D. 车身前部或后部
4. 车身损坏程度与碰撞力的方向有关,损坏严重的碰撞力是(C)。
   A. 碰撞力指向前纵梁　　　　　　B. 碰撞力指向B柱
   C. 碰撞力指向汽车的质心　　　　D. 碰撞力偏离汽车的质心
5. 比较复杂的车身损坏,为了检查整个车身的损伤情况,需要使用(B)。
   A. 轨道式量规　　B. 三维测量系统　　C. 钢卷尺　　D. 定心量规
6. 有经验的车身维修人员会把大量精力和时间用在损伤评估上,这样做的好处是(A)。
   A. 在整个修复过程中节省更多的时间　　B. 会发现一些隐藏损伤,增加工作量
   C. 与车主增进感情　　　　　　　　　　D. 给人工作细致认真的良好印象

## 三、多项选择题

1. 影响车辆通过性的车身尺寸参数有(ABC)。
   A. 最小离地间隙　　B. 接近角　　C. 离去角　　D. 车长
2. 车身三维测量也必须先找到的测量基准有(BCD)。
   A. 零点基准　　B. 长度基准　　C. 宽度基准　　D. 高度基准
3. 在电化学腐蚀中,与铁在一起先被腐蚀的有(BCD)。
   A. 铜　　　　B. 铝　　　　C. 镁　　　　D. 锌
4. 安全车身是指在发生碰撞后(ABD)。
   A. 碰撞能量更多地被车身前部或后部吸收
   B. 车身前部或后部发生较大变形
   C. 碰撞能量更多地被车身中部吸收
   D. 驾驶室部分采用高强度钢板,能承受碰撞冲击力
5. 整体式车身正面碰撞时,能传递力的零件有(ABCD)。
   A. 保险杠横梁　　B. 保险杠支架　　C. 前纵梁　　D. 前风窗立柱
6. 车身在发生碰撞时,容易观察到变形的部位有(ABC)。
   A. 电阻点焊焊点部位　　　　　　B. 板件接缝处
   C. 部件的棱角部位　　　　　　　D. 前立柱部位

# 第三章

# 汽车钣金维修基本技能

## 第一节 钣金工具的使用

(1~12条适用于检测维修士,13~24条适用于检测维修工程师)

1. 钣金锤采用不同的材质制作(铜、钢、橡胶、木质等),并且制成不同的形状(尖头、球头、鹤嘴等)。

2. 根据实际工作的需要选用:
(1) 对薄板件和有色金属工件可选用铜锤、木锤或硬质橡胶锤进行锤击。
(2) 对于维修钣金件小凹陷可用镐锤逐个轻微敲击以修平这些微小的凹陷。
(3) 合理选择钣金锤的尺寸和锤顶曲面的隆起高度。
(4) 用手轻松握住钣金锤手柄的端部(相当于手柄全长的1/4位置),依靠手腕的动作来挥动锤子。

3. 选择垫铁时,要保证垫铁的工作表面与所修正的钣金形状基本一致(即半径与要修理的金属板件的曲面一样大或略小一些)。

4. 依垫铁与钣金锤的相对作用位置,可以分为钣金锤与垫铁错位敲击(偏托)和钣金锤与垫铁正对敲击(正托)两种操作方法。

5. 偏托法。将垫铁置于金属板背面的最低处,钣金锤则在另一面敲击变形的最高处,锤击时垫铁也作为敲击工具。适用于初次敲打、损伤面较大的粗整平。

6. 偏托法操作可以避免修复过程中的受力不均。很小的压痕、很浅的起伏、轻微的皱折都可以用这种方式维修,而不会损坏漆层。

7. 正托法。将垫铁直接置于金属板背面凸起部位,用钣金锤在另一面直接锤击变形部位。适用于损伤面积小的精整平。

8. 修平锉用于对车身板件和焊缝等进行修平处理,还可以用来检验表面是否修平。

9. 凹陷拉拔器是钣金专用工具的一种,由连接装置、导向装置和拉拔装置三部分组成。

10. 根据拉拔动力的不同拉拔器分为手动和气动。

11. 凹陷拉拔器主要用于封闭型车身板或从后面无法接近的皱折,通过拉拔和敲打使凹陷上升。

12. 一般的手动凹陷拉拔器要与手电钻或介子机等设备共同使用,需要用于电钻在板件上钻孔或用介子机将圆环焊接到板件变形部位,然后再用拉拔器进行整形。

13. 在钣金维修中,角磨机是常用的打磨设备:

(1)配套研磨型砂轮使用,可以进行金属、焊点、旧涂膜、锈蚀等的打磨修整。

(2)配套切割型砂轮使用,可以进行板件切割等操作。

14. 车身维修中常用的切割锯是往复式切割锯,用于金属(钢板、铝板)结构件、外部面板的分割。

15. 焊点转除钻可以进行车身电阻点焊焊点的去除分离,在分离板件的同时不会损伤下层板。

16. 在现代车身上,大量应用高强度钢和超高强度钢,这类钢材的硬度、强度非常大,用切割锯切割效率不高,而使用氧乙炔切割会产生大量的热从而破坏金属内部的结构,也不能够在现代的汽中使用。等离子切割机是用等离子弧来切割金属的,能够满足现代车身板件的切割要求。

17. 等离子切割枪上的两个关键部件是喷嘴和电极,是等离子切割机中的易损件。

18. 等离子切割机要连接干净的压缩空气,气压一般在 0.3～0.5MPa,气压过高或过低都将降低切割质量、损坏电极或喷嘴,并降低切割机的切割能力。

19. 用等离子切割机切割金属板时,开始在需要切割的部位移动切割枪,切割的速度由金属板的厚度决定:

(1)如果移动切割枪过快,它将不能切透工件。

(2)如果切割枪移动太慢,将会有太多的热量传入工件,而且还可能熄灭等离子弧。

20. 等离子切割枪电极的使用极限一般为 1.5mm 喷嘴的中心孔容易发生变形。电极和喷嘴损坏后,要及时更新。

21. 用等离子切割机切割厚度在 3mm 以上钢板时,最好使等离子切割枪与工件成 45°角。如果在切割较厚的材料时,等离子切割枪与工件保持垂直,火花将被射回到气体喷射器中,会堵塞各气孔并极大地缩短气体喷射器的寿命。

22. 等离子切割枪的冷却对延长电极和喷嘴的寿命非常重要。完成一次切割后,在开始下一次切割前,应关闭切割枪开关,让空气连续几秒流过,以防止喷嘴和电极过热。

23. 使用等离子切割机分离板件时,一般从边缘部位开始切割。

24. 对于需要切割形状复杂的地方,可用薄木板做一个样板,让等离子切割枪的喷嘴沿着样板进行切割。

## 第二节　钣金零件的手工成型

(6～18 条适用于检测维修士,1～5 条、19～37 条适用于检测维修工程师)

1. 在汽车制造及修理工作中,为了制造薄板构件,必须先根据设计图样作出展开图,在板料上放样,进行切割下料,再经过弯曲或冲压成型,最后进行组装(咬合、焊接、铆接、粘接等)完成制作。

2. 将立体所有表面的实际形状和大小依次摊画在一个平面上所得到的图形,称为立体的表面展开图,简称展开图,其工作过程俗称"放样"。

3. 钣金制品按其形状和特点分别采用平行线展开法、放射线展开法、三角形展开法等将其展开。

4. 只要零件表面的素线或棱线互相平行都可以用平行线法展开,例如棱柱体、圆柱体、正方体。

5. 零件表面的素线相交于一点的形体可用放射线展开法,例如正圆锥管展开后的图形为一扇形。

6. 划线是指根据图样或实物的尺寸,准确地在工件表面上划出加工界线的操作。划线可以分为平面划线和立体划线。

7. 划线平板又称划线平台,用做划线时的基准面。

8. 划针用来在工件上划线条,使用划针时,应使针尖与直尺或样板底边接触并向外倾斜15°~20°,向划线方向倾斜30°~60°。用均匀的压力使针尖沿直尺或样板移动划出线来,划线粗细不得超过0.5mm。

9. 钣金划线所用尺子包括钢直尺、直角尺、角度规等,主要用来量取尺寸和测量工件,也可作为划线时的导向工具。

10. 样冲用于在工件所划加工线条上冲点,作为加强界线的标志(称为检验样冲点)和作为划圆弧或钻孔所定的中心(称为中心样冲点)。在板件上划圆弧前,用样冲在工件所划圆弧中心点处冲点防止中心偏移。

11. 划规用来划圆或圆弧、等分线段、等分角度和量取尺寸等。

12. 钣金下料时,要首先根据零件尺寸,在原料上进行排版,充分利用板料。

13. 钣金下料排版方法包括:集中法、长短搭配法、零料拼整法、排板套裁法。

14. 手工直线剪切短料时,被剪去的那部分,一般都放在剪刀的右面。

15. 手工直线剪切长或宽板材料时,必须将被剪去的部分放在左面,这样使被剪去的部分容易向上弯曲。

16. 手工剪切外圆应从左边下剪,按顺时针方向剪切,边料会随着剪刀的移动而向上卷起。

17. 手工剪切内圆时,应从右边下剪,按逆时针方向剪切,边料会随着剪刀的移动而向上卷起。

18. 剪切较厚板料时,可将剪刀夹在台虎钳上,在手柄套上一根管子,右手握住管子,左手拿住板料进行剪切。

19. 常见的钣金手工制作工艺有弯曲、收边、放边、拔缘、拱曲、卷边及咬缝等。

20. 汽车发动机舱盖的外板和内板采用折边连接工艺,并配合粘接。

21. 板料弯曲是钣金成型基本操作工艺,弯曲形式一般有两种,即角形弯折和弧形弯曲。

22. 板料角形弯折后出现平直的棱角。弯折前,板料根据零件形状划线下料,并在弯折处划出折弯线,一般折弯线划在折角内侧。

23. 如果零件尺寸不大,折弯工作可在台虎钳上进行。将板料夹持在台虎钳上,使折弯线恰好与钳口衬铁对齐,夹持力度合适。

24. 当弯折工件在钳口以上较长或板料较薄时,应用左手压住工件上部,用木锤在靠近弯曲部位轻轻敲打,如果敲打板料上方,易使板料翘曲变形。

25. 制作折弯时,若板料在钳口以上部分较短,可用硬木垫在弯角处,再用力敲打硬木。

26. 通过板料变薄而导致角形零件弯曲成型的方法称为放边。

27. 常见的放边方法有打薄放边和拉薄放边,是将角形板料一边打薄或拉薄,打薄放边表面有锤打痕迹,板料厚薄不均,拉薄放边表面光滑,厚度均匀,但易拉裂,操作较困难。

28. 对长直角形零件单边起皱收缩而弯曲成型的方法称为收边。此法主要制作凸曲线弯边的零件。如板件强度要求不高,可根据要求的弯度在应该收缩的一面用剪刀剪出若干豁口,然后弯曲板料,再将剪口焊接。

29. 利用收边和放边的方法把板料的边缘弯曲成弯边的方法称为拔缘。

30. 拔缘常有外拔缘和内拔缘两种形式,拔缘的方法可分为自由拔缘和型胎拔缘两种。

31. 把较薄的金属板料锤击成凹面形状的零件,称为拱曲。板料通过锤击其中部变薄向外伸展,周边部分起皱收缩,最终零件完成拱曲。

32. 为了增加零件边缘的刚度和强度,使板料制件安全、美观、耐用,将零件边缘卷起来,这种方法称为卷边。

33. 卷边分为空心卷边和夹丝卷边两类。

34. 将薄板的边缘相互折转扣合压紧的连接方式称为咬缝。

35. 咬缝可将板料连接牢固,可代替焊接、铆接等工艺方法。

36. 卧扣的制作工艺:
(1)按留边尺寸下料,并划出折边线。
(2)将板料放在工作台上,使弯折线对准工作台的边缘,并将伸出部分按折边线折弯90°。
(3)翻转板料,使弯边朝上,并伸出台面3mm,敲击弯边顶端,使伸出部分形成与弯边相反的弯折,将第一次弯边向里敲成钩形。
(4)与之相接的另一边照上述方法加工后,将两弯钩扣合、敲击即成卷边。

37. 立扣的制作工艺:在一块板料上做成立式单扣,而把另一块析料的边缘弯成直角,然后相互压紧即成。

## 第三节 车身金属板件的焊接

(本节适用于检测维修士)

1. 从大的方面焊接工艺可分为压焊、熔焊和钎焊。
2. 压焊焊接过程中,必须对焊件施加压力(加热或不加热),以完成焊接的方法称为压焊。

3. 电阻点焊是车身上应用较多的压焊焊接方法。

4. 熔焊焊接过程中，将焊件接头加热至熔化状态，不加压力完成焊接的方法称为熔焊。

5. 按照电极是否熔化分为熔化极电弧焊和非熔化极电弧焊。

6. "TIG"焊。钨极气体保护电弧焊（国际上简称 TIG-Tungsten Inert Gas arc welding 焊）是一种不熔化极气体保护电弧焊，是利用钨极和工件之间的电弧使金属熔化而形成焊缝的。焊接过程中钨极不熔化，只起电极的作用。同时由焊炬的喷嘴送进氩气或氦气作保护，还可根据需要另外添加金属。

7. "MIG"焊和"MAG"焊。"MIG"焊和"MAG"焊为熔化极气体保护电弧焊，是利用连续送进的焊丝与工件之间燃烧的电弧作热源，由焊炬喷嘴喷出的气体保护电弧来进行焊接的。通常用的保护气体有氩气、氦气、二氧化碳或这些气体的混合气。

8. 以氩气或氦气为保护气时称为熔化极惰性气体保护电弧焊，在国际上简称 MIG-Metal Inert-Gas arc welding 焊；以惰性气体与氧化性气体（$O_2$，$CO_2$）混合气为保护气时，或以 $CO_2$ 或 $CO_2 + O_2$ 混合气为保护气时，统称熔化极活性气体保护电弧焊，在国际上简称 MAG-Metal Active-Gas arc welding 焊。

9. 人们习惯用惰性气体保护焊来概括所有的气体保护电弧焊接。许多焊接机都是既可使用二氧化碳（活性气体），又可使用氩气（惰性气体），只需要更换气瓶和调节器即可。

10. 钎焊焊接过程中，采用比母材熔点低的金属材料作钎料，将焊件和钎料加热到高于钎料熔点、低于母材熔点的温度，利用液态钎料润湿母材，填充接头间隙并与母材相互扩散实现连接焊件的方法称为钎焊。

11. 现代车身维修不许使用手工电弧焊，原因如下：

（1）操作方法不容易掌握。操作者需受到长时间的指导并经过练习，才能熟练掌握。很难做到焊接的质量更高、速度更快、性能更稳定。

（2）现代车身板件尤其覆盖件部分都很薄，利用手工电弧焊更难保证焊接质量。

（3）手工电弧焊不适合焊接有缝隙和不吻合的地方。对于若干处缝隙，不能迅速地在每个缝隙上点焊，需要清除熔渣。

（4）汽车制造业现在大量使用高强度钢板，手工电弧焊产生热量大，对邻近部位的损害大，造成维修后钢板强度降低和变形。

12. 由于氧乙炔焊操作中要将热量集中在某一个部位，热量将会影响周围的区域而降低钢板的强度。因此汽车制造厂都不赞成使用氧乙炔焊来修理车身。但氧乙炔焊在车身修理中有其他的应用，如：

（1）进行热收缩。

（2）硬钎焊和软钎焊。

（3）表面清洁。

（4）切割非结构性零部件。

13. 与常规的手工电弧焊和氧乙炔焊相比，惰性气体保护焊有许多优点，不管是在高强度钢构件及整体式车身的修理中，还是在车身外部覆盖件的修理中，都可以使用惰性气体保护焊。

14. 修理大量采用高强度钢和超高强度钢的车身时,要求采用电阻点焊机进行焊接修理。这种焊接方式像制造厂进行焊接那样进行点焊连接。采用挤压式电阻点焊机进行焊接时,应适当调整:

(1) 对金属板的夹紧力。

(2) 电流。

(3) 焊接时间。

15. 钎焊类似于将两个物体黏在一起,在焊接过程中只熔化有色金属(铜、锌等),而不熔化金属板件(有色金属的熔点低于金属板)。

16. 钎焊焊接处强度与熔化焊条的强度相等,小于板件的强度。

17. 只能对制造厂已进行过钎焊的部位进行钎焊,其他地方不可使用钎焊焊接。

18. 惰性气体保护焊主要由焊机、焊枪、送丝机构、减压表、保护气、焊丝和各种附件组成。

19. 保护焊焊接时,焊丝以一定的速度自动进给,在板件和焊丝之间出现电弧,电弧产生的热量使焊丝和板件熔化,将板件熔合连接在一起。

20. 保护气通过减压表调整后按规定流量从枪嘴喷出,保护焊缝。

21. 惰性气体的种类由需要焊接的板件决定。

22. 钢材都用二氧化碳($CO_2$)或二氧化碳($CO_2$)和氩气的混合气作为保护气。

23. 在氩气中加入4%~5%的氧气作为保护气,就可以焊接不锈钢。

24. 对于铝材,则根据铝合金的种类和材料的厚度,分别采用氩气或氩、氮混合气进行保护。

25. 大多数车身修理中都采用二氧化碳或二氧化碳和氩气(Ar)的混合气作为保护气,混合气的比例为:75%的氩、25%的二氧化碳,这种混合气通常被称为C-25气。

26. 保护气流量应根据喷嘴和板件之间的距离、焊接电流、焊接速度以及焊接环境(焊接部位附近的空气流动)来调整。

27. 车身修理中使用的焊丝种类是AWS-70S-6,使用焊丝的直径为0.6~0.8mm,使用最多的是直径为0.6mm的焊丝。

28. 直径很细的气体保护焊焊丝可以在弱电流、低电压条件下使用,这就使进入板件的热量大为减少。

29. 气体保护焊送丝装置可对送丝的速度进行控制,压紧手柄拧紧送丝加快,反之变慢。

30. 气体保护焊送丝速度通过焊接前的试焊来确定。

31. 气体保护焊电源的极性对于焊接熔深起着重要的作用。

32. 气体保护焊直流电源的连接方式一般为直流反向极性连接,即焊丝为正极、工件为负极,采用这种连接时,焊接熔深最大。

33. 气体保护焊如果需焊接的材料非常薄,应以正向极性连接方式进行焊接,焊丝为负极而工件为正极,焊接时在焊丝上产生更多的热量,工件上的焊接熔深较浅。采用正向极性的缺点是它会产生许多气泡,需要更多地抛光。

34. 气体保护焊焊接电流的大小会影响板件的焊接熔深、焊丝熔化的速度、电弧的稳定性、焊接溅出物的数量。不同板厚和不同粗细的焊丝所需要的焊接电流不同,见表2-3-1。

焊接电流的调整　　　　　　　　　　　　　　　　　表2-3-1

| 焊丝直径(mm) | 金属板厚(mm) | | | | | | |
|---|---|---|---|---|---|---|---|
| | 0.6 | 0.8 | 1.0 | 1.2 | 1.4 | 1.6 | 1.8 |
| 0.6 | 20~30A | 30~40A | 40~50A | 50~60A | | | |
| 0.8 | | | 40~50A | 50~60A | 60~90A | 100~120A | |
| 1.0 | | | | | 60~90A | 100~120A | 120~150A |

35. 气体保护焊随着电流的增加,焊接熔深、剩余金属的高度和焊缝的宽度也会增大。

36. 质量气体保护焊的焊接有赖于适当的电弧长度,而电弧长度是由电弧电压决定的。
(1)电弧电压过高时,电弧的长度增大,焊接熔深减小,焊缝呈扁平状。
(2)电弧电压过低时,电弧的长度减小,焊接熔深增加,焊缝呈狭窄的圆拱状。

37. 气体保护焊焊枪又称焊炬,有两个主要功能:一是提供合适的保护气体;二是给工作部位加压,以防止焊丝移出熔池。

38. 气体保护焊导电嘴到喷嘴的距离。调整导电嘴到喷嘴的距离大约为3mm,焊丝伸出喷嘴为5~8mm。

39. 气体保护焊导电嘴到工件的标准距离为7~15mm。

40. 气体保护焊焊接方向有正向焊接和逆向焊接:
(1)正向焊接的熔深较小且焊缝较平。
(2)逆向焊接的熔深较大,并会产生大量的熔敷金属。

41. 气体保护焊焊接的速度。一般来说,焊接速度由工件的厚度、焊接电压两种因素决定。不同厚度的板件焊接时的焊接速度,见表2-3-2。

焊接速度调节　　　　　　　　　　　　　　　　　表2-3-2

| 板件厚度(mm) | 焊接速度(m/min) | 板件厚度(mm) | 焊接速度(m/min) |
|---|---|---|---|
| 0.6~0.8 | 1.1~1.2 | 1.2 | 0.9~1.0 |
| 1.0 | 1.0 | 1.6 | 0.8~0.85 |

42. 点焊的强度取决于焊点数量、焊点的间距(两个焊点之间的距离)和边缘距离(焊点到金属板边缘的距离)。

43. 修理用的电阻点焊机功率一般小于制造厂的点焊机功率。因此,和制造厂的点焊相比,修理中进行点焊时,应将焊点数量增加30%。

44. 点焊焊点的间距。两层金属板之间的结合力随着焊接间距的缩小而增大,但如果再进一步缩小间距,结合力将不再增大。

45. 点焊焊点到金属板边缘距离是由电极头的位置决定的。即使焊接的情况正常,如果到边缘的距离不够大,也会降低焊点的强度。在靠近金属板端部的地方进行焊接时,焊点到金属板端部的距离应符合规定值。

46. 点焊的焊接顺序。不要只沿着一个方向连续地进行焊接操作,这样会使电流产生分流而降低焊接质量。

47. 不要对角落的半径部位进行点焊焊接,对这个部位进行焊接将产生应力集中而导致开裂,车身上需要注意的部位有前支柱和中心支柱的顶部角落、后顶侧板的前上方角落、前、后车窗角落等。

48. 点焊焊点外观检查除了看和手摸来检验焊接处的表面粗糙度外,还有下列项目需要检验:

(1)位置:焊点的位置应在板件边缘的中心,不可超过边缘,还要避免在原有的焊接过的焊点位置进行焊接。

(2)焊点的数量:焊点的数量应大于汽车制造厂焊点数量的1.3倍。例如,原来在制造厂点焊的焊点数量为4个,那么新的修理焊点大约为5个。

(3)焊点间距:修理时的焊接间距应略小于汽车制造厂的焊接间距,焊点应均匀分布。间距的最小值,以不产生分流电流为原则。

(4)压痕:(电极头压痕)。焊接表面的压痕深度不能超过金属板厚度的一半,电极头不能产生电极头焊孔。

(5)气孔:不能有肉眼可以看见的气孔。

(6)溅出物:用手套在焊接表面擦过时,不应被绊住。

49. 在一次点焊完成后,可用錾子和锤子按下述方法检验点焊焊接的质量:

(1)将錾子插入焊接的两层金属板之间并轻敲錾子的端部,直到在两层金属板之间形成2~3mm的间隙(当金属板的厚度大约为1mm时)。如果这时焊点部位仍保持正常没分开,则说明所进行的焊接是成功的。间隙值由点焊的位置、金属板的厚度、焊接间距和其他因素决定。

(2)如果两层金属板的厚度不同,操作时两层金属板之间的间隙限制在1.5~2mm范围内。如果进一步錾开金属板,将会变成破坏性试验。

(3)检验完毕后,一定要将金属板上的变形处修好。

50. 取一块和需要焊接的金属板同样材料、同样厚度的试验工件进行点焊焊接。然后,使焊点处分开。根据焊接处是否整齐地断开,可以判断出焊接质量的好坏。

51. 点焊扭曲试验。扭曲后在其中一片焊片上留下一个与焊点直径相同的孔。如果孔过小或根本没有孔,说明焊点的焊接强度太低,需要重新调整焊接参数。

52. 点焊撕裂试验。撕裂后在其中一个焊片上留有一个大于焊点直径的孔。如果留下的孔过小或根本没有孔,说明焊点的焊接强度太低,需要重新调整焊接参数。

53. 钎焊操作的一般过程:

(1)清洁工件表面。

(2)施加焊剂。

(3)对板件加热。

(4)对板件进行钎焊。

54. 软钎焊不能用来加固金属板上的接头,而只能用于最终的精加工,例如校正金属板表面或修正焊接接头的表面。软钎焊的过程如下:

(1)对需要进行软钎焊的表面加热,加热后用一块布擦净。

(2)充分摇晃焊膏,然后用刷子将焊膏涂在金属的表面上,所涂的面积应比需要钎焊的面积宽12~25mm。

(3)保持一定的距离进行加热。

(4)按照从中心到边缘的顺序,擦掉焊膏。

(5)钎焊部位会呈现出银灰色,如果为浅蓝色,表明加热温度过高。

(6)如果焊接的部位未被焊上,应涂上焊膏重新钎焊。

55.钎焊部位充分冷却以后,用水冲洗掉剩余的焊剂残渣,并用硬的钢丝刷擦净金属表面。焊剂不能用砂轮或尖锐的工具清除。如果没有完全清除掉剩余的焊剂残渣,油漆就不能很好地黏附,而且接头处还可能产生腐蚀和裂纹。

56.钎焊操作的注意事项:

(1)为了钎焊材料能顺畅流过被加热的表面,必须将整个接合区加热到同样的温度。

(2)不能让钎焊材料在板件加热前熔化(以免钎焊材料不与板件黏结)。

(3)如果板件的表面温度太高,焊剂将不能够达到清洁板件的目的,这将使钎焊的黏结力减小,接头的接合强度降低。

(4)焊炬喷嘴的尺寸应略大于金属板的厚度。

(5)钎焊前要用大力钳固定好金属板,防止板件的移动和钎焊部位的开裂。

(6)均匀地加热焊接部位,防止板件熔化。

(7)应尽量缩短钎焊的时间,以免降低钎焊的强度。

(8)避免同一个部位多次钎焊。

57.在车身修理中,主要使用惰性气体保护焊来焊接板件,因为其可以方便地控制焊接的温度和焊接的时间。保护气体大多数都采用二氧化碳或二氧化碳、氩气的混合气。

58.车身结构性板件在制造厂用点焊连接在一起,则拆卸板件主要是把电阻点焊的焊点分离。可以用等离子切割枪切除焊点,或用高速磨削砂轮磨去焊点,(注意:需要在确保有严格防护措施的情况下)用錾子錾去焊点。

(1)工具:点焊转除钻、手电钻、等离子切割枪、錾子、磨削砂轮等。

(2)分离点焊连接的多层板件时,尽可能不要损坏下层板件。

(3)车身上采用连续焊连接部位,最佳的分离方式是:角磨机磨除。

(4)车身点焊焊点硬度比钢板高,需要选用特殊钻头。

59.大力钳、C形夹钳、薄板螺钉、定位焊夹具或各种专用夹具,都是焊接过程中必不可少的固定工具。

60.在车身修理时,焊接位置通常由汽车上需要进行焊接部件的位置决定,常用的焊接位置有平焊、横焊、立焊、仰焊。

61.平焊一般容易进行,而且它的焊接速度较快,能够得到最好的焊接熔深,汽车上拆卸下的零部件进行焊接时,尽量将它放在能够进行平焊的位置。水平焊缝进行焊接时,应使焊炬向上倾斜,以避免重力对熔池的影响。垂直焊缝焊接时,最好让电弧从接头的顶部开始,并平稳地向下拉。

62.最难进行的焊接是仰焊,在进行仰焊时,一定要使用较低的电压,同时还要尽量使用短电弧和小的焊接熔池。

63.焊接前的定位焊:

(1)这种方法实际上是一种临时点焊。

(2)各焊点间的距离大小与板件的厚度有关,一般其距离为板件厚度的15~30倍。

(3)金属板的厚度越小,焊缝的长度应越短。

64.连续焊:

(1)连续焊时,焊枪缓慢、稳定的向前运动,形成连续的焊缝。

(2)为了防止金属板弯曲,焊接时采用分段焊接。

(3)应从工件的中心处开始,错位焊接。

65.维修车身板件时,多采用对接或搭接的形式连接。

66.对接焊是将两个相邻的金属板边缘靠在一起,沿着两个金属板相互配合或对接的边缘进行焊接。

67.搭接焊是在需要连接的几个相互依次重叠的金属板的上表面的棱边处将两个金属表面熔化。

68.搭接焊只能用于修理原先在制造厂进行过这种焊接的地方,或用于修理外板和非结构性的金属板。当需要焊接的金属多于两层时,不可采用这种方法。

69.塞焊经常用在车身上曾在汽车制造厂进行过电阻点焊的所有地方。

70.塞焊还可用于装饰性的外部板件和其他金属薄板上。

71.塞焊工艺步骤:

(1)应在每一层金属板上冲一个孔,最下面的金属板除外。

(2)每一层金属板的塞焊孔直径应小于上一层金属板塞焊孔的直径。

(3)焊接不同厚度的金属板时,应将较薄的金属板放在上面。

72.金属板的厚度越小,焊缝的长度应越短。车身板件的厚度多为0.8mm以下,为防止烧穿薄板,进行焊接时必须注意,每次焊接的长度最好不超过20mm。

73.焊接时采用分段焊接,让某一段区域的对接焊自然冷却后,然后再进行下一区域的焊接。

74.为了防止金属板弯曲,应从工件的中心处开始焊接,并经常改变焊接的位置,以便将热量均匀地扩散到板件金属中去。如果从金属的边缘处或靠近边缘的地方外始焊接,金属板仍会产生弯曲变形。

75.焊接方法不正确会导致金属板变形。

76.在对汽车上的零部件进行焊接之前,可以先在试验板上进行试焊。这些试验板和汽车上需要焊接的零部件的材料相同。焊接这些试验板时,焊机的各项参数要调整适当,那么车身板件的焊接质量就有了保证。试验板的焊接处用錾子断开,以检验焊接的质量。

77.搭接焊和对接焊质量的检查(试验板的厚度均为1mm)。

(1)工件正面。最短长度为25mm,最长长度为38mm;最小宽度为5mm,最大宽度为10mm。

(2)工件背面。焊疤宽度为0~5mm。

(3)对接焊工件夹缝宽度是工件厚度的2~3倍。

(4)焊件正面焊疤最大高度不超过3mm,焊件背面焊疤最大高度不超过1.5mm。

(5)搭焊撕裂后工件上必须有与焊疤长度相等的孔。

(6)对接焊撕裂破坏后工件上必须有与焊疤长度相等的孔。

78. 塞焊质量的检查(试验板的厚度均为1mm)。
(1)工件正面。焊疤直径最小为10mm,直径最大为13mm。
(2)工件背面。焊疤直径为0~10mm。
(3)焊疤不允许有孔洞或焊渣等缺陷。
(4)塞焊扭曲破坏后下面工件上必须有直径不小于10mm的孔。

79. 由于铝板的导热性好,它最适合采用惰性气体保护焊,用这种方法更容易进行高质量的焊接。在焊接之前要清除焊接区域的氧化层,因为氧化层的存在会导致焊缝夹渣和裂纹。
(1)要使用铝焊丝和100%的氩气。
(2)和焊接钢板相比,焊接铝板时的送丝速度较快。
(3)焊接铝板时,保护气体的数量要比焊接钢板时增加约50%。
(4)焊接铝板会产生更多的溅出物,应在喷嘴和导电嘴的端部涂上防溅剂。
(5)焊接铝板时,焊炬应更加接近垂直位置。焊接方向只能从垂直方向倾斜5°~15°。
(6)只能采用正向焊接法,不能在铝板上进行逆向焊接。只能推,不能拉。进行垂直的焊接时,应从下面开始,向上焊接。
(7)将送丝滚轴上的压力调低一点,以免焊丝弯曲。但压力不能调得过低,防止造成送丝速度不稳定。

# 考试模拟题

## 一、是非判断题

1. 选择垫铁时,要保证垫铁的工作表面与所修正的钣金形状基本一致。 (√)
2. 正托法常用于维修板件的大凹痕和粗整平操作。 (×)
3. 手工剪切短料时,被剪去的那部分,一般都放在剪刀的左面。 (×)
4. 将立体所有表面的实际形状和大小依次摊划在一个平面上的工作过程俗称"放样"。 (√)
5. 现代车身多采二氧化碳气体保护焊维修。 (×)
6. TIG焊是非熔化极气体保护焊的简称,MIG和MAG是熔化极气体保护焊的简称。 (√)

## 二、单项选择题

1. 用角磨机进行金属、焊点、旧涂膜、锈蚀等清除时需配套(A)。
   A. 研磨型砂轮　　B. 切割型砂轮　　C. 钢丝轮　　D. 抛光轮
2. 为保证切割质量,等离子切割机需要配(D)。

A. 工作场所通风设备 B. 吸尘设备
C. 稳压电源 D. 规定压力的压缩空气

3. 正圆锥管展开后的图形为(C)。
   A. 三角形　　B. 正方形　　C. 扇形　　D. 圆形
4. 在车身修理中,主要使用惰性气体保护焊来焊接板件,因为(B)。
   A. 不适合焊接有缝隙和不吻合的地方
   B. 可以方便地控制焊接的温度和焊接的时间
   C. 车身上不同厚度的金属需要用不同直径的焊丝来焊接
   D. 不同类型的车身钢板必须用专用的焊丝来焊接
5. 在下列车身维修使用的焊接方式中,焊接效果最接近制造厂的是(D)。
   A. 二氧化碳气体保护焊 B. 手工电弧焊
   C. 氧乙炔焊 D. 电阻点焊
6. 为了防止金属板弯曲,焊接时采用分段焊接,同时注意(C)。
   A. 按从左到右的顺序,一段一段焊接
   B. 分别两侧边缘处开始,可以向中心处焊接
   C. 应从工件的中心处开始,错位焊接
   D. 应从工件的中心处开始,向两侧焊接

## 三、多项选择题

1. 等离子切割枪上的两个关键部件是等离子切割机中的易损件它们是(CD)。
   A. 开关　　B. 陶瓷护罩　　C. 喷嘴　　D. 电极
2. 钣金锤与垫铁偏托适用于维修(AB)。
   A. 较大面积较损伤 B. 初次粗整平
   C. 小面积损伤 D. 收尾精整平
3. 常见的钣金手工制作工艺有(ABCD)。
   A. 弯曲　　B. 制边　　C. 拔缘　　D. 咬缝
4. 汽车发动机舱盖的外板和内板采用的连接方式有(CD)。
   A. 焊接　　B. 铆接　　C. 粘接　　D. 咬缝工艺
5. 点焊的强度取决于(ABC)。
   A. 焊点数量　　B. 焊点的间距　　C. 边缘距离　　D. 焊点大小
6. 用气体保护焊焊接车身铝合金板时,要注意(ABCD)。
   A. 要使用铝焊丝和100%的氩气
   B. 和焊接钢板相比,焊接铝板时的送丝速度较快
   C. 焊接铝板时,保护气体的数量要比焊接钢板增加约50%
   D. 将送丝滚轴上的压力调低一点,以免焊丝弯曲

# 第四章

# 车身损伤修复与零件更换

## 第一节 车身覆盖件损伤的维修

（本节适用于检测维修士）

1. 车身外覆盖件的损伤主要使用钣金锤跟垫铁配合的敲打工艺、热收缩工艺和拉拔工艺来修理，对于板件的断裂、新件的连接等还要配合焊接工艺。

2. 手工敲打修复对金属板件的损伤最小，应是车身板件损伤的首选维修方式。

3. 手工敲打修复适合车身上能够方便拆卸的覆盖件，比如发动机舱盖、行李舱盖和前翼子板等，在实际维修中会有一定的局限。

4. 从板件的背面用橡胶锤将凹陷轻轻敲击，进行粗平作业。

5. 粗平之后再进行精细整平，精整平后，要求板件表面一定不能有凸起点。

6. 使用微钣金工具对微小凹痕修复时，修复时的力要准确、轻柔。

7. 钢板收缩分为常温收缩和热收缩。

8. 热收缩分为火焰收缩、铜极收缩和碳棒收缩，其中铜极收缩和碳棒收缩为电热收缩。

9. 热收缩时的冷却介质主要是使用水或压缩空气。

10. 热收缩的工艺流程：

（1）收缩维修前，先评估跳动部位的准确位置，通过按压找到跳动的中心点，并观察板件发生跳动的范围，用记号笔做好标记。

（2）确定加热点。根据确定跳动的的程度和范围，确定加热点的位置和数量。

（3）使用电加热时，首先将损伤部位涂层处理干净；使用火焰加热时，要将火焰调整为中性焰，利用内焰加热。

（4）加热点直径与板材厚度成正比（1mm 厚薄板直径控制在 10～15mm），当加热点的板件变红后立刻停止加热。

（5）加热完成后，快速在变形部位一侧用垫铁拖住（垫铁要大于变形部位或采用偏托法），用精平锤轻轻敲击变形部位，用力方向要从变形部位向外，以消除板件变形的内应力。

（6）待加热部位红色消失后，用沾水的抹布或压缩空气使加热部位冷却。

11. 拉拔法维修适用于车门、后翼子板和其他封闭式车身板件的凹陷修复。

12. "单点"拉拔修复:点状凹陷,通过单个焊圈来拉出凹陷将损伤修复。
13. "多点"拉拔修复:长条形凹陷,焊接多个垫圈,在垫圈中穿入结实的铁杆,进行一次性的拉拔修复。
14. 使用外形修复机焊接垫圈时,焊接不牢固,可能是因为:电流太小、板件不干净、垫圈不干净。
15. 焊接好垫圈后,用拉拔器的钩子挂在焊接好的垫圈上,按照与碰撞力相反的方向进行拉拔修复,一定要注意不要拉拔过度而产生凸起的情况。
16. 当损伤被修复完成后,用钳子将焊接好的垫圈取下。在取垫圈时要采用旋转的方式将其取下,防止将板件拉穿。
17. 如果没有车身外形修复机等专业拉拔设备,可以钻孔拉拔。拉平后,用气体保护焊将孔焊死。
18. 铝板热收缩用到的工具有热风枪、热敏材料、非铁制钣金锤和垫铁。
19. 维修车身铝合金件最佳的焊接是气体保护焊。
20. 在维修车身铝合金件时,不能使用钢铁工具。
21. 车身后翼子板、车顶等覆盖件采用焊接连接,与车身结构件构成一个整体。在更换非结构性的外部板件时,要采用切割的方式拆卸。
22. 某些零件内部还有加强板和内板,在切割时一定要严格遵照车型的维修技术说明,在指定位置进行切割。
23. 外部板件更换着重的是在外观上的配合,车身轮廓线必须平齐,板件之间的间距必须均匀,而不用像更换结构性板件那样精确地进行测量。
24. 轿车后翼子板的更换工艺流程:
(1)清除板件边缘连接的焊点。
(2)用划规在C立柱外板划出切割线,在切割线上进行切割。
(3)对钎焊部位加热,分离钎焊区。
(4)用研磨机磨平焊点部位的多余金属,使金属平整,去除黏着物。
(5)对焊接面板件进行整修,涂抹点焊防锈底漆。
(6)更换的新件多为车身侧面的整个外板,按需要的板件尺寸在新件上下料。
(7)用大力钳夹在若干点将它固定,要保证板件的末端和边缘的匹配。
(8)仔细调节新板件与周围板件的配合,调节板件以便与车门和车身轮廓彼此匹配。
(9)然后将行李舱盖安装在正确位置上,并调节间隙和水平差。要进一步确定在后窗孔对角尺寸,若有差别,适当地进行校正,使后窗玻璃与窗孔相吻合。
(10)将板件装配好以后,可以钻些小孔,用自动攻丝螺钉进一步将它固定。调整车身轮廓线和板件的搭接处,使其与后围板及后部窗式框架相匹配。
(11)安装尾部组合灯,并使板件与尾部组合灯配合。当每个部分的间隙、车身轮廓线和水平偏差都已经调整好时,用肉眼检查整体的扭曲和弯曲。
(12)在新零件上用不同记号来辨别是要进行塞焊还是点焊,先将实施点焊部位的底漆磨除,对塞焊部位根据板厚度选择钻头来钻取塞焊所需的塞孔。确保新板件与车身的接合面吻合间隙很好,在焊接处涂抹点焊防锈底漆。

(13)一旦新板件的尺寸和位置确定以后,就将它焊接就位。要采用分段焊接防止热变形和应力。对钎焊部位进行钎焊。

(14)对表面的焊缝进行研磨,直到平滑。在没有底漆的部位实施清洁及去脂工作,车身上涂抹车身密封胶和喷涂底层漆。

## 第二节 车身零件的更换与维修

(本节适用于检测维修士)

1. 保险杠功能:
(1)能有效地保护车身。
(2)利于减轻被撞人和物的损伤程度。
(3)保险杠作为车身外部装饰与散热器面罩相互配合,起到美化轿车外形的作用。
2. 按保险杠在车身上安装情况,保险杠分为外置式和内置式两种。轿车多采用内置式。
3. 按保险杠结构分为普通型和吸能型两类。
4. 普通型保险杠的结构简单、质量轻、广泛用于一般汽车上。
5. 吸能型保险杠的安全保险性能好,且与车身造型相协调,多用于高级轿车上。
6. 保险杠与车身的装配有直接安装、借助吸能单元安装和借助压溃元件安装等几种形式。
7. 直接安装形式是将保险杠加强横梁直接通过螺栓(中间可能会有连接件)连接在前纵梁上。
8. 借助吸能单元安装的保险杠。保险杠加强梁通过压溃元件及连接板安装在前(后)纵梁上。
9. 前保险杠的更换步骤:
(1)拆卸前保险杠时,首先打开发动机舱盖,松开保险杠上部的紧固螺栓。
(2)将左右前轮拆下,松开轮罩。
(3)从翼子板后面拆下保险杠侧面紧固螺栓。
(4)断开雾灯等电源连接线,整体拆下保险杠。
(5)拆下防撞条、导流板等零件。
(6)安装按照拆卸的相反顺序进行,注意保险杠安装位置是否还原,不要忘记导线插头的连接。
10. 后保险杠的更换步骤:
(1)拆卸后保险杠前,首先打开行李舱盖,松开保险杠上部的紧固螺栓。
(2)将左右后轮拆下,松开轮罩。
(3)从翼子板后面拆下保险杠侧面紧固螺栓。

(4)断开电器零件的电源线插头,整体拆下保险杠。

(5)安装按照拆卸的相反顺序进行,注意保险杠要安装到侧面的导向件内,不要忘记导线插头的连接。

11.前翼子板是遮盖车轮的车身外板,是车上的大型覆盖件之一。

12.前翼子板一般由0.6~0.8mm高强度钢板拉延成型。

13.前翼子板外形主要根据车身整体外形设计要求及车轮运动空间要求来决定。

14.前翼子板周围边界形状所受的影响因素:

(1)前照灯形式和布置。

(2)前门的外形。

(3)内侧发动机舱盖的形状、尺寸及侧缝线等。

15.在整体式车身中,前翼子采用的安装方式有螺栓连接同时配合部分粘接。

16.在车架式车身中,前翼子的安装方式有螺栓连接,也有少部分是焊接。

17.前翼子板的拆装步骤:

(1)拆下翼子板装饰板和内衬。

(2)打开发动机舱盖,拆下前保险杠和前轮,漏出固定前翼子板的所有螺栓。

(3)拆下所有翼子板紧固螺栓。

(4)前翼子板上有转向灯的,拔开转向信号灯导线连接器,取下转向信号灯。

(5)清除翼子板下的粘接胶,拆下翼子板。

(6)安装按照拆卸的相反顺序进行。

(7)检查前翼子板与前保险杠、前照灯、发动机舱盖和前车门的缝隙。如果缝隙不合格,则进行调整。

18.发动机舱盖总成由外板和内板组成,外板为适应整车造型的需要是较为平整(或稍有拱曲)的大覆盖件。

19.发动机舱盖的开启方式可分为:向后开启(铰链在后)、向前开启(铰链在前)、侧向开启(铰链在纵向中线处)。

20.现代轿车大多数采用铰链在后的向后开启方式。

21.铰链是将发动机舱盖与车头本体相连接的机构,也是发动机舱盖开闭机构。

(1)要求启闭轻便,灵活自如。

(2)有足够的开启角度(一般开度在40°~50°为宜),在开启过程中不得有运动干涉。

(3)有足够的刚度和强度,可靠耐久和易于制造。

(4)发动机舱盖铰链有明铰链与暗铰链。

(5)配合铰链的开启,发动机舱盖上应设置支撑机构。

22.发动机舱盖锁功能要求:

(1)使发动机舱盖安全锁闭。

(2)保证发动机舱盖与车身的相对位置。

(3)在行车中不得自动开启。

23.发动机舱盖锁按其锁体结构划分,可分为钩子锁、舌簧锁及卡板锁等形式。

24.无论哪种形式的车身锁都是由锁本体、开锁机构和安全锁三部分组成。

25. 发动机舱盖的拆装步骤：
(1)打开发动机舱盖,并用防护垫覆盖于车身上,以防损伤漆面。
(2)将前风窗玻璃清洗器喷嘴及软管拆离发动机舱盖。
(3)在发动机舱盖上铰链位置划上记号,以便于以后安装。
(4)如果发动机舱盖有气动支撑杆,则通常只拆卸支撑杆的上部。
(5)两人配合,用旋具松开两个铰链上的紧固螺母,拆下发动机舱盖总成。
(6)安装发动机舱盖总成上的各零部件。
(7)将发动机舱盖总成放在车身原安装位置,拧好铰链紧固螺母,将其与车身连接起来。
26. 大多数轿车发动机舱盖前部高度的调整是借助调整发动机舱盖锁来实现的。
27. 调整发动机舱盖的前后位置。稍微松开固定发动机舱盖与铰链的螺栓,再扣上发动机舱盖。
28. 发动机舱盖前缘必须与翼子板前缘对齐,同时其后缘与前围之间保留足够的缝隙,以避免开启时相互干扰。
29. 调整发动机舱盖高度时首先稍微松开铰链与翼子板及前围边缘处的螺栓,然后轻轻盖上发动机舱盖,根据情况将它的后缘抬起或压下,当它的后部与相邻的翼子板和前围高度一致时,慢慢掀开,将螺栓拧紧。
30. 发动机舱盖前后高度调整合适后,必须再对调整限位缓冲块作一次检查。
31. 对于新换装的发动机舱盖,容易出现因边缘弯曲造成高度差。需要调整发动机舱盖的边缘曲线,使其与翼子板边缘高度一致。
32. 扣上发动机舱盖,检查发动机舱盖是否完全锁牢,间隙、高度上是否有较大误差。
33. 车门是车身的一个独立的车身覆盖件,一般是通过铰链安装在车身上。
34. 通常车门由车门壳体、附件和内外装饰件三部分构成。
35. 车门铰链是决定车门与车身间相对位置、控制开闭运动的装置,它由门铰链和销轴构成。
36. 车门铰链有内铰链(又称隐铰链)和外铰链等。
37. 车门开度限位器是车门在任意开度的阻尼和车门开度限位装置。
38. 车门间隙的调整,通常是从后门开始,因为后翼子板是不可调整的,故必须调整后门与这些不可调整的部件之间的间隙和配合。
39. 轿车后门调好后,再调整前门使之与后门和前翼子板相匹配。

40. 车门通过铰链安装在车身上,通常可以进行前、后和上、下的调整以及向内和向外的调整。

41. 不同车型的车门间隙有相应的调整要求,一般轿车前门与前翼子板的间隙为 $a=3\sim4$mm,前后门间隙为 $b=4\sim5$mm,后门与后翼子板的间隙为 $c=3\sim4$mm,如图2-4-1所示。

42. 车门位置调整除了相邻板件的间隙要符合规定值,同时对车门与车身曲线的间隙也有严格要求。

(1)通过铰链调整车门位置。铰链和车门之间是可以进行前后和上下的调整。

图2-4-1 车门间隙的要求
$a=3\sim4$mm;$b=4\sim5$mm;$c=3\sim4$mm

(2)通过锁止楔调整车门位置。车门通过固定在立柱上的锁止楔来实现车门闭合后的锁止,通过锁止楔能够调整车门的内外位置。

43. 汽车内饰件会使用隐藏式螺钉紧固,有时用卡扣连接,切记不可野蛮拆卸。

44. 遮阳板用来遮挡前方和侧方的强光。

45. 在车门内护板与车门内板之间,通常用密封胶粘贴一层塑料膜,它的功能有防尘、隔声、减小振动。

46. 座椅主体由坐垫、靠背、头枕三部分构成。

47. 坐垫和靠背是由螺栓固定连接的,外部装有罩板,罩板主要起装饰作用。

48. 头枕总成是通过支杆插在镶入靠背顶部的导向套内,靠卡簧锁紧。头枕有与座椅一体的,保护头部。

49. 驾驶员座椅往往设有前后、上下、靠背倾角等调整机构。

50. 儿童座椅按适用儿童体重和身高的不同将儿童座椅分为5级。

51. 依照座椅安全带在车上的固定点,分为两点式及三点式座椅安全带。

52. 同时约束乘员的腰部及躯干的三点式座椅安全带应用得很普遍。

## 第三节 汽车玻璃与塑料件的维修

(本节适用于检测维修士)

1. 为了保证汽车玻璃质量,汽车行业将汽车玻璃按照加工工艺分成夹层玻璃、区域钢化玻璃、钢化玻璃、中空安全玻璃和塑玻复合材料五类,其中夹层玻璃安全性能最高。

2. 汽车玻璃使用要求:

(1)加工完毕的成品汽车玻璃,从外观上看应没有明显的气泡和划痕。

(2)前风窗玻璃透光率不得低于70%。

(3)轿车的曲面风窗玻璃要做到弯曲拐角处的平整度要高,不能出现光学上的畸变,从驾驶座上的任何角度观看外面的物体均不变形、不炫目。

3. 汽车上的车窗玻璃有两种形式:固定式玻璃和可移动玻璃。

4. 固定式玻璃包括前风窗、后风窗以及角窗上的固定玻璃。

5. 固定式车窗玻璃有密封条固定的车窗玻璃和胶粘法固定的车窗玻璃两种,现代汽车上大多都采用胶粘法固定的车窗玻璃。

6. 可移动玻璃包括前后车门上的玻璃以及带天窗车型的天窗玻璃。

7. 按玻璃跟升降器的连接方式分为紧固件固定方式和粘接固定方式。

8. 客车的侧窗玻璃还有推拉式的可移动车窗玻璃。

9. 升降器多安装在车门的内板上。

10. 升降器是调节门窗玻璃开度大小的专用部件,其功能是:

(1)保证车门玻璃平衡升降,门窗玻璃能随时并顺利地开启和关闭。

(2)当摇手柄不转动时,玻璃应能停在任意位置上,既不能向下滑,也不能由于汽车的颠簸而上下跳动。

(3)锁上车门后,能防止外人将玻璃降下而进入车内。

11. 玻璃升降器根据操作方式分为手摇式和电动式。

12. 玻璃升降器按结构不同,分为杆式和钢绳式两种。

13. 杆式玻璃升降器又分为X型双臂式、单臂式及车轮拱形位置关系式三种。

14. X型双臂式升降器运动平稳,升程较大,升降速度快,该结构适用于尺寸大而形状不规整的车门玻璃。

15. 电动式玻璃升降器由可逆直流电动机和减速器取代摇手柄,为玻璃升降提供动力。

16. 玻璃升降器电动机电流方向可正反向切换,使电动机轴可正反向旋转。

17. 制动机构的作用是防止玻璃升降器倒转。

18. 车身密封的作用有:

(1)保持车内避风雨、防尘、隔热、隔声。

(2)当车身受到振动与扭曲时,密封条还起到缓冲、吸振、保持玻璃的作用。

(3)对门窗交接的边缘起装饰作用。

19. 车门密封条的基本断面形状有弯曲型、压缩型和复合型三种。

20. 洗车或淋雨后,在乘坐室后排座椅前的地毯下有水,可能是后车门密封条损坏。

21. 车窗玻璃密封条装在玻璃导槽内,起缓冲和弥补导槽制造误差的作用。

22. 移动式车窗玻璃一般采用双面密封。以防止灰尘与雨水进入车内,还能隔声,并可减少脏物挂在车窗玻璃上。

23. 在更换前风窗玻璃时:要先拆除内部或外部的嵌条、A柱内装饰板。

24. 拆卸或安装密封胶固定玻璃时:要戴橡胶手套、戴护目镜、穿工作服。

25. 拆除玻璃黏合剂时,可以使用钢丝绳、加热刀。

26. 安装汽车前后风窗玻璃前,一定要在车窗玻璃和车窗框的中心做标记。

27. 安装密封条固定的车窗玻璃时,为了防止玻璃破裂正确的安装顺序是:

(1)先从玻璃下部的中间部位开始。

(2)然后侧缘,最后是上缘。

(3)两侧要同时进行。

28. 用低压水流检查风窗玻璃是否漏水,正确的检查顺序为:从底部开始,慢慢向上,最后是顶部。

29. 拆卸车门窗玻璃应先使其移动至安装位置,在这个位置下才能够到车窗升降机上的车窗玻璃固定螺钉。

30. 在车窗玻璃完全关闭的状态下按规定力矩拧紧螺钉。

31. 修复车窗玻璃升降机构时,升降机构否灵活的关键是定位。

32. 车身使用的塑料有热塑性塑料、热固性塑料和弹性体三种类型。

33. 塑料部件的损坏通常分为轻度损坏、中度损坏和严重损坏三种类型。

34. 塑料部件轻度和中度损坏通常仅指表面损伤,鉴定损伤情况时通常无须拆卸部件。

35. 塑料部件严重损坏时,大多数情况下不仅部件表面损坏,位于其后的变形元件(聚苯乙烯泡沫塑料、铝合金托架)也可能已损坏,确定整个损伤范围时需要拆卸相关部件。

36.塑料部件的维修方法有成型、焊接和粘接三种。

37.热塑成型方法仅适用于热塑性塑料,适于维修凹痕,裂缝、穿孔或刮痕无法用这种方法进行维修。

38.并非所有类型的塑料都能进行焊接,因此需要识别塑料种类,此外,穿孔维修难度也很大,因此很少采用这种维修方法。

39.粘接法最适于作为维修,黏结剂适用于所有塑料部件。粘接方法也适用于穿孔、刮痕和裂缝。同时,这种维修解决方法修复后强度较高,且具有很好的喷漆附着性。

40.塑料部件严重变形或变形元件损坏时建议不要进行维修,此时应更换部件。

41.塑料部件维修时的安全防护措施:

(1)必须戴上耐化学腐蚀的防护手套(防护指数至少为2)。

(2)必须佩戴密封很严的防护眼镜。

(3)为了保护身体应穿上合身的防护服(工作服)。

(4)避免黏结剂接触到眼睛和皮肤,只有在通风不足的情况下才需要呼吸防护装置。

(5)如果黏结剂接触到眼睛、皮肤,应立即用流水冲洗。必要时去看皮肤科医生。

42.粘接塑料时,用水清洁维修的塑料部件并进行干燥处理,最后用清洁剂和稀释剂对部件进行彻底处理。

43.粘接塑料时,如果损伤部件有一个裂缝,那么必须在裂缝端部钻孔,这样可以避免裂缝继续扩大。

44.粘接塑料时,为了增加维修后部件强度,在裂缝端部处粘接加固条,这样可明显加固薄弱部位。

45.塑料焊接主是采用热空气焊接法,焊接时一般都用热空气焊炬。

46.在塑料焊接前要在焊缝处加工出60°左右的斜槽。通常焊缝的形式有"V"形和"X"形两种。"X"形可用于厚度较大的焊接,缝的角度大些,强度也可提高。

47.塑料焊接时,用夹钳对接缝进行定位固定,用喷嘴将坡口两侧熔化而在坡口底部形成定位焊点,沿着坡口进行定位焊。

48.塑料焊接时,塑料板的焊缝应看出沿接触两侧焊条与板材完全熔合,不应出现棕黄色或皱褶。

49.塑料件焊接前一般要进行焊接性测试,试验位置在塑料件的背面。

## 第四节　车身结构件损伤的维修

(本节适用于检测维修工程师)

1.车辆受到严重撞击后,车身的外覆盖件和结构件钢板都会发生变形。

2. 车身结构件的损伤修理须通过车身校正仪的巨大液压力才能够进行修复操作。
3. 车身校正基本原则：
(1)当碰撞很小、损伤比较简单时，按与碰撞力相反的方向拉伸。
(2)当损伤区域有折皱，或者发生了剧烈碰撞，构件变形比较复杂时。在校正拉伸时，要同时在损坏区域不同的方向上施加拉力。
4. 车身修复对校正设备的基本要求：
(1)配备高精度、全功能的校正工具。
(2)配备多功能的固定器和夹具。
(3)配备多功能、全方位的拉伸装置。
(4)配备精确的三维测量系统。
5. 地框式车身校正系统的优点：
(1)有利于车间面积的充分利用。
(2)适合于小型的车身维修车间使用。
6. L 型车身校正仪适合一些小的碰撞修复，对于复杂的碰撞变形不能进行精确的修复。
7. 平台式车身校正仪是一款通用型的车身校正设备。
(1)可以对各种类型的车身进行校正。
(2)可在绕车身的任何角度、任何高度和任何方向进行拉伸。
8. 整个车身在修理时，要用"从里到外"的顺序完成修理过程。
9. 因为车身尺寸的基准在车身中部，需要先对车身中部进行整修，使中部车身尺寸恢复，以它们为基准再对前部或后部的尺寸进行测量和校正。
10. 拉伸校正的程度是由损伤部件的尺寸决定的。
11. 一个部件在受到碰撞后，可能存在三个方向的变形。则维修时按照首先校正长度，然后校正宽度，最后校正高度的顺序拉伸。
12. 每一个板件的修复需要很多次的拉伸操作，每一次拉伸时，只使受损板件产生少量的变形，然后卸力、测量，检查一下板件变形恢复的程度，还有多少尺寸没有恢复，再重复拉伸、测量、检查的工作过程，直到板件的尺寸恢复到标准尺寸的误差范围内。
13. 车辆固定时要确保主夹具夹钳齿咬合得非常紧固，车辆被牢靠地固定在平台上。
14. 在损伤部位安装夹具，装夹要牢固，检查钳口螺栓是否紧固牢靠。
15. 拉伸链条必须稳固地与钣金夹具连接，为防止在拉伸过程中脱落，用钢丝绳把链条固定在车身的牢固部件上，万一链条断裂，可防止甩出对人员和其他物品产生损伤。
16. 在拉伸时必须使拉力方向的延长线通过夹齿的中间，否则会：夹钳有可能受扭转的力而脱开，会对钳口夹持的部位造成进一步的损伤。
17. 车身辅助固定。向一边拉伸力大时，一定要在相反一侧使用辅助固定，以防将汽车拉离校正台。
18. 在整体式车身损伤较轻的表面可以使用简单的单向拉伸。
19. 在拉伸结构复杂部件的损伤时，一定要注意防止与其关联的那些未损伤的或已修复的部位受到拉伸，以免造成不应有的损伤，为了避免发生这类情况，需要复合拉伸。要求在每次拉伸校正过程中，尽量要找到 2 个或更多的拉伸点和方向。

20. 通过一系列的反复拉伸操作:拉伸→保持平衡(消除应力)→再拉伸→再保持平衡(消除应力)。在这样一个循环往复的操作过程中,车身金属板可以有更多的时间恢复变形,有更多的时间使金属松弛(消除加工硬化的应力),有更多的时间测量检查和调整拉伸校正的进度。

21. 拉伸时,严禁操作人员与链条或拉伸夹钳在一条直线上。

22. 在拉伸开始时,要慢慢地启动液压系统,仔细观察车身损坏部位的移动,是否在正确的方向上变形。如果不是,要检查原因,调整拉伸角度后再开始。

23. 在拉伸到出现一定变形后要停止并保持拉伸拉力,再用锤子不断锤击损伤区域以消除应力,卸载使之松弛,然后再次拉伸并放松应力。

24. 车身部件的拉伸要从靠近汽车中心的部分向外进行,当靠近中部部件的控制点尺寸到位以后,可以用一个辅助固定夹来固定,再拉伸下一段没有完全恢复尺寸的部分。如果对已经拉伸校正好的部位不进行辅助固定,再拉伸下一段时可能影响已修复好的部分。

25. 如果损坏部件的一些部位折皱、折叠得太紧,内部的加工硬化太严重,在拉伸时板件有被撕裂的危险。

(1)如果这些部件在吸能区就不能进行维修了,需要进行更换。

(2)在这些部件拉伸时需要对其加热放松应力。

注意:加热时,只能在棱角处或两层板连接得较紧的地方加热;加热只能作为消除金属应力的一种手段,而不能把它作为软化某一部分的方法;现代车身一般不推荐在高强度板件上用焊炬加热,如果采用加热方式释放应力,加热温度控制在200℃以下。

26. 钢板可以被拉长,但不可能通过推压使其缩短。

27. 防止过度拉伸,过度拉伸唯一的修理方法就是把损坏的板件更换。

28. 为防止产生过度拉伸而损坏整体式车身,在每一次的拉伸校正过程中,要对损伤部位的校正进程进行测量、监控。

29. 结构性板件的更换要求:

(1)修理结构性板件时,当需要切割或分割板件,应完全遵照制造厂的建议。

(2)有些制造厂不允许反复分割结构板件。

(3)有些制造厂只有在遵循它们的正确工艺规程时才同意分割。

(4)所有制造厂家都强调:不要割断可能降低乘客安全性的吸能区域、降低汽车性能的区域或者影响关键尺寸的地方。

30. 整体式车身结构件的截面:

(1)封闭截面构件,例如车门槛板、立柱和车身梁。

(2)开式的或单层搭接连接的组合部件,例如地板和行李舱地板。

31. 结构性板件的分割和更换主要包括下列部件:车门槛板、后围板组件、地板、前纵梁、后纵梁、行李舱地板、B立柱以及A立柱等。

32. 分割结构性板件时,要避开:

(1)构件中一些"孔"。

(2)有内部加强件处,如金属的双层构件。

(3)支承点,如悬架支承点,座椅安全带在地板中的固定点。

(4)防撞挤压区。以回旋状或波状的表面形式,凹痕或陷窝形式,孔或缝的形式。

33. 在维修中需要对前纵梁进行切割时,一定要避开前纵梁防撞挤压区,要按照维修手册中指定的位置,进行切割。

34. 结构件的连接方式:

(1)有插入件的连接方式主要用于封闭截面构件,例如车门槛板、A立柱以及车身梁。

(2)没有插入件的对接,通常又称偏置对接。这种类型的焊接连接用于A立柱、B立柱及前梁。

(3)搭接:搭接用于后梁、地板、行李舱地板及B立柱。

35. 根据被分割构件的形状和结构,采用组合的连接类型。例如,分割立柱,可能要求在外件上用偏置对接连接,而在内件上用搭接连接。

36. 严重受损车身的维修首先要根据测量和损坏分析的结果来制定精确的碰撞修理程序(工艺),然后按照已定好的程序完成车身修理操作:

(1)拆卸妨碍校正零件。

(2)事故车在平台上的定位。

(3)继续拆除妨碍测量和拉伸的零件。

(4)通过拉伸恢复损伤零件的标准尺寸,在拉伸的过程中要不断地测量。

(5)通过车身结构尺寸的测量,来检验结构件的校正是否到位。

(6)通过装配情况检验车身覆盖件是否安装到位。

(7)通过测量和外观检测调整好板件以后,焊接更换的结构件。

# 考试模拟题

## 一、是非判断题

1. 能够采用敲打修复工艺的就尽可能不用其他的维修方式。　　　　　　　　(√)
2. 维修车身板件时,为了保证维修效果,加热点和拉拔点、焊接点要尽可能多些。(×)
3. 汽车内饰件会使用隐藏式螺钉紧固,有时用卡扣连接,切记不可野蛮拆卸。　(√)
4. 杂物箱一般跟仪表台一体制作,不能单独拆卸。　　　　　　　　　　　　(×)
5. 安装汽车前后风窗玻璃前,一定要在车窗玻璃和车窗框的中心做标记。　　(√)
6. 所有损坏的塑料件都可以维修后再继续使用。　　　　　　　　　　　　　(×)
7. 维修严重损伤的车身时,应该先维修车身中部,中部车身尺寸恢复后再维修其他部位。　　　　　　　　　　　　　　　　　　　　　　　　　　　　　　　(√)
8. 切割车身结构性板件时,要在便于工作的位置进行切割。　　　　　　　　(×)

## 二、单项选择题

1. 在维修车身铝合金件时,不能使用的工具是(C)。
   A. 橡胶　　　　B. 塑料　　　　C. 钢铁　　　　D. 木质
2. 在更换非结构性的外部板件时,要采用的拆卸方式是(A)。
   A. 切割　　　　B. 焊接　　　　C. 敲打　　　　D. 拧松
3. 决定车门与车身间相对位置、控制开闭运动的装置是(D)。
   A. 车门锁　　　B. 车门外拉手　C. 车门内拉手　D. 车门铰链
4. 车门间隙的调整,通常开始于(C)。
   A. 前门　　　　B. 前翼子板　　C. 后门　　　　D. 后翼子板
5. 现代轿车上的前风窗玻璃多采用的安装形式为(A)。
   A. 胶粘固定　　B. 密封条固定　C. 螺栓固定　　D. 卡扣固定
6. 最适于维修车身塑料件,适用于塑料的穿孔、刮痕和裂缝。同时,这种维修解决方法修复后强度较高,且具有很好的喷漆附着性,它是(A)。
   A. 粘接法　　　B. 焊接法　　　C. 铆接法　　　D. 铸造法
7. 在拉伸校正车身时,拉伸到出现一定变形后要停止并保持拉伸拉力,再用锤子不断锤击损伤区域,以消除(A)。
   A. 应力　　　　B. 褶皱　　　　C. 拉力　　　　D. 损伤
8. 维修车身结构件中有插入件的连接方式,例如车门槛板、A立柱以及车身梁。用于构件的结构形式是(D)。
   A. 搭接　　　　B. 对接　　　　C. 开式　　　　D. 封闭

## 三、多项选择题

1. 车身钢板收缩分为(CD)。
   A. 手动收缩　　B. 设备收缩　　C. 加热收缩　　D. 常温收缩
2. 使用外形修复机向车身焊接垫圈时,焊接不牢固,可能是因为(BCD)。
   A. 板件薄　　　B. 垫圈不干净　C. 板件不干净　D. 电流太小
3. 按保险杠在车身上安装情况,保险杠分为(CD)。
   A. 吸能式　　　B. 普通式　　　C. 外置式　　　D. 内置式
4. 儿童座椅按适用儿童的不同指标分为5级,它们是(CD)。
   A. 性别　　　　B. 年龄　　　　C. 体重　　　　D. 身高
5. 对于轿车玻璃使用要求描述正确的有(ABCD)。
   A. 加工完毕的成品汽车玻璃,从外观上看应没有明显的气泡和划痕
   B. 前风窗玻璃透光率不得低于70%
   C. 轿车的曲面风窗玻璃要做到弯曲拐角处的平整度要高,不能出现光学上的畸变
   D. 从驾驶员座上的任何角度观看外面的物体均不变形、不炫目
6. 塑料部件的维修方法有(ABC)。
   A. 热塑成型　　B. 焊接　　　　C. 粘接　　　　D. 拔缘

7. 车身修复对校正设备的基本要求有(ABCD)。
   A. 配备高精度、全功能的校正工具
   B. 配备多功能的固定器和夹具
   C. 配备多功能、全方位的拉伸装置
   D. 配备精确的三维测量系统
8. 整体式车身结构件的截面有(CD)。
   A. 三角形截面　　B. 圆形截面　　C. 开式截面　　D. 封闭截面

# 第二部分 机动车涂装维修

1. 涂装是将涂料涂覆于经处理后的被涂物表面上,再经干燥成膜的工艺过程。
2. 按涂装对象不同,车身涂装分为生产线涂装(原厂涂装)和维修涂装。
3. 汽车维修涂装过程按施工的顺序可分为受损板件前处理、中间涂层的施工、面漆的调色和面漆的喷涂等几个工序。
4. 受损板件前处理包括除油和除尘、涂膜损伤的评估、旧涂膜的处理、金属板件的防腐蚀等工序。
5. 中间涂层施工包括腻子的施工和中涂底漆施工,中涂底漆是必须进行的操作,而腻子施工则不一定需要。
6. 面漆调色需要根据受损车身涂膜的类型和颜色,调配出涂料供喷涂使用。
7. 面漆喷涂根据维修情况进行局部修补喷涂、整板喷涂或整车喷涂。

# 第五章 车身涂膜损伤的前处理

(本章适用于检测维修士)

## 第一节 汽车涂料与涂膜

1. 涂料是指涂于物体表面,能形成具有保护、装饰、或特殊功能(如绝缘、导电、示温、隐身等)的固态涂膜的一类液体或固体材料的总称。

2. 通常涂料由成膜物质、颜料、溶剂和添加剂组成。

3. 树脂是成膜物质的一种,车身涂料的成膜物质是各种不同的树脂。

4. 涂料中可能没有颜料(清漆),可能没有溶剂(粉末涂料)和添加剂,但是不能没有成膜物质。

5. 涂料的性能是由成膜物质决定的。

6. 多数树脂常温下是固态的。

7. 在涂料的组成中,没有颜料或体质颜料的透明体,称为清漆。

8. 加有颜料或体质颜料的有色或不透明体,称为色漆。

9. 加有大量体质颜料的稠厚浆状体,称为腻子。

10. 溶剂是涂料中的"挥发"成分,它的主要功能是能够充分溶解涂料中的树脂,使涂料呈液态。

11. 涂料在成膜后,涂层完全没有溶剂和稀释剂。

12. 选择溶剂时,首先要考虑的基本因素为溶解力、挥发速率。

13. 溶剂的挥发速率是影响涂料质量重要性能。

14. 粉末涂料无溶剂。

15. 水性漆用水作为溶剂。

16. 对涂料生产过程发生作用的添加剂,如消泡剂、润湿剂、分散剂、引发剂。

17. 对涂料储存过程中发生作用的添加剂,如防沉淀剂。

18. 在涂料施工成膜过程中发挥作用的添加剂,如催干剂、流平剂、表面控制剂、静电调节剂。

19. 对涂膜性能产生影响的添加剂,如增塑剂、消光剂、防静电剂、光稳定剂、抗划伤剂。

20. 涂料产品的分类是以涂料的基料中主要成膜物质为基础。

21. 我国涂料产品按成膜物质的不同共分成 17 大类。

22. 若成膜物质为多种树脂,则以在涂膜中起主要作用的一种树脂为基础。

23. 涂料的名称由三部分组成:颜色或颜料的名称、成膜物质的名称、基本名称。

24. 涂料的代号用于区别具体涂料品种,它位于涂料名称之前。

25. 涂料的代号由一个汉语拼音字母和几个阿拉伯数字组成,拼音字母表示涂料类别(成膜物质)。

26. 涂料的物理成膜(热塑型):靠溶剂挥发而干燥成膜,成膜前后涂料分子结构不发生变化。

27. 涂料的化学成膜(热固型):除非向涂料施加能引起化学反应的要素,否则涂料不会开始固化。

28. 能引起化学反应的要素包括热、光、氧、水及固化剂等。

29. 形成的涂膜不能再被溶剂溶解或受热熔化,涂膜力学性能好、光泽高、耐候性好。

30. 决定涂膜性能好坏的是成膜物质(树脂)的类型。涂膜性能好坏是由形成涂膜的分子结构决定的。

31. 反应型涂料形成的涂膜质量要优于物理成膜涂料。

32. 1K 涂料又称单组分涂料,是指涂料中的树脂分子能够独立成膜,不用跟其他组分发生反应。

33. 汽车涂料中的1K的中涂底漆、双工序面漆中的底色漆、生产线使用的清漆(高温固化)等属于1K涂料。

34. 2K涂料又称双组分涂料,是指涂料中的树脂分子不能独立成膜,需要跟其他组分发生化学反应。

35. 汽车修补用的清漆、腻子、2K中涂底漆等属于与固化剂反应成膜的2K涂料。

36. 高温涂料与低温涂料主要是指车身涂膜最外层具有保护作用的面漆。

37. 高温涂料属于加热聚合型,当这种涂料加热至一定温度(一般在120℃以上),树脂便发生化学反应,涂料固化。

38. 低温涂料属于双组分聚合型,在这种涂料中主要成分与固化剂混合,产生化学反应,涂料固化。

39. 维修涂装过程所用的原材料基本上为双组分的(现用现配,使用时间有严格的限制)化学反应型涂料,采用室温固化或烘烤强制固化工艺。

40. 随着人们环保意识的加强和法规的约束,汽车涂料制造商不断开发出环保性更好的涂料,汽车涂料中的环保涂料主要有:粉末涂料、水性涂料、高固体分涂料。

41. 为了减小涂料中的挥发成分对人体和环境的危害,在维修涂装中高固体分涂料应用越来越广泛。

42. 为适应市场竞争的需要,各汽车制造厂都在努力提高涂层质量,加上其他措施,以确保汽车整车使用10年,汽车车身的使用寿命达20年或行程30万km以上不产生结构损坏的锈蚀。

43. 原厂涂膜抗刮、抗磨等力学性能好,光泽均匀。
(1) 一般单工序的面漆从金属表面到最外层的总膜厚为 90~115μm。
(2) 双工序的面漆从金属表面到最外层的总膜厚为 95~135μm。

44. 维修涂膜是指钣金修复的表面,经涂装修复后要达到与原厂性能相近的涂膜。
(1) 通常情况下,维修后漆膜厚度为150μm左右。
(2) 实际情况跟维修材料和维修技师的技术水平有直接关系。

45. 修补涂膜的厚度不均匀,原厂涂膜的厚度较为均匀。

46. 面漆涂膜按颜色不同分为素色和金属色。

47. 面漆涂膜按施工工艺不同,面漆涂膜常见的有单工序面漆、双工序面漆和三工序面漆,双工序和三工序常被称为多工序。

48. 金属色面漆都是按多工序施工的。

49. 单工序面漆是指只施工一次即可获得同时具有颜色和光泽的涂膜。

50. 维修用单工序面漆使用的涂料属于双组分涂料。

51. 单工序面漆中一般没有金属颗粒,只有红、白、黑等等非金属颜料。

52. 双工序是指面漆需要分两次施工来获得。
(1) 第一次要喷涂底色漆,底色漆为素色、金属色或珍珠色,干燥以后只能提供遮盖力,展现出涂膜的颜色。
(2) 第二次要喷涂罩光清漆,清漆层具有光泽度、抗机械损伤等性能。

53. 底色漆层和清漆层合起来构成面漆层,现代轿车涂膜绝大多数都采用双工序的面漆。

54. 双工序面漆中既有金属色的,也有红、白、黑等素色的。

55. 三工序面漆要分三次施工才能获得,珍珠漆多为三工序。

(1) 施工时第一次要喷涂没有金属颗粒的素色底色漆。

(2) 第二次喷涂珍珠层。

(3) 第三次喷涂清漆层。

56. 珍珠层的喷涂方法要求严格,否则会影响涂膜的颜色。

57. 轿车车身涂膜属于装饰保护性涂层。

58. 车身涂膜外观装饰性指标:外观质量、光泽、鲜映性、色差。

59. 涂膜机械强度评价指标:冲击强度、附着力、弹性、硬度。

## 第二节　车身涂膜损伤的评估

1. 涂膜损伤评估的内容包括:鉴别涂膜类型、涂膜损伤的程度、涂膜损伤的范围、制定不同损伤的维修工艺。

2. 鉴别涂膜工艺类型目的:按原工艺进行维修、便于确定维修价格、选择对应类型的涂料、保证维修质量。

3. 在进行车身损伤评估前,要将车身清洗干净。脏污的车身不便于准确评估损伤,会造成评估不准确,甚至遗漏。

4. 涂膜工艺类型的鉴别方法采用观察法或打磨法。

5. 单工序面漆中一般没有金属颗粒,涂膜外观看上去没有金属闪烁感,同时,由于面漆之上没有清漆层,立体感不强。

6. 双工序面漆由底色漆和清漆层组成,立体感强。

7. 单工序面漆基本为素色,素色面漆不一定都是单工序面漆。

8. 双工序面漆的颜色既有素色也有金属色,金属色面漆一定是多工序的。

9. 要想准确判断面漆涂膜的工艺类型,采用打磨法是比较准确的。

10. 用打磨法判断面漆涂膜的工艺类型时,要选用 P1500 砂纸进行打磨。

11. 用打磨法判断面漆涂膜的工艺类型时,打磨的位置要在较为隐蔽的车身涂层的位置(比如车门、加油口盖、行李舱盖等处的内侧)或待维修的损伤部位。

12. 用打磨法判断面漆涂膜的工艺类型时,打磨时一定要加水湿磨,磨掉的清漆就不会显示颜色。

13. 用打磨法判断面漆涂膜的工艺类型时,打磨后砂纸上附着的颜色跟车身颜色相同时,说明面漆是单工序的。

14. 用打磨法判断面漆涂膜的工艺类型时,无论车身是何种颜色,打磨后砂纸上没有颜色,说明面漆是双工序的,因为打磨下来的是清漆层。

15. 观察法评估涂膜损伤程度和范围时,目光与板件的角度要调整合适,一般都采用逆光、侧向观察,尽可能避免垂直观看。

16. 观察法多用于维修前车身损伤鉴定和维修后竣工质量检查。

17. 观察法判定某个车身区域是否被修补过:

(1)修补过的区域颜色与相邻其他部位是否有差异,浅色的金属面漆维修后经常会有颜色差异现象。

(2)由于工艺、材料、施工环境等因素影响,修补过的漆面上不可避免地会有灰尘颗粒、砂纸打磨痕迹、纹理不均匀、光泽不均匀等小缺陷,甚至还会有流挂、失光等较为严重的涂膜缺陷。

(3)如果与某车身板件相邻的零件上有油漆痕迹,也说明该板件经过维修,例如当与前翼子板相邻的前照灯、前门、发动机舱盖、前保险杠蒙皮的边缘,甚至前减振器弹簧上有油漆痕迹,则说明该前翼子板经过维修。

18. 为了更准确地判断损伤部位,可以采用触摸法进行评估,操作时要:

(1)手掌要平放在板件上,微微用力下压。

(2)按手指的方向移动。

(3)手掌移动范围要覆盖整个板件。

(4)在手掌下垫块毛巾或者戴上线手套,手感会更明显。

19. 触摸法多用于施工过程中的质量检查,因为板件表面经过敲打、砂纸打磨变得不平整,不利于观察。

20. 判别板件变形损伤的最直观、准确的方法是尺子评估,尺子有直尺,还有钣金专业车身外形尺。

21. 将一把车身外形尺放在车身没有被损坏的区域上,检查该部位车身的外形,然后将车身外形尺放在损坏的车身板件上,评估被损坏的和未被损坏的车身板之间的间隙相差多少,来判断损伤的情况。

22. 在涂装维修实际工作中,通常是根据工作的需要各种检查方法综合运用,以获得准确的结果。

23. 涂膜表面上有划痕、污染物、重新喷涂的流挂、橘皮等缺陷,但是板件无变形,采用的维修工艺是:先将缺陷打磨掉,对裸金属进行防锈处理,然后喷涂中涂底漆,再喷涂面漆。

24. 若板件变形较浅(在5mm内),则先将缺陷部位涂层处理掉,对裸金属进行防锈处理,腻子施工,然后中涂底漆施工,再喷涂面漆。

25. 若板件变形较深(超过5mm),则先进行钣金处理,然后将缺陷部位涂层处理掉,对裸金属进行防锈处理,腻子施工,然后中涂底漆施工,再喷涂面漆。

26. 板件有变形时的维修工艺与板件无变形相比,要增加腻子施工。

27. 维修车身损伤的涂膜时,腻子施工并非是必不可少的一步工艺。

28. 当板件变形较轻微时,如果在腻子能够填充的厚度内,可以不需要钣金敲打维修,直接刮涂腻子即可。

## 第三节　旧涂膜的处理

1.打磨工艺是汽车涂层修补中必不可少的工序,在整个汽车维修涂装过程中,绝大部分的时间都是用来打磨的,并且打磨质量的好坏直接影响后续工作。

2.车身涂装修补工艺步骤:清除旧涂层研磨→裸露金属的防锈处理→上原子灰及研磨→喷中途底漆及研磨→喷面漆及干燥→漆面抛光处理。

(1)若以人工用水和水砂纸为主进行的打磨,就是"手工水磨"。

(2)若以干磨砂纸或砂布进行的打磨,就是干磨。

(3)按照车身涂膜标准维修工艺要求,不能采用水磨工艺。

(4)传统的水磨工艺工人劳动强度非常大,它的弊端还有经常出现质量问题、污染环境。

3.由于磨削工作区温度高、压力大,所以要求制造砂纸的磨料要有:

(1)高温条件下的高硬度、高强度。

(2)高温下不发生反应和分解。

(3)不与工件发生化学反应等。

4.制造砂纸的磨料根据原料可分为氧化铝(刚玉)、金刚砂(碳化硅)和锆铝三种。

(1)氧化铝(刚玉)磨料。氧化铝磨料是一种非常坚韧的磨料,根据磨料的粒度不同可制成用于除锈、清除旧涂层、打磨腻子层、打磨新旧涂层的砂纸。氧化铝磨料硬度高、耐久性好,使用寿命长且不易在底层材料上产生较深的划痕,使用较广泛。

(2)金刚砂(碳化硅)磨料。金刚砂是一种非常锐利、穿透力极高的磨料,呈黑色,通常用于汽车旧漆面的砂磨,以及抛光前对涂膜的砂磨。

(3)锆铝磨料。锆铝具有独特的自磨刃性,在打磨操作过程中其自身不断地提供新的刀刃以提高工作效率和降低劳动力。一般磨料在较硬的原厂清漆层上打磨会使涂层产生热量,被打磨的材料也会迅速变软并堆积在砂纸面的磨料上而降低打磨效率,而锆铝的自磨刃特性和工作时产生热量少的特性大大减少了打磨阻力,减少了材料消耗,提高了工效率和涂层质量。

5.为了避免磨料与工件发生反应,金刚砂(碳化硅)磨料不能磨削钢材,氧化铝(刚玉)磨料不适于磨削玻璃、陶瓷等硅酸盐材料。

6.磨料的粒度决定了加工的精度和效率,是磨料的最基本指标,粒度数值越小磨料颗粒越大。

7.磨料的粒度越大砂纸越粗,号数越小,适合进行初始粗打磨,主要用来处理缺陷、打磨形状等。

8.磨料的粒度越小砂纸越细,号数越大,适合进行精细打磨,主要用来作喷涂前修整和喷涂后涂层缺陷的处理。

9.根据磨料在底板上的疏密分布情况可分为密砂纸和疏砂纸两种:

(1) 密砂纸上的磨料几乎完全粘满磨料面(水磨砂纸)。

(2) 疏砂纸的磨料只占磨料面积的 50% ~ 70%(干磨砂纸),打磨时两次打磨砂纸号数跨度不能超过 100 号。

10. 水砂纸曾经是汽车修理厂最常用的砂纸之一,因其属于密砂纸,打磨时必须边打磨边用水将打磨下来的物质用水冲掉。

11. 对于废弃的旧砂纸不要随手乱扔,要统一放置于规定处,便于回收处理。

12. 干磨砂纸属于疏砂纸,是现今维修行业的主流,干磨砂纸的类型多种多样,有带孔普通干磨砂纸,有干磨砂网,有手工打磨用三维打磨材料(菜瓜布),有圆形,有方形等。

13. 无论是使用水砂纸还是干磨砂纸进行打磨操作时,尽量不要直接用手握砂纸直接打磨,会使打磨的质量无法保证。与砂纸配套的打磨垫是用砂纸打磨工件操作中比必不可少的工具。

14. 汽车涂装用打磨机多采用压缩空气作为动力源,带动砂纸等研磨工具,对工件需要修整部位进行研磨操作。

(1) 按动力源分为电动式和气动式。气动打磨机安全性好,使用寿命长,易维修,但对气源的要求较高;电动打磨机动力源容易满足,但存在安全隐患,维修要求高,使用寿命也比气动打磨机短。

(2) 按磨头的运动轨迹可以分为旋转式、轨道式和偏心振动式,偏心振动式偏心幅度有大小。

(3) 按磨头形状来分有方头打磨机和圆头打磨机等。

15. 汽车维修涂装中打磨使用的大部分是气动偏心振动式打磨机。

16. 偏心振动式打磨机的偏心距有大小之分,不同偏心型号的磨头与砂纸配套情况,以及适应的不同打磨要求见表 2-5-1。

打磨机与砂纸配套适合不同的打磨作业　　　　表 2-5-1

| 打磨要求 | 预磨 | 粗磨 | 中级磨 | 细磨 | 精细打磨 | 超精细打磨 |
|---|---|---|---|---|---|---|
| 打磨过程 | 打磨损毁部位、打磨焊缝 | 打磨损毁部位、粗磨原子灰 | 中级磨原子灰、打磨底涂层 | 细磨中涂层 | 喷面漆前精细打磨中涂层、打磨原有涂膜 | 打磨细小缺陷、驳口处理等 |
| 砂纸型号 | P24 ~ P80 | P80 ~ P180 | P180 ~ P240 | P240 ~ P360 | P320 ~ P500 | P1500 ~ P3000 |
| 磨头型号 | 7mm | 7mm、5mm | 5mm | 3mm | 3mm | 2 ~ 2.5mm |

17. 打磨机振动幅度大(偏心 7mm),需要配套使用粗(P240 以下)砂纸,研磨速度快。例如:进行损伤部位处理、粗磨原子灰等粗打磨操作,选用 P60 ~ P120 砂纸,7mm 打磨机。

18. 打磨机振动幅度小(偏心 3mm),需要配套使用细(P240 以上)砂纸,研磨表面光滑。例如:打磨橘皮、轻微划痕、流挂等涂膜表面缺陷,选用 P240 砂纸,3mm 打磨机(有时为了提高工作效率开始打磨时也可用 7mm 打磨机)。

19. 在将砂纸粘到打磨机上时,一定要保证砂纸上的圆孔与打磨机上的孔相吻合,确保吸尘效果良好。同时,砂纸应完全覆盖磨垫,绝对避免不装砂纸打磨或装上砂纸后磨垫没有被完全覆盖的情况。

20. 在进行中途底漆打磨等后续较细研磨时,特别是打磨板件的棱线和边角位置时,通常在打磨机与砂纸之间安装软垫。

21. 打磨时,将打磨机平放在需要打磨的表面部位打磨,尽量避免倾斜打磨,避免让磨垫的边沿碰触立面。对于圆形打磨机,让打磨机平缓地移动即可,不必要频繁地快速移动打磨机,也不需要使用大力压住打磨机打磨。

22. 清洁、除油操作伴随着整个涂装施工流程。

23. 除油要根据板件材质和所喷涂料类型选择专用的除油剂。

24. 在擦拭除油的时候擦拭纸要及时更换,防止擦拭下来的油污再次污染板件其他部位。

25. 板件表面无变形时旧涂膜的打磨目的:
(1)打磨掉影响涂膜外观的划痕、流挂、橘皮、颗粒等缺陷。
(2)增加后续涂膜的附着力,为喷涂底漆或面漆做准备。

26. 板件表面无变形时,打磨旧涂膜方法:
(1)首先要选用 P240 砂纸配套 3mm 打磨机,将缺陷部位打磨平整。
(2)再用 P320 砂纸扩大范围,打磨需要喷涂中涂底漆的部位。
(3)打磨完成后,划痕全部磨平,打磨部位光滑平整,无明显的砂纸痕迹,打磨的断层部位过渡平滑。

27. 在打磨流挂、橘皮、颗粒等缺陷时,尽可能不要将面漆层磨穿,只要将缺陷部位处理平滑即可。

28. 板件表面有变形时旧涂膜的打磨目的:
(1)处理掉损伤的旧涂膜。
(2)为了增加后续涂膜附着力,为刮腻子做准备。

29. 板件表面有变形时,打磨旧涂膜方法:
(1)首先要选用 7 号打磨机配 P60~P120 砂纸,将缺陷部位的涂膜打磨干净,漏出钢板。
(2)再用 P180~P240 砂纸扩大范围打磨,消除前一次打磨的砂纸痕。
(3)打磨完成后,要求涂膜有损伤的部位处理到金属,打磨部位光滑平整,无明显的砂纸痕迹,打磨的断层部位过渡平滑,做好羽状边。

30. 当板件锈蚀严重、用砂纸已经无法彻底打磨掉时,要使用角向磨光机配钢丝轮进行打磨。

31. 金属腐蚀的类型有:化学腐蚀、电化学腐蚀,大多数属于电化学腐蚀。

32. 汽车车身被腐蚀破坏主要是汽车车身涂层损坏和外部环境的危害两个方面,涂层剥落后,车身金属外露,不良涂装造成的局部腐蚀。

33. 无论是原厂涂装,还是维修涂装,防腐蚀都是重要环节。

34. 维修涂装中,旧涂膜经过处理后往往会漏出金属,为了达到耐久的抗腐蚀性,常用环氧底漆或磷化底漆对裸露金属部位进行防锈处理。

35. 防锈底漆一般采用喷涂方法施工,为了提高效率,防锈底漆采用刷涂法也可以达到防腐蚀的目的。

36. 对于防锈处理有时在旧涂膜处理完成后进行,还可以在腻子施工完成后进行,何时施工取决于使用的腻子是否适于应用在裸金属上。

37. 金属防腐蚀的方法：改变腐蚀环境、电化学防腐、涂层保护防腐蚀。
38. 涂层保护防腐蚀一般有金属保护层、非金属保护层、涂料保护层几种。
39. 电泳涂装是原厂车身进行的防止腐蚀工艺。根据被涂物的极性和电泳漆的种类，电泳漆可分为阳极电泳（被涂物是阳极，涂料是阴离子型）和阴极电泳（被涂物是阴极，涂料是阳离子型）两种涂装方法。用于汽车涂装厂的基本上都是阴极电泳。

# 考试模拟题

## 一、是非判断题

1. 涂料的性能是由成膜物质决定的。　　　　　　　　　　　　　　　　　　　　（ √ ）
2. 树脂常温下是液态的，只有受热才能固化。　　　　　　　　　　　　　　　　（ × ）
3. 双工序面漆中既有金属色的，也有红、白、黑等素色的。　　　　　　　　　　（ √ ）
4. 在一辆黄色车身涂膜上打磨后，砂纸上附着的打磨物一定是黄色的。　　　　　（ × ）
5. 打磨工作是整个涂装中最耗费时间的。　　　　　　　　　　　　　　　　　　（ √ ）
6. 根据磨料在底板上疏密分布不同，干磨砂纸属于密砂纸一类。　　　　　　　　（ × ）

## 二、单项选择题

1. 单工序面漆使用的涂料属于( C )。
   A. 单组分涂料　　B. 金属色涂料　　C. 双组分涂料　　D. 清漆
2. 金属色面漆采用的施工工艺一定是( B )。
   A. 单工序　　　　　　　　　　　　B. 多工序
   C. 色漆与清漆混合喷涂　　　　　　D. 先喷清漆再喷色漆
3. 今有一辆红色轿车，打磨涂膜表面后砂纸上无打磨颜色，则该涂膜是( B )。
   A. 单工序涂膜　B. 双工序涂膜　　C. 金属色涂膜　　D. 素色涂膜
4. 腻子施工过程中检查是否平整常用的方法是( C )。
   A. 直尺评估　　B. 观察法评估　　C. 触摸法评估　　D. 经验法评估
5. 汽车修补涂装中常用的打磨机为( C )。
   A. 电动旋转式　B. 电动振动式　　C. 气动偏心振动式　D. 气动旋转式
6. 用偏心振动式打磨机操作时不能( D )。
   A. 轻轻按压打磨机　　　　　　　　B. 先启动打磨机，再打磨
   C. 将打磨机放平打磨　　　　　　　D. 打磨机与研磨表面保持一定角度

## 三、多项选择题

1. 下列汽车涂料中属于1K涂料的是( ABC )。

A. 双工序面漆中的底色漆　　　　　　B. 风干型中涂底漆
　　C. 生产线使用的清漆(高温固化)　　　D. 维修涂装用清漆
2. 涂料在成膜后挥发的成分是(CD)。
　　A. 树脂　　　　　B. 颜料　　　　　C. 溶剂　　　　　D. 稀释剂
3. 鉴别涂层工艺类型的目的是(ABCD)。
　　A. 按原工艺进行维修　　　　　　　　B. 便于确定维修价格
　　C. 选择对应类型的涂料　　　　　　　D. 保证维修质量
4. 下列现象说明车身板件曾经被修补过的是(ABCD)。
　　A. 颜色与其他部位会有差异　　　　　B. 漆面上有灰尘颗粒
　　C. 漆面上有砂纸痕　　　　　　　　　D. 与板件相邻的饰条伤有油漆痕迹
5. 传统的水磨工艺工人劳动强度非常大,它的弊端有(BC)。
　　A. 设备简单　　　　　　　　　　　　B. 经常出现质量问题
　　C. 污染环境　　　　　　　　　　　　D. 灵活性强
6. 制造砂纸的磨料根据原料可分为(ABD)。
　　A. 氧化铝(刚玉)　　　　　　　　　　B. 金刚砂(碳化硅)
　　C. 合金钢　　　　　　　　　　　　　D. 锆铝

# 第六章 中间涂层的施工

（本章适用于检测维修士）

1. 中间涂层是介于底漆和面漆之间的涂层，所用的涂料称为中间层涂料，简称中涂。
2. 中间涂层的主要功用是提高板件的平整度和光滑度，封闭底材的缺陷，以提高面漆层的鲜映性和丰满度，提高装饰性。
3. 汽车维修涂装中常用的腻子、中涂底漆等都属于中间涂层。

## 第一节　腻子的施工

1. 腻子（也称补土）是汽车车身维修中必不可少的一种填充材料。
2. 腻子主要是用来填充钣金修复后板材上的小缺陷，使板件恢复原来的外形。
3. 腻子是与防锈底漆或中涂底漆有良好附着的中间层涂装辅料。
4. 腻子是含有大量体质颜料的一类涂料，按成膜物质的不同，汽车涂装维修常用的腻子有不饱和聚酯腻子（钣金腻子和原子灰）、硝基腻子（填眼灰）和环氧腻子等。它们的用途见表2-6-1。

不同腻子的用途　　　　　表2-6-1

| 腻子种类 | 不饱和聚酯腻子 | | 硝基腻子 | 环氧腻子 |
| --- | --- | --- | --- | --- |
| | 钣金腻子 | 原子灰 | | |
| 腻子用途 | 厚涂基础用 | 薄涂修饰用 | 极细修整用 | 塑料件专用 |

5. 钣金腻子可以填充较深的凹陷，韧性好，但是打磨施工困难。
6. 原子灰可填充的凹陷深度较钣金腻子浅，不易产生气孔，便于刮涂和打磨。
7. 实际工作中，钣金腻子常用来首次粗修补，原子灰用作薄补或表面修整。
8. 用腻子填补超过10mm的凹陷时，最好先刮钣金腻子再刮原子灰。
9. 每种腻子刮涂时，要分多次刮涂平整，不可一次刮涂过厚。
10. 硝基腻子又称填眼灰，属于单组分，不可厚补。主要用于快速填补钣金腻子、原子灰研磨后出现的小针孔，有时也用于中途底漆喷涂后，表面的砂纸痕和针孔的修补。
11. 有时在不饱和聚酯腻子中加入纤维物质制成纤维腻子，可以直接填充直径小于

50mm 的孔洞或裂痕,或者用于比较深的金属凹陷部位填补效果非常良好。但是表面平整度差,需要用原子灰进行填平。

12. 环氧腻子是专门用来修补车身塑料件的填充材料。

13. 常用刮腻子工具。根据制作材料的不同,维修中常用的刮刀有钢片刮刀、橡胶刮刀和塑料刮刀。

14. 钢片刮刀。由木柄和刀板构成,刀板用弹性较好的钢片制作,刃口应平直。是腻子刮涂最常用的工具,还可以剔除转角、夹缝中的异物使用。

15. 橡胶刮刀。采用耐油、耐溶剂的橡胶板制成,外形尺寸和形状根据需要确定。橡胶刮刀有很好的弹性,对于刮涂形状复杂面非常适用,尤其是圆角、沟槽等处特别适用。

16. 塑料刮刀。用于在损伤的铝合金车身板件上刮涂腻子,可避免金属刮板对车身铝合金件的损伤。

17. 调和腻子时要注意的是腻子的用量宜少不宜多,避免不必要的浪费。即使损伤面积大,需要腻子量多,最好分多次施工也不要一次调和过多。

18. 原子灰与固化刘的混合比例一般是以 100∶2~100∶3(质量比)混合,使用时,固化剂太少会引起干燥慢、附着力差。

19. 腻子罐每次用后必须盖好,以防混入杂物,同时避免溶剂蒸发。腻子混合固化剂后在短时间内会固化,要在其活化期(未发生固化)内用完。

20. 混合腻子与固化剂时要求:速度要快、混合均匀、混合后摊开放置(混合后内部发热反应更快)。

21. 平面涂刮第一遍腻子时,刮刀角度要大些。需要均匀用力下压,将腻子刮实。尤其是变形的最低点,或者变形严重的拐角等处,最好先用少量腻子填补平滑。

22. 在平面上再次填补腻子时,刮刀角度变小。用力均匀不要过大,一次性刮涂,不要中间停顿。注意不要混入空气,以免造成针孔。

23. 要将腻子刮薄、刮实,刮刀与板件之间的角度要大些(接近垂直),用力大些。

24. 要将腻子刮厚、填平,刮刀与板件之间的角度要小些(35°~45°),用力小些。

25. 刮腻子时的注意事项:
(1)被刮涂表面必须干净,并经过打磨处理。
(2)应在一两个来回中刮平,手法要快要稳,且不可来回拖拉。
(3)刮涂时四周的残余腻子要及时收刮干净。
(4)如果需刮涂的腻子层较厚,要多层刮涂。
(5)腻子应该涂刮在羽状边范围内。

26. 腻子刮涂质量要求:
(1)表面光滑,能将所有缺陷填实,表面上没有沟痕及杂物,不得有未填补部位。
(2)两次刮涂的腻子之间的交接处要平整,不能有明显的屋脊状。
(3)腻子的整体呈球面状,边缘与旧涂层过渡平滑。
(4)棱线要笔直,曲面要圆滑,能基本恢复原车身板件原来的形状。

27. 腻子一般在刮涂以后,在 20℃ 的车间里,20~30min 完全干燥即可打磨。温度低或湿度高会降低腻子固化反应速度。

28. 用红外线烤灯对腻子进行烘烤干燥,使腻子干燥更快。

29. 腻子需要在完全干燥后才能打磨,检查方法为:用砂纸打磨腻子表面,砂纸上的腻子能被吹掉。

30. 按技术要求,原子灰打磨只能干磨不能水磨。

31. 水磨腻子时,残留水分导致的病态有起泡、底材锈蚀、剥落。

32. 在打磨腻子前,先在腻子表面涂上一层炭粉作为打磨指导层。打磨过程中可以通过观察炭粉的残留部位确定打磨的程度,如果某处还残留有黑色的炭粉,说明此处表面过低,需要继续打磨其他部位,或者在该部位继续刮涂腻子来填平。

33. 手工打磨腻子方法:

(1) 首先用 P60~P80 砂纸粗磨,将外形基本修复完成。粗磨时,尽可能在腻子表面打磨,否则粗砂纸痕在旧涂膜表面很难去除,为后续施工埋下隐患。

(2) 再用 P150~P180 砂纸进一步打磨腻子,同时去除粗砂纸痕。

(3) 最后用 P240 砂纸扩大范围打磨,进一步去除砂纸痕。

(4) 最后用 P320 砂纸将需要喷涂底漆的部位全部打磨。

34. 用打磨机打磨腻子时,打磨机要平放在打磨面上,不可以倾斜。

35. 打磨完成后,检查腻子表面,若发现有气孔和小的伤痕,应马上再次刮腻子进行修补。

36. 有时板件变形严重,腻子施工一遍无法达到良好的效果,这时需要在腻子干燥后进行一遍粗略的打磨,然后再刮涂腻子进行修整。

37. 腻子打磨完成并经涂刮打磨修整后,要求达到:

(1) 腻子表面与旧涂层的表面高度平齐、弧度一致。

(2) 平整、光滑、无砂纸痕、腻子边缘无锯齿状。

(3) 腻子打磨修整后,在旧漆膜上不能留有过多的腻子。

(4) 在喷涂中涂底漆前,将维修的部位全部用 P320 打磨。

38. 腻子干磨后,必须用吹尘枪吹尘清洁,对板件除油。

## 第二节 喷枪的使用与维护

1. 在汽车维修涂装作业中主要采用空气喷涂法,良好的喷涂设备是保证高质量涂膜的前提条件。

2. 喷枪由涂料罐、枪身和喷枪控制装置等几部分组成。

3. 喷枪的涂料罐一般采用不锈钢或耐腐蚀塑料制作,涂料罐盖子上面有防漏塞。

4. 喷枪的枪身由枪身壳体、空气通道、涂料通道、喷嘴和风帽等组成。

5. 喷枪控制装置包括:

(1) 控制涂料喷出流量的流量调节旋钮。

(2) 控制进入喷枪空气压力的气压调节旋钮。

(3)控制喷涂的幅面大小的喷幅调节旋钮。

6. 喷嘴、枪针、风帽是喷枪最关键部件。

7. 喷涂的质量同雾化的关系非常密切,喷嘴和风帽是雾化的关键。

8. 枪针与喷嘴之间精密配合,控制空气和涂料的喷出与关闭。扳动扳机使枪针后移,喷嘴的涂料通道敞开,涂料即喷出。

9. 影响空气喷枪出漆量的因素有喷嘴口径、针阀行程。

10. 为适应各种不同喷涂的要求,喷嘴的口径多种多样,并形成系列。喷嘴尺寸的选用取决于被喷涂涂料的类型。

11. 喷涂的质量同雾化的关系非常密切,影响喷枪雾化的关键零件喷嘴、风帽。

12. 汽车维修涂装根据喷涂涂料的不同使用不同型号的喷嘴,见表2-6-2。

汽车维修涂装使用喷嘴规格　　　　表2-6-2

| 涂　　料 | 喷嘴尺寸(mm) |
| --- | --- |
| 中涂底漆 | 1.6~1.9 |
| 实色面漆、底色漆、清漆 | 1.3~1.4 |

13. 风帽的作用是将涂料雾化,并形成所要求的喷雾图形。

14. 风帽上配有主雾化孔、辅助雾化孔和喷幅控制孔,达到良好的雾化效果。根据其作用不同,这些孔的位置、数量与孔径各有差异:

(1)主雾化孔与涂料喷嘴应该是同心圆,它们之间的间隙为0.15~0.3mm,经此间隙喷出的压缩空气,在涂料喷嘴的前端形成负压区,因负压的作用使涂料喷出,并形成圆形的喷雾图形。

(2)喷幅控制孔喷出压缩空气的作用是将从中心孔喷出的圆形喷雾图形挤压成椭圆形或橄榄形。

(3)辅助雾化孔喷出的压缩空气是使风帽喷出的空气量与压力均衡,协助调节喷雾图形大小并保持恒定,还可促进漆雾细化,促使漆雾微粒分布均匀,并使涂料喷嘴周围不黏附涂料。

15. 喷幅又称喷枪雾化扇面,当喷枪进行单点喷涂时,涂料从喷枪喷出后在工件上形成涂膜的形状。

16. 一般维修涂装喷枪在标准喷涂距离和喷涂压力的情况下,最大喷幅为25~30cm。

17. 喷幅由中心湿润区、雾化区和过渡雾化区三部分组成。

18. 通过喷幅调节旋钮可将喷幅从圆形调节到椭圆形。椭圆形喷涂应用广泛,主要用于大面积喷涂,圆形喷涂一般应用于较小表面或内表面的喷涂。

19. 油漆传递效率是指油漆经喷涂后,附着在被喷涂物件上的油漆与喷枪喷出的全部油漆的比值乘以100%。

20. 油漆传递效率是衡量一种喷枪是否具有环保性的重要指标。

21. 按规范操作,当喷枪的油漆传递效率大于或等于65%时即为省漆环保喷枪。

22. 喷枪按涂料供应方式主要有重力式、吸上式(又称虹吸式)和压送式三种。

23. 目前,汽车维修涂装使用较普遍的是吸上式喷枪和重力式喷枪,压送式喷枪在汽车修补涂装中很少使用。

24. 重力式喷枪喷涂方便,涂料的黏度变化对出漆量影响较小,涂料利用率高。但是,喷涂时稳定性不良,一般涂料罐存储涂料在500mL以内,如大面积涂装时装料次数增加。

25. 吸上式喷枪喷涂时稳定性良好,调换涂料容易,涂料罐存储涂料限定在1200mL以内。但是,涂料的黏度变化对涂料的喷出量影响较大,涂料罐底部的涂料不能充分利用。

26. 喷枪按雾化技术不同,分为气压雾化(传统高压喷枪)、气压/气流雾化(RP中压喷枪)和气流雾化(HVLP低压喷枪)。

27. RP(Reduced Pressure 的英文缩写,意为降低了气压,即跟传统喷枪相比喷涂气压降低了)喷枪又称低流量中气压喷枪,耗气量低,雾化好,油漆传递效率能达到65%以上。

28. HVLP(High Volume Low Pressure 的英文缩写,意为高流量、低压力)喷枪又称高流量低气压喷枪,油漆传递效率高于65%,属于省漆环保喷枪。

29. 喷枪按功能可以分为面漆喷枪、底漆喷枪、工艺喷枪和喷笔等。面漆主要是给被涂物件表面着色和装饰作用;底漆则是填充被涂物件表面的砂痕和砂眼,也就是给面漆打基础。

30. 面漆喷枪与底漆喷枪各项性能对比见表2-6-3。

面漆喷枪与底漆喷枪的对比　　　　　表2-6-3

| 比较项目 | 面漆喷枪 | 底漆喷枪 |
| --- | --- | --- |
| 涂料黏度(s)(DIN-4) | 14~20 | 22~30 |
| 喷嘴口径(mm) | 1.3~1.4 | 1.6~1.9 |
| 雾化要求 | 雾化精细 | 雾化均匀 |
| 喷幅 | 雾化区宽大、喷幅分散 | 中心区宽大、喷幅集中 |
| 涂装要求 | 着色、装饰 | 填充、遮盖 |
| 涂装效果 | 颜色均匀、饱满 | 平整、易磨 |

31. 面漆喷枪与底漆喷枪相比,雾化精细、雾化区宽大、喷幅分散、颜色均匀。

32. 喷枪装入涂料后,通过枪尾的快速接头连接压缩空气。

33. 使用喷枪时,以食指与中指从浅到深压扣扳机,喷枪会先喷出气流,再喷出涂料。

34. 喷涂时可以根据工作需要调节风帽的位置:
(1)需要水平方向喷涂时,将风帽调成水平,此时喷幅为竖线。
(2)需要上下喷涂时,将风帽调成竖直,此时喷幅为横线。

35. 喷枪使用前需要调整流量、喷幅和气压三个参数,要按照流量、喷幅和气压依次调整。

36. 喷涂时要求将流量调整为最大。调整方法为首先将流量调整旋钮旋松,扣动扳机到极限保持不动,然后拧紧流量调整旋钮,并紧固锁止螺母。

37. 在正常喷涂情况下,要求喷幅调整到最大。增大喷幅,需要逆时针旋转喷幅调节旋钮。减小喷幅,需要顺时针旋转喷幅调节旋钮。

38. 正常喷涂汽车涂料气压调整为200kPa。将喷枪扳机打开到预喷空气挡,然后旋转气压调整旋钮来进行气压调整,调整后的气压可以通过枪尾或枪身上的气压表读出。

39. 喷枪参数设定完成以后,在正式喷涂前要检测一下喷枪性能。

40. 测试喷枪雾化是否均匀时,如发现流痕中间长两头短,是因为出漆量太小、气压太高。应减小气压、增加出漆量,或增大喷幅。

41. 测试喷枪雾化是否均匀时,如发现流痕两头长中间短,应增加气压、减小喷幅。

42. 喷涂基本技术要领包括喷涂距离、喷涂角度、喷幅重叠、喷涂速度。

43. 喷涂距离:传统高压喷枪为18~23cm,HVLP(高流量低气压)喷枪为13~17cm。在实际操作中还需要根据施工环境温度、喷枪移动速度、涂料黏度、涂料干燥速度等灵活掌握。

44. 喷涂角度:喷枪与被喷工件永远保持垂直和水平90°,保持轨道式喷涂。

45. 喷幅重叠:一般喷枪要求喷幅重叠50%~60%,而环保喷枪(HVLP)则要求喷幅重叠70%~80%。

46. 喷涂速度:喷枪移动保持平稳、匀速,喷涂速度为30~50cm/s。

47. 在实际操作中,喷枪移动速度要根据施工环境温度、涂料黏度、涂料干燥速度等灵活掌握。例如:喷涂距离近、环境温度低、涂料黏度低,喷枪移动速度要快些。

48. 每次工作完毕,应认真清洗喷枪,尤其是喷嘴和风帽的每一个孔。

49. 清洗喷枪喷嘴的空气孔时,严禁使用硬质钢丝捅(如大头针、回形针等),以免空气孔产生变形,微小的变形都会影响雾化效果,建议使用喷枪的专用清洗套装组件来清洗喷枪。

50. 喷枪清洗完毕后,应用喷枪专用的润滑脂轻轻润滑所有可拆卸的摩擦部件,润滑脂不要涂在枪针的前端。

51. 严谨将喷枪整体浸入清洗溶剂中,以免溶剂进入喷枪的空气管道,引起喷枪损坏。

52. 喷涂时喷枪扳机的控制操作一般分四步:

(1)先从遮盖纸上开始走,扣下扳机一半,仅放出空气。

(2)当走到喷涂表面的边缘时,完全扣下扳机,喷出涂料。

(3)当走到另一头时,松开扳机一半,涂料停止流出。

(4)反向喷涂前再往前移动几厘米,然后重复上述操作步骤。

53. 在板件边缘喷涂时,一般采用由右至左喷涂,并采用纵喷(喷出涂料呈垂直方向)。

54. 在板件内角喷涂时,一般采用由下而上,再由上而下喷涂,并采用横喷(喷出涂料成水平方向)。

55. 喷涂长板件平面时,也是由上而下行程进行,再由左而右,依次沿横向行程,每行程45~90cm,即按板长方向分段进行,每段之间交接处,有10cm左右的行程重叠。

56. 喷涂车身板件时,首先喷涂板件的边缘,然后从上到下进行喷涂。

57. 喷涂车门时,首先喷涂车门框的顶部,然后下移直到车门的底部。如果只喷涂一个车门,首先应喷涂车门边缘,喷涂门把手时应该特别小心,因为某点的涂料太多将会导致下垂。

58. 喷涂前翼子板时,首先喷涂与发动机舱盖相邻的前翼子板的翻边、前照灯周围部分、轮胎上部的弧形部分,然后从上到下喷涂。

59. 喷涂后翼子板时,首先喷涂边缘,然后站在面板的中间,以一个长的连续的行程喷涂面板。如果无法一次完成,就把这个区域分成两个部分,使用这种方法时,一定要特别注意中间的重叠。如果重叠的涂料太多,将会发生下垂。

60. 喷涂发动机舱盖时,首先喷涂发动机舱盖的边缘,然后是发动机舱盖的前部,下一步是在前翼子板的侧面,从中心开始向边缘进行喷涂,尽快转到另一侧,也使用相同的方法喷涂。

61. 喷涂车顶盖时,为了方便对车顶盖进行喷涂,喷漆工应站在长凳上,以便能够喷到车顶的中心。首先喷涂一侧的风窗玻璃边缘,然后从中心到外边。一侧完成后,再用相同的方法完成后部和侧面。

62. 当进行整车喷涂时,遵循从上到下的原则,特别注意最后收尾的位置要在车身的四个角落处。通常先喷涂顶盖,然后是行李舱盖和后围板(后保险杠蒙皮),接着是左侧的后翼子板、车门、前翼子板、发动机舱盖、前裙板(前保险杠蒙皮)。然后喷涂汽车另一侧的前翼子板、车门、后翼子板。

## 第三节　涂料的调配

1. 涂料是一种富有黏性的液体,对于空气喷涂来说,它的黏度过高,需要加入稀释剂来调整到适合喷涂的黏度。
2. 有些双组分(2K)涂料还需要加入固化剂才能固化成膜。
3. 为了提高涂料的施工性能和获得良好的涂膜,有时还要加入各种助剂。
4. 稀释剂用于将涂料稀释至适合喷涂的黏度,主要用于涂料的喷涂过程中。
5. 在使用稀释剂时一定要跟涂料配套,不能随便使用,否则会产生各种涂膜缺陷。
6. 稀释剂按其所含的溶剂及其比例不同,会有不同的蒸发速度,可以根据工作环境周围的温度和工作的实际情况,选用最合适该温度蒸发速度的稀释剂:
(1)夏季大多选用慢速稀释剂,冬季选用快速稀释剂。
(2)整车喷涂选用慢速稀释剂,小修补选用快速稀释剂。
7. 当使用双组分(2K)涂料时,要加入适当比例的固化剂。固化剂有不同的反应速度,合理选用:
(1)夏季大多选用慢速固化剂,冬季选用快速固化剂。
(2)整车喷涂选用慢速固化剂,小修补选用快速固化剂。
8. 涂料黏度是度量涂料黏稠程度的指标,计量单位为"s"。实际工作中由于环境温度不是恒定的(20℃),需要根据环境实际温度适当调整黏度,达到施工要求。
9. 涂料黏度并非常量,随温度而发生变化。同一种涂料,冬季比夏季显得稠。汽车涂料的黏度多为20s左右(20℃)。
10. 在国际上通用的有两种涂料黏度计,即福特杯和蔡恩杯:
(1)福特杯适用于大批量涂料黏度的测试。
(2)蔡恩杯适用于修补或小批量涂料黏度的测试。
11. 汽车涂料使用的黏度计是一个底部成圆锥形的圆柱形容器,圆锥的顶部开有测量孔,视孔径的不同又分多种规格。
12. 汽车涂料使用的黏度计为DIN-4号杯(DIN是德国标准化学会简称),它用于测定黏度在 20～80s 之间的各种涂料产品。

13. 在调配涂料前首先要在厂家提供的产品使用手册中查找技术说明,找到与其配套的产品型号、配比、使用方法和技术要求等信息。

14. 不同厂家、不同种类涂料调配使用的辅料和比例都是不同的。

15. 在汽车修补漆涂料中,各成分混合通常按体积比调配。

16. 调配双组分涂料时,需要加入的辅料有固化剂、稀释剂。

17. 某涂料的技术说明规定混合比例为 2∶1∶10%(体积比),则各个成分的配比关系为:2∶1∶10% = 油漆∶固化剂∶稀释剂。

18. 根据涂料说明书建议的各成分比例(油漆、固化剂和稀释剂)选择合适的比例尺。

19. 调配比例为 2∶1∶10%(油漆∶固化剂∶稀释剂)的油漆时,假设油漆的用量为"2",操作流程如下:

(1)首先把油漆缓慢地倒进容器,加入至比例尺第一列标尺刻度的"2"处。

(2)继续向容器中加入配套的固化剂,至比例尺第二列标尺刻度的"2"处。

(3)稀释剂加入至比例尺第三列标尺刻度的红色实线"2"处。

(4)各成分加好后,比例刚好是 2∶1∶10%,搅拌均匀。

20. 使用比例尺调配比例为 4∶1∶1 的涂料时,涂料的涂料加入到比例尺第 1 列刻度"3"处:

(1)加入固化剂到比例尺第 2 列刻度"3"处。

(2)加入稀释剂到比例尺第 3 列刻度"3"处。

21. 涂料调配好后,搅拌均匀,需要经漏斗过滤后装入喷枪。

## 第四节　中涂底漆的施工

1. 遮护是在进行汽车维修涂装时必不可少的一道工序,顾名思义这种工艺的作用就是用来遮蔽和保护,保护的对象是跟损伤部位相邻的、不需要或者是不能损伤的良好表面,例如给后门喷面漆时,漆雾可以扩展至车门以外 1～2m。

2. 遮护可用于维修涂装的打磨、喷涂或抛光等工序。

3. 车身涂装对使用胶带的质量有如下要求:

(1)具有合适的黏度,既不能太强使拆除困难,又不能太弱使粘贴不牢固。

(2)具有较好的伸展性,不影响所贴板件的强度和柔韧性。

(3)具有良好的强度,在使用中不易断裂,以及足够的伸缩性。

(4)具有良好的黏附性,在涂层出现收缩、温度变冷或变热时,胶带不脱落;并且在拆除胶带后,不应有胶带上的黏结剂留在板件表面上。

(5)具有防水功能,并且在湿打磨时不脱落。

(6)具有一定的耐溶剂性,稀释剂、除油剂等溶剂不能影响其黏附性。

4. 使用汽车涂装遮护专用遮护纸,不能用报纸代替。报纸无论新旧,主要缺点为多尘、渗油脱色。

5. 清洗车辆,用除油剂清洁要贴遮护胶带的部位,以防止在吹风或涂装时胶带剥落。

6. 正向遮护法。适用于整板喷涂的情况,比如整个车门、整个翼子板、整个发动机舱盖等。

7. 反向遮护法。能保证喷涂的边缘部位过渡平滑,无明显的凸台。适用于同一板件局部修补喷涂的情况。例如板件局部喷涂中涂底漆、面漆喷涂的过渡部位经常会用到反向遮护。

8. 车身上适合作为遮护边界的位置有:不同车身板件间的缝隙处、车身上的饰条、车身上的棱线、车身上板件较窄处。

9. 中涂底漆是中间涂层中重要的组成部分,有填充、防锈、缓冲、附着力等功能,能够:
(1) 填充旧涂膜和腻子打磨后的缺陷。
(2) 保证与底漆和面漆之间有良好的结合力。

10. 在汽车修理涂装中,中涂底漆主要作用:
(1) 遮盖旧涂膜磨穿的部位。
(2) 填补腻子表面的小砂纸痕、小砂眼。
(3) 凹陷或钣金维修痕迹等中涂底漆不能填平。

11. 在汽车修理涂装中,腻子表面和磨穿旧涂膜部位必须喷涂中涂底漆。

12. 对于中涂底漆,一直受到重视的是如何提高其厚涂性、干燥性、打磨性、防渗透能力等施工性能,对涂层自身的质量性能要求却居于其次。

13. 随着对涂膜质量要求的提高,中涂底漆层的耐水性和附着性显得更为重要。

14. 层间附着力是评价涂层与涂层之间的附着性的重要指标。如果层间附着力差,往往就会剥离起层。

15. 对中涂底漆层而言,就是与金属板件或旧涂膜,以及与腻子层和面漆层的附着力。

16. 随着对涂膜质量要求的提高,中涂底漆层的耐水性和附着性显得更为重要。

17. 中涂底漆涂层是否易通过水分和易起泡,是判定其耐水性的关键。

18. 中涂底漆要以面漆涂料性能为中心,各层涂料的性能都要与之相匹配。

19. 汽车修理业越来越多的使用多使用双组分(2K)中涂底漆。

20. 在修补涂装中,必须喷涂中涂底漆的表面有腻子表面和磨穿旧涂膜部位。

21. 喷涂中涂底漆前准备:
(1) 穿戴好防护用品。
(2) 用压缩空气清除板件表面的粉尘,并除油。
(3) 将不需要喷涂的部位进行遮护。

22. 喷涂操作:
(1) 调整好喷枪和相关参数(参阅涂料的说明书)。
(2) 首次喷涂不要喷得太厚,以免起皱。
(3) 当首次喷涂的涂膜闪干至哑光后,进行下一次喷涂。
(4) 二次喷涂要厚喷,达到规定的涂膜厚度,将损伤部位完全遮盖。

23. 腻子面积较大时,先薄喷腻子周围,闪干后再全面喷涂。
24. 如果腻子面积很小,则可直接在整个腻子表面开始喷涂。
25. 如果是几小块相邻的腻子,先喷涂各块腻子表面,然后连成整片喷涂 2~3 层。
26. 中涂底漆喷涂完成后的效果要求:
(1)表面光滑、平整,无咬底、油点,无严重橘皮纹、流挂等缺陷。
(2)流挂高度不超过 1mm,长度不超过 10mm。
(3)涂层丰满、厚度均匀(膜厚 50~70μm),无露底。
(4)将所有缺陷部位完全遮护,边缘部位过渡平滑。
(5)车身其他部位保护良好,无漆雾附着。
(6)如果不能达到上述要求,视情况进行补喷。
27. 中涂底漆的干燥。
(1)常温干燥:参考涂料说明书建议的常温干燥时间规定,将板件置于喷漆间密封干燥。
(2)加温干燥:对于中涂底漆面积较小的情况,采用红外线烤灯烘烤干燥方便快捷。
28. 中涂底漆打磨砂纸选用:
(1)用 P400~P600 的水磨砂纸打磨。
(2)用 P320~P400 的干磨砂纸打磨。
29. 机器打磨中涂底漆时:
(1)先用 P240 砂纸打磨缺陷部位,再用 P320~P400 砂纸扩大范围打磨。
(2)打磨时用力要轻,尤其是在板件的边缘和棱线等部位,在砂纸和打磨机之间要安装干磨软垫,防止磨穿。
(3)喷涂面漆的板件所有表面都要打磨。
30. 中涂底漆打磨后:
(1)打磨彻底,但是无打磨露底。
(2)打磨后表面光滑,无橘皮纹。
(3)旧涂膜要用更细的砂纸打磨。

# 考试模拟题

## 一、是非判断题

1. 钣金腻子一次能填充 50mm 左右。　　　　　　　　　　　　　　　　( × )
2. 在车身铝合金板件上刮涂腻子要使用塑料刮刀。　　　　　　　　　( √ )
3. 在喷涂中涂底漆时,选用喷嘴内径为 1.6~1.9mm 的底漆喷枪。　　　( √ )
4. 面漆喷枪与底漆喷枪相比,中心区宽大、喷幅集中。　　　　　　　( × )
5. 在使用稀释剂时一定要跟涂料配套,不能随便选用。　　　　　　　( √ )

6. 在冬季或少量喷涂时,大多选用慢干稀释剂。 (×)

7. 调配涂料时,涂料与固化剂和稀释剂的比例一般都是4∶1∶1。 (×)

8. 中涂底漆能够将腻子表面的轻微砂眼和砂纸痕填平。 (√)

## 二、单项选择题

1. 能够用来修补车身塑料件的腻子是( C )。
   A. 钣金腻子　　　B. 硝基腻子　　　C. 环氧腻子　　　D. 原子灰
2. 首次刮涂腻子时,将腻子刮薄、刮实,刮刀与板件之间的角度要( B )。
   A. 小些,接近水平　　　　　　B. 大些,接近垂直
   C. 先小后大　　　　　　　　　D. 先大后小
3. 涂料罐内的涂料能够完全被利用的喷枪是( C )。
   A. 吸上式　　　B. 虹吸式　　　C. 重力式　　　D. 压送式
4. HVLP 喷枪涂料传递效率高于65%,属于省漆环保喷枪,HVLP 的意思是( A )。
   A. 高流量、低气压　　　　　　B. 低流量、高气压
   C. 高流量、高气压　　　　　　D. 低流量、低气压
5. 在汽车修理涂装中,使用双组分(2K)涂料时,要加入适当比例的( A )。
   A. 固化剂　　　B. 流平剂　　　C. 哑光剂　　　D. 防缩孔剂
6. 涂料黏度是度量涂料黏稠程度的指标,计量单位为( C )。
   A. 克(g)　　　B. 千克(kg)　　　C. 秒(s)　　　D. 分钟(min)
7. 同一板件局部修补喷涂时,常采用的遮护方法是( D )。
   A. 用宽胶带遮护　B. 用遮蔽纸遮护　C. 正向遮护　　　D. 反向遮护
8. 在修补涂装中,必须喷涂中涂底漆的表面有( A )。
   A. 腻子表面和磨穿旧涂膜部位　　　B. 腻子表面和旧涂膜表面
   C. 只在腻子表面　　　　　　　　　D. 所有需要维修的表面

## 三、多项选择题

1. 维修涂装中常用的不饱和聚酯腻子有( AB )。
   A. 钣金腻子　　　B. 原子灰　　　C. 填眼灰　　　D. 纤维腻子
2. 填平板件20mm深的凹陷需要( AC )。
   A. 使用钣金腻子　　　　　　　B. 使用硝基腻子
   C. 多次填平　　　　　　　　　D. 一次填平
3. 喷涂的质量同雾化的关系非常密切,影响喷枪雾化的关键零件有( AB )。
   A. 喷嘴　　　B. 风帽　　　C. 枪针　　　D. 气压表
4. 为了达到良好的雾化效果,风帽通常上配有( ABD )。
   A. 主雾化孔　B. 辅助雾化孔　C. 流量调节孔　D. 喷幅控制孔
5. 车身上适合作为遮护边界的位置有( ABCD )。
   A. 不同车身板件间的缝隙处　　　B. 车身上的饰条
   C. 车身上的棱线　　　　　　　　D. 车身上板件较窄处

6. 在经过修补的旧涂膜上喷涂中涂底漆时要(ABD)。
   A. 涂料调整黏些  B. 薄喷
   C. 涂料调整稀些  D. 喷涂距离远些

7. 测试喷枪雾化是否均匀时,如发现流痕两头长中间短,应(BC)。
   A. 降低气压  B. 增加气压  C. 减小喷幅  D. 加大喷幅

8. 属于喷涂基本控制参数技术要领的是(ABCD)。
   A. 喷涂距离  B. 喷涂角度  C. 走枪速度  D. 重叠幅度

# 第七章 汽车面漆调色

1. 由于车辆生产批次不同和车身颜色的自然老化变色，都会形成不同程度的色差。
2. 为了适应车身维修涂装用料的需求，各涂料生产商都会提供各种不同颜色的修补涂料色母，以及调色方法和调色工艺，去调配出尽可能接近目标颜色的涂料。

## 第一节　颜色的基础知识

（本节适用于检测维修士）

1. 感知颜色有光、有色物体和视觉器官（观察者）三个必需的要素，通常称为颜色三要素。
2. 人眼只能看见 400~800nm（通常是 380~780nm）波长的光线。
3. 可见光三原色是红、绿、蓝，三者叠加可生成白光。
4. 人眼能分辨的可见光谱的特点有：

（1）人眼可见的可视光谱，它的波长范围，因人而稍有不同。在光谱中，从红端到紫端中在两个相邻的波长范围中间带（区）尚可见到各种中间颜色，如红与橙之间的叫橙红；绿与黄之间的叫绿黄；蓝与绿之间的叫蓝绿等。

（2）人的视觉在辨识波长的变化方面因波长不同而不同。在某些光谱部位，只要改变波长 1nm，便能看出差别；而在多数部位改变要在数纳米以上才能看出其变化。

（3）因光强度不同而不同。光谱中除了黄（572nm）、绿（503nm）和蓝（478nm）随着光强度的变化而不变化，其他色光都随着光强度增减而稍向红色或紫色变化。例如早晨和傍晚的太阳光并非纯白，而是或多或少带有红黄色，这时的光谱就与正午太阳光的光谱（它的红端光线比较多，而紫端光线比较少）不太相同。

5. 物体受到光的照射，会发生选择性地反射、吸收、透射等光谱特性，这种光谱特性便是物体产生不同颜色的主要原因。
6. 不同的光谱特性使物体呈现不同的颜色，物体对光线吸收、反射和透射程度不同，与物体颜色的对应关系见表 2-7-1。
7. 物体的三原色是红、黄、蓝，三者叠加可生成黑色。
8. 彩色颜色物体的颜色是由物体的反射光或透过光线的波长而决定的。例如当太阳光

(白光)照到物体上,物体表面就反射一部分光线而吸收其他部分,如果反射出来的是红色光线,而吸收了黄、橙、绿、青等色的光线,此时我们就感觉那个物体是红色的。

**物体的光谱特性与颜色**　　　　　　表 2-7-1

| 物体的光谱特性 | | | 物体呈现颜色 |
|---|---|---|---|
| 吸收 | 反射 | 透射 | |
| 无 | 无 | 全部 | 无色透明 |
| 无 | 部分 | 部分 | 白色半透明 |
| 无 | 全部 | 无 | 不透明白色 |
| 部分 | 无 | 部分 | 有色透明 |
| 部分 | 部分 | 无 | 有色不透明 |
| 部分 | 部分 | 部分 | 有色半透明 |

9. 非彩色颜色物体的颜色是物体表面把照射在它上面的白光中的所有组分全部反射出来时,则物体呈白色。而白光中的所有组分都以同样的程度被物体所吸收时,物体则呈灰色,被吸收的光量越大,灰色越深,全部吸收时物体便呈黑色(实际上,完全反射或完全吸收太阳光线的物体是没有的,物体表面对各种可见光的反射率如达到 85%~90% 时产生的颜色感觉为白色,若反射率低于 4%,则产生的感觉为黑色)。白→浅灰→中灰→深灰→黑一系列颜色便构成了非彩色颜色。

10. 透明物体受白光照射时,反射比较少,主要为吸收和透过光线,它们的颜色是由透过光线的波长来决定的。例如,红玻璃主要透过红色光,我们就感觉它是红色的玻璃。

11. 在汽车涂装尤其是涂料调色工作中需要具有很强的分辨颜色能力,色觉异常者不宜从事本职业。

12. 色调、明度和彩度是颜色的三个重要特性,用它们来标明颜色的特性和区分颜色的差别。

13. 色调用"H"表示,又称色相,是区分不同色彩的视觉属性。是表示物体的颜色在"质"的方面的特性。

14. 明度简称"L",是人眼对物体明亮程度的感觉,是表示物体的颜色在"量"方面的特性。

(1)在调配好颜色中,加入黑色可以降低明度。

(2)涂料中加入银粉色母会提高明度。

(3)不同色调也有不同亮度,在太阳光谱中紫色亮度最低,黄色亮度最高。

15. 彩度简称"C",又称饱和度,是表示颜色是否饱和纯洁的一种特性。

(1)物体反射出的光线掺入白光成分越多,就越不饱和。

(2)白色、灰色和黑色等无彩颜色的饱和度最低。

16. 将两个颜色调节到视觉上相同或等同的方法称为颜色匹配,简称配色。汽车面漆便是利用不同颜色色母,按规定比例混合得到需要颜色的过程。

17. 配色有两种不同的类型:

(1)颜色相加混合。色光相加后的混合色光,其明度是原来各单色光的明度之和,所以加色混合,明度与饱和度都提高,颜色鲜艳。在颜色相加混合中,称红、绿、蓝为三原色。

(2)颜色相减混合。色混合的实质是色料的选择性吸收,使色光能量削弱。故色料相加,能量减弱,越加越暗,饱和度下降。涂料呈色就属于这一类。在颜色相减混合中,称红、黄、蓝为三原色。

18. 在调色实践中,把红、黄、蓝叫三基色,将橙、绿、紫叫次级色。这六种颜色构成了一个颜色圆环,叫色环,如图2-7-1所示。

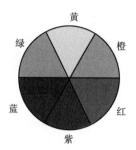

图2-7-1 色环

(1)基色是其他每一个颜色的基础,基色无法通过混合其他颜色获得。例如调色时若缺少红色,不可以通过混合紫色和橙色来获得。

(2)色环中两个基色之间的颜色为间色,间色可以通过混合基色而获得。比如红跟蓝按比例混合,可以获得紫色;红与黄混合,可以获得橙色;黄与蓝混合,可以获得绿色。

(3)色环中相互对应的颜色叫补色,比如红和绿、黄和紫、橙和蓝互为补色。如果混合2个补色,将得到一个灰暗的颜色,这2个颜色相互减弱对方。所以在实际调色工作中,尽量避免使用补色。

19. 在从事颜色系统的工作时需要用到红色、黄色、蓝色、绿色、黑色和白色,这6个颜色叫基本色。

20. 两个颜色只有其色调、彩度、明度三者都相同,这两种颜色才相同。其中一个特性不同,两种颜色也不相同,改变颜色特性三个参数中的一个,便可获得一种新的颜色。

21. 根据理论和经验,总结了配色三原则如下:

(1)用红、黄、蓝三色按一定的比例混合便可获得不同的间色。间色与间色混合或间色与红、黄、蓝其中的一种混合又可得到复色。这些颜色的获得是通过改变颜色的色调来实现的。

(2)在(调配好颜色)呈色的基础上,加入白色将原来的颜色冲淡就可得到彩度不同(即平时所讲的深浅不同)的复色。

(3)在(调配好颜色)呈色的基础上加入不等量的黑色,就可以得到明度不同的各种颜色。

22. 颜色的同色异谱现象。当一对颜色在某一光源下,所呈现的颜色是相同的,而在另外的光源下,其呈现的颜色有差异,此现象称为同色异谱,又称同色异构或条件等色。

23. 同色异谱现象有光源同色异谱、观察者同色异谱、几何同色异谱等几类。

24. 在汽车涂料调色中,如果出现了严重的同色异谱现象,基本上都与色母选用不当有关,这时一定要改变所用的色母。

25. 在天气情况良好的前提下,涂料调色的最佳时间是上午10点到下午3点这段时间。

26. 当太阳光线的条件不具备,而还需要调色时就需要使用比色灯箱。

## 第二节 素色面漆调色

(本节适用于检测维修士)

1. 色母就是各种颜色之母,汽车涂料千变万化的颜色都是由数量有限的色母调配而成。

2. 在汽车涂装中,汽车面漆的颜色可分为两大类:本色(solid colors)和金属色(metallic colors)。

(1)本色按其色彩又可分为有彩色(系指红、黄、蓝、绿等带有颜色的色彩)和无彩色(系指白、灰、黑等不带颜色的色彩)。观察的角度对颜色影响不大,一般取45°角作为对比颜色的观察角度。

(2)金属色也可细分为金属闪光色和珠光色,并有彩色化的倾向。随着观察角度变化,涂膜的颜色随之变化,具有颜料的方向性。

3. 目前汽车修补涂料主要采取两种方法设计色母系统:

(1)把色母分为两个系列,色母中已经加入不同系列的树脂,一个系列是单工序面漆的色母,另一个系列是双工序和三工序面漆的色母。例如德国巴斯夫汽车修补漆采用的就是该种色母系统。

(2)只使用一套色母,调色后在色母中加入树脂,由加入的树脂类型决定面漆的性质,是单工序或双工序。例如美国PPG汽车修补漆采用的就是该种色母系统。

4. 涂料供应商会将各种色母编好号码作为该色母的代号,形成一个系列,各个系列之间的色母不能通用。

5. 调色搅拌架应安装在干燥、通风良好、温度适中、地面平整牢固、可靠的接地,远离热源(可燃气体)、避免阳光直射的地方。

6. 汽车调色用标准配方里包含颜色代号、车色名称、使用的车型、色母代号、色母量等信息。

(1)1L 累积配方。色母后的质量数为本身和其前几种色母的质量和。

(2)1L 单量配方。各个色母后的质量数代表它的实际质量。

(3)实际调色中使用单量配方,因为累积配方容易产生误差。

7. 汽车涂料调色标准配方是 1L 的量,计量色母时按质量计算,总质量不一定为 1kg。

8. 大部分汽车会将颜色代号标注在汽车车身某处的铭牌上,根据颜色代码可以直接查到车身颜色的配方。

9. 根据车辆的产地、品牌等信息找到合适的色卡册,与车身对比获得配方。

10. 汽车修补涂料调色工作中仅需使用到小数点后 1 位(0.1g)精度的电子秤。

11. 使用电子秤称重色母要避免振动、避免气流影响、不可在秤上搅拌、保持清洁。

12. 为了调色方便,油漆经销商都会提供配套的色母特性表(也叫色母挂图)。利用色母特性表能很容易地判定出一个色母的特性。

13. 色母特性表在进行颜色微调整时作用很大,通过对比颜色的色差来确定需要调整的色母。

14. 调配素色漆时,由于色母颜料的"沉降效应",烤干后的漆面都会显得偏暗一点。

15. 调配素色漆时,要选择色度和明度比车身颜色高的色卡,在这个色卡的配方基础上调色。因为素色漆很容易从鲜艳、明亮向灰暗方向调整。

16. 添加色母时,先将电子秤归零,去除容器的质量。按配方所列色母的顺序添加色母。

17. 在添加色母时,最好首先倾斜漆罐,然后逐渐拉操纵杆,让色母慢慢倒出。如果先拉操纵杆,那么当漆罐倾斜时,可能有大量色母立即倒出。

18. 通常情况下,一滴色母的质量为 0.02~0.05g。

19. 在添加用量较少的色母时一定要仔细称重,尤其是色母量少的色母添加时要更小心,因为用量少的色母的添加误差对颜色的影响很大。

20. 在添加完所有色母后,要用搅拌棒或比例尺混合涂料,以产生均匀的颜色。如果涂料粘到容器的内壁,要用搅拌棒刮下涂料,以防产生色差。

21. 首先用比较法、点漆法、涂抹法将调配的油漆与车身颜色进行简单对比。从色相、明度、彩度三方面与待调配的标准色板进行比对,以保证调配良好。如果颜色偏差较大,利用色母特性表确定需要调整的色母。

22. 喷涂试板是很重要的一步,湿涂料的颜色不能真实反映干涂膜的颜色。涂料调配完成直接与车身颜色是不一致的,不能够准确地判断调配的颜色是否合格。

23. 喷涂调色样板时,所选用的喷涂参数(喷涂气压、漆流量等)应严格按照涂料使用说明书的建议调整,以保证与正式喷涂时的参数一致。

24. 调色样板干燥并冷却后,取出与车身颜色进行对比。

25. 对比颜色时,一定要认真仔细,并最好在自然光下进行,也可在可重现自然光比色箱内进行,更精确的则要在几种标准光源下对比。并以第一次印象为准,盯视时间越长,越难以判断。

## 第三节  金属底色漆调色

(本节适用于检测维修工程师)

1. 金属闪光色面漆涂膜不同于本色面漆涂膜的一个显著特点,就是具有随角异色效应。即随观察角度的变化而呈现不同明亮度及色彩。

2. 影响随角异色效应的因素有金属颜料在涂膜中的排列状态、金属粒径和外观。

3. 通常汽车调色用的银粉颗粒类型有:

(1) 细银粉侧面亮度低,不够闪亮。

(2) 中银粉通常是单独使用,或与其他银粉配合。

(3) 粗银粉对侧面色调的影响较大。

4. 在调配某个金属色漆颜色时,每一个色母都会对这个颜色的正、侧面产生影响:

(1) 使用了较多(5%~10%)的无光银粉时,无法消除正面的灰暗和颜色的不纯。

(2) 使用大量的珍珠色母(30%以上)后,很难把侧视调暗。

5. 影响底色漆银粉排列的因素有如下几点:

(1) 喷涂技术。严格按照涂料的使用说明进行喷涂操作。

(2) 观察的位置和周围环境。

(3) 光源和光的质量。

(4) 按照实际施工的条件喷涂试板,并且要等颜色干燥后再辨色。

6. 温度、湿度、空气流动等环境因素会对金属色面漆颜色有影响:

(1)温度高颜色会浅,温度低颜色会深。

(2)湿度低颜色浅,湿度高颜色深。

(3)空气流动增加颜色浅,空气流动减少颜色深。

7. 喷枪的使用、稀释剂的选择、干燥时间的掌握等喷涂技巧也会影响汽车面漆银粉的效果;出漆量少、气压高、喷幅大、喷枪距离远、喷枪口径小、行枪速度快、快干稀释剂、稀释剂过量、干燥时间长等会使颜色变浅,反之会使颜色偏深。

8. 在很多情况下根据颜色代码或色卡的配方调出的涂料颜色与车身的颜色或多或少有一些差别,这时就必须对颜色进行调整,这种颜色调整又称微调颜色。

9. 如果所调颜色与汽车车身的颜色不一样,则必须鉴定出应添加哪一种色母,继而添加该色母以获得理想结果,这个过程就是"精细配色"或"人工微调"。这是一个比较和添加色母的循环,此循环不断重复,直至获得理想的颜色。

10. 在微调颜色之前,首先要辨别喷涂样板的颜色和目标板(车身)颜色之间的差别,描述这两块色板之间的差别见表2-7-2。

颜色差异的描述　　　　　　　　　　　　　　表2-7-2

| 三　要　素 | 差　　异 | 差异描述:目标色板 A 的颜色 |
|---|---|---|
| 色相 | 红/绿,蓝/黄 | 更蓝或者更黄 |
| 明度 | 白度/黑度 | 更白或者更黑 |
| 色饱和度 | 纯净度/浑浊度 | 更纯净或更浑浊 |

11. 微调颜色要遵守如下调整的规则:

(1)先做试验性的微调。

(2)使用原配方中的色母进行微调。

(3)从浅到深调整,从纯净到混浊调整。

(4)喷涂试板并等待颜色干燥,喷涂试板时要达到遮盖能力,将试板与目标颜色进行比较。

(5)充分利用色母指南、色母特性表、色轮图等调色工具。

(6)微调应该是配色的最后手段。

12. 微调银粉漆时,必须同时考虑色调、明度、彩度三个因素对颜色的正面和侧面效果的影响。同时还需要考虑,正面和侧视色调的比较、银粉颗粒大小、银粉的闪亮程度等因素。

13. 在判断试板与修补区色差时,会影响正确判断的因素有:

(1)修补区域的周围环境。

(2)比色区原涂膜的老化层。

(3)修补区域的光线。

(4)长时间的盯视。

14. 涂料调色添加色母时:

(1)添加色母时,首先倾斜漆罐,然后逐渐拉操纵杆,让色母慢慢倒出。

(2)添加用量越少的色母,计量越精细。

(3)如果涂料粘到容器的内壁,要用搅拌棒刮下涂料,以防产生色差。

15. 调配颜色前要做好的准备工作有:

(1)色母已搅拌均匀。

(2)调色罐是干净的。

(3)电子秤已校准。

(4)色母的数量能满足。

16. 色差是两种颜色之间的差异,在汽车维修涂装中产生颜色差异的概率是非常高的,色差测定是定量的判断两种颜色差异的大小。

17. 利用颜色定位将颜色进行量化,所有的颜色都可以在系统中占据一个位置,而系统中的一个位置代表唯一的一个颜色,而系统中两个颜色之间的距离就代表该两种颜色之间的色差大小。

18. 涂料颜色的定量度量一般采用国际照明委员会(CIE)表色系统,按照它的色度学规定和测色方法进行。CIE 标准色度系统是一种混色系统,是基于每一种颜色都能用三个选定的原色按适当比例混合而成的基本事实建立起来的。

19. 在颜色匹配实验中,与待测色达到色匹配时所需要的三原色的数量,称为该颜色的三刺激值 X、Y、Z。

20. 一种颜色与一组三刺激值相对应,这样颜色感觉可以通过三刺激值来定量表示,任意两种颜色只要三刺激值相同,颜色感觉就相同。同时,还可以将两种不同的颜色差别量化表示。

21. 常用的色差的度量方法有 LAB 色空间、LCH 色空间和 CMC 容差方法。

22. LAB 色空间。通过许多数学公式,由每个颜色的三刺激值可以换算得到我们现在涂料常用的颜色定量表示方法,即该颜色的 $L^*$、$a^*$、$b^*$ 值,$L^*$ 表示明度值,$a^*$ 表示红、绿值,$b^*$ 表示黄、蓝值。

23. CIELCH 色空间。用 L 表示明度值,C 表示饱和度值,H 表示色调角度值的柱形坐标。

24. CMC 容差方法。用椭圆作为视觉对色差的范围。得出结果与人眼接近,因而许多工业认为 CMC 对色差的表示方法比其他表示方法更精确。

25. 车身涂膜颜色的测定有目测法和仪器测量两种。

26. 在汽车涂料工业中,还有很多的沿用传统目测法的手段来进行配色,它规定按与样板相同的条件下将涂料制板,在日光下或标准光源下与标准板进行平行比较。

27. 测色仪测量照射光源有多种。$D_{65}$ 日光光源(即北半球日光,色温为 6500K)。

28. 测色仪测量角度:

(1)素色漆只有45°。

(2)金属漆有 15°、25°、45°、75°、110°共五角度。

# 考试模拟题

## 一、是非判断题

1. 物体能够呈现颜色,是因为光线照射其表面发生了反射、吸收和透射等光学现象。(√)

2. 色料相加混合时,加入的颜色种类越多颜色越鲜艳。　　　　　　　　　　(×)
3. 素色漆很容易从鲜艳、明亮向灰暗方向调整。　　　　　　　　　　　　(√)
4. 调配颜色前必须查到车身颜色代码,从而获得配方。　　　　　　　　　(×)
5. 涂料中加入银粉色母会提高明度。　　　　　　　　　　　　　　　　　(√)
6. 涂料中加入白色色母会提高饱和度。　　　　　　　　　　　　　　　　(×)

## 二、单项选择题

1. 物体的三原色是(D),三者叠加可生成黑色。
   A. 红、绿、蓝　　　B. 黄、绿、蓝　　　C. 红、黄、绿　　　D. 红、黄、蓝
2. (A)表示物体的颜色在"质"的方面特性。
   A. 色相　　　　　　B. 明度　　　　　　C. 彩度　　　　　　D. 饱和度
3. 下列(B)彩度最低的颜色。
   A. 红色　　　　　　B. 白色　　　　　　C. 蓝色　　　　　　D. 绿色
4. 在调配好颜色中,加入(D)降低明度。
   A. 红色　　　　　　B. 蓝色　　　　　　C. 白色　　　　　　D. 黑色
5. 当一对颜色在某一光源下,所呈现的颜色是相同的,而在另外的光源下,其呈现的颜色有差异,此现象称为(C)。
   A. 随角异色　　　　B. 随光变色　　　　C. 同色异谱　　　　D. 颜色变异
6. 由于色母颜料的"沉降效应",烤干后的漆面都会显得(D)。
   A. 偏白一些　　　　B. 偏黄一些　　　　C. 偏浅一些　　　　D. 偏暗一些

## 三、多项选择题

1. 感知颜色的要素有(ABC)。
   A. 可见光　　　　　B. 物体　　　　　　C. 观察者　　　　　D. 环境
2. 汽车涂料颜色标准配方的类型有(AB)。
   A. 1L 累积配方　　B. 1L 单量配方　　C. 10L 单量配方　　D. 10L 单量配方
3. 微调颜色时要确定(AB)。
   A. 需要调整的色母　　　　　　　　　　B. 调整色母的量
   C. 配方的类型　　　　　　　　　　　　D. 调配涂料的量
4. 微调银粉漆时要考虑(ABC)。
   A. 正面和侧面效果的影响　　　　　　　B. 银粉颗粒大小
   C. 银粉的闪亮程度　　　　　　　　　　D. 银粉的颜色
5. 在 LAB 色空间中对 LAB 描述正确的是(BCD)。
   A. L 表示色相值　　　　　　　　　　　B. L 表示明度值
   C. A 表示红、绿值　　　　　　　　　　D. B 表示黄、蓝值
6. 在判断试板与修补区色差时,会影响正确判断的因素有(ABCD)。
   A. 修补区域的周围环境　　　　　　　　B. 比色区原涂膜的老化层
   C. 修补区域的光线　　　　　　　　　　D. 长时间的盯视

# 第八章 面漆的喷涂

## 第一节 面漆整板喷涂

(1~9条适用于检测维修士,10~14条适用于检测维修工程师)

1. 所谓整板喷涂是指整个板件全部重新喷涂,同一个板件上没有修补,比如整个翼子板、整个车门、整个发动机舱盖等。车身上所有有涂料覆盖的板件都做整板喷涂的情况,称为整车喷涂。

2. 调配涂料时,要选择干净、体积上下一致的容器。

3. 单工序面漆一般喷涂2道就能达到技术要求。

4. 单工序素色漆的喷涂黏度一般为20~22s(DIN 4/20℃)。若测定的黏度不符合喷涂要求,通过加减稀释剂来进一步调整,直到符合要求为止。

5. 喷涂单工序面漆时,喷枪要设定为:流量调整为全开度,喷幅调整为全开度,枪尾气压调整为200kPa。

6. 喷涂面漆前需要对板件进行:
(1)用压缩空气清除表面的粉尘。
(2)将不需要喷涂的部位进行遮护。
(3)用合适的除油剂除油。
(4)用粘尘布除尘。

7. 要使涂膜丰满、光泽高,喷涂时要保持喷幅重叠在1/2~2/3,调高喷涂气压。

8. 维修后,面漆烘烤干燥能加快固化反应,一般标准为60℃烘烤30min。

9. 重新喷涂的面漆一般都需要进行抛光修整。

10. 对修补涂装双工序面漆喷涂:
(1)底色漆涂料为单组分类型,需加入稀释剂调整黏度。
(2)清漆为双组分涂料,需加入固化剂和稀释剂。
(3)底色漆一般喷涂2~2.5道可到达技术要求。

11. 双工序面漆喷涂前,板件处理:
(1)板件经P500~P600干磨砂纸或同等粒度研磨材料打磨。

(2)用压缩空气清除表面的粉尘,清洁除油。

(3)对不需要喷涂的部位进行遮护。

12.底色漆喷涂施工操作:

(1)若底色漆的是金属色,则需要再喷半道效果层。

(2)如果底色漆为素色,则直接喷涂清漆,不需要喷涂效果层。

(3)底色漆喷涂完成后要闪干至涂膜呈哑光状态。

13.金属色泽与喷涂人员习惯有很大关系,使颜色变浅的因素有走枪速度快、喷涂次数少。

14.罩光清漆的作用是保护底色漆、提高光泽、使色彩更艳丽。

新车涂装生产过程中的质量控制非常严格,此时主要目视检查面漆表面有无划痕、灰尘颗粒、针孔、气泡。而对整个涂层的附着力、硬度等指标的检测只进行抽样检测。

## 第二节　局部修补与过渡喷涂

(本节适用于检测维修工程师)

1.雾化喷涂法一般用于面漆的修补过渡部位,能形成良好的颜色以及其他外观的过渡。

2.局部修补喷涂是指在车身维修时,如果一块板件上出现了损伤,但是损伤的面积较小,同时位置靠近边缘,为了节省时间和材料,而进行的维修涂装工艺。

3.局部修补喷涂工艺的难点在于,如何使修补的部位与板件的原有部位之间的差异,减小到肉眼无法分辨的程度。

4.素色漆的局部修补喷涂类型。由于是单工序操作的,只要将面漆进行局部喷涂。

5.金属漆的局部修补喷涂类型有:

(1)局部喷涂底色漆,整板罩清漆。

(2)局部喷涂底色漆,局部板罩清漆。

6.局部修补边界选择很重要,能使修补后的涂层与原涂层差异减小,让人基本看不出曾经被修补过。

7.边界选择要求:

(1)选在车身板件面积较窄处,比如A柱、B柱、C柱等处。

(2)选在车身拐角部位,比如保险杠蒙皮拐角处等。虽然是同一个板件但是处在空间的两个面上,对观察者来说对比性要小很多。

(3)板件的棱线部位。车身板件的棱线也是驳口过渡喷涂边界很好的选择。

(4)不适合进行驳口过渡喷涂的部位。发动机舱盖在车辆的最显眼的位置,并且处在水平面上,最好不要在上面"打补丁"。

8.局部修补的前处理。要求在整板喷涂的基础上,要对过渡区域作更精细的处理。

(1)过渡区域的范围一定要达到要求,尽可能扩大些。

(2)在扩大的过渡区域要用1500~2000美容砂纸或与之相当的研磨材料,对原漆面进行研磨处理。

9.过渡喷涂是指在车身维修时,为了弥补修补板件的某些缺陷(主要是金属底色漆颜色差异、新旧差异)的影响,而将维修区域向相邻的板件扩展的方法。

10.如果车身颜色是浅色金属或珍珠色面漆,更容易产生色差缺陷。

11.采用过渡工艺的要求:

(1)车身颜色易产生色差。例如浅色金属或珍珠色面漆。

(2)维修的板件为车身同侧的前后翼子板和前后车门。例如车辆的左前翼子板需要修补,要向左前门作过渡喷涂。若维修前车门,需要过渡喷涂的板件有前翼子板和后车门。

12.过渡喷涂要求底色漆必须局部过渡喷涂,清漆最好整板喷涂。

## 第三节 水性漆的喷涂

(本节适用于检测维修工程师)

1.在传统的有机溶剂型涂料中,金属闪光底色层释放的VOC量占汽车车身涂装各道工序排出VOC总量的50%左右。

2.仅将传统的溶剂型金属闪光底色漆更新为水性底色漆,该道工序的VOC排放量可减少80%以上。

3.我国汽车维修涂装行业中,已经大量使用水性底色漆。

4.水性面漆都采用传统的金属闪光面漆的施工工艺,即底色层加罩光层的工艺。

5.水性底色涂层可与溶剂型罩光清漆配套。

6.水性涂料的表面张力较溶剂型涂料高:

(1)不易扩散入被涂物表面的小细缝中。

(2)易产生针孔、缩孔、流挂等涂膜缺陷。

(3)不易消泡,易产生下沉、流迹等。

7.水非常难蒸发:

(1)在涂装时易产生流挂。

(2)在涂金属底色漆时闪干时间过长,延长整个涂装时间而使作业效率变差。

8.受温度和湿度的影响大:

(1)最佳的施工温度范围为(23±1)℃。

(2)最佳的施工湿度范围为相对湿度65%±5%。

9.水性漆储存要求环境温度为5~30℃。

10.在冬夏两季运输过程中必须加热和冷却,运输车需装备恒温系统,油漆储存间和调漆间需安装空调。

11. 盛放水性涂料的容器用不锈钢和塑料等材质制作。

12. 为了解决水性底色漆闪干慢的问题,使用水性漆吹风机,来加快水分的蒸发。

13. 废弃水性涂料的处理。

(1)喷完水性底色漆的喷枪可以用自来水进行清洗。

(2)清洗喷枪的废水不要直接倒入下水道中,在其中加入适量的凝结剂,使固体残渣分离出来。

(3)过滤后的废水可再被循环使用。

## 第四节　车身塑料件的涂装

(本节适用于检测维修工程师)

1. 塑料在汽车上的应用发展很快,从最初的内饰件和小机件,发展到可替代金属制造各种机械配件和车身板件。

2. 用塑料替代金属,既可获得汽车轻量化的效果,又可改善汽车的某些性能,如耐磨、防腐、避振、减小噪声等。

3. 车身用塑料件以热塑性塑料居多。

4. 塑料件涂装的作用:装饰作用、保护作用、特种功能。

5. 塑料件涂装工艺难点:

(1)塑料底材的表面亲和能力较金属底材低,涂料、涂膜难附着。

(2)塑料的热变形温度低,因而涂料干燥固化之际的加热温度受限制。

(3)脱模剂洗净不良和添加剂的渗出,产生涂料不能成膜的情况。

6. 基于塑料件涂装工艺的难点,关键是要解决难附着塑料底材与涂层的结合力不好的问题。

7. 按塑料与涂膜的附着性(结合力),可将塑料分为易附着、难附着和不附着三类。

(1)易附着塑料底材。如 ABS,PMMA 塑料。

(2)难附着塑料底材。如 RIM-PU,改性 PP。

(3)不附着塑料底材。如未改性的 PP 属于表面活性极差。

8. 为了达到良好的施工效果,塑料件喷涂前的表面处理至关重要。

9. 对于难附着的塑料底材,需要在表面先喷涂一层塑料底漆。

10. 塑料件涂装必须考虑底材特性,再认真选择涂料、稀释剂、表面处理工艺、烘干条件。

11. 静电涂装的优点之一是涂料的涂着质量高,尤其是流水线涂装,效果非常明显,因此在工业涂装中被广泛采用。

12. 大多数汽车制造厂进行大面积的整体面漆喷涂时,使用自动喷涂。

13. 静电涂装时,操作者必须穿导电靴,但是不能戴手套。

# 考试模拟题

## 一、是非判断题

1. 喷涂面漆的板件所有表面都要打磨。 (√)
2. 单工序面漆一般喷涂 1 道就能达到技术要求。 (×)
3. 局部修补边界选在车身板件面积较宽处。 (×)
4. 维修珍珠色面漆时,为了防止色差的产生多采用过渡喷涂工艺。 (√)
5. 水性底色漆的干燥速度要比溶剂型底色漆慢。 (√)
6. 废弃的水性涂料可以直接倒入下水道中。 (×)

## 二、单项选择题

1. 单工序面漆喷涂前,板件处理操作错误的是(A)。
   A. 板件最后用 P240 干磨砂纸打磨
   B. 将不需要喷涂的部位进行遮护
   C. 用压缩空气清除表面的粉尘
   D. 用除油剂除油
2. 双工序面漆喷涂工艺描述错误的是(D)。
   A. 底色漆涂料为单组分类型,需加入稀释剂调整黏度
   B. 清漆为双组分涂料,需加入固化剂和稀释剂
   C. 底色漆一般喷涂 2~2.5 道可到达技术要求
   D. 清漆需喷涂 4 道才可到达技术要求
3. 过渡喷涂主要是为了弥补修补板件(C)。
   A. 橘皮影响    B. 光泽影响    C. 色差影响    D. 附着力影响
4. 闪干时通常使用(D)加快水性底色漆的干燥。
   A. 红外线烤灯烘烤    B. 喷枪吹风    C. 烤漆房加温烘烤    D. 水性漆吹风枪
5. 盛放水性涂料的容器常用(B)。
   A. 铁罐    B. 塑料    C. 纸质    D. 橡胶
6. 对于难附着的塑料底材,需要在表面先喷涂一层(B)。
   A. 环氧底漆    B. 塑料底漆    C. 中涂底漆    D. 磷化底漆

## 三、多项选择题

1. 维修涂装面漆的喷涂方法有(ABCD)。
   A. 干喷    B. 湿喷    C. 湿碰湿    D. 雾化喷涂

2. 单工序面漆喷涂完成后要达到(ABC)。
   A. 完全将底色遮盖　　　　　　　　B. 涂膜表面光亮
   C. 纹理均匀　　　　　　　　　　　D. 涂膜表面不能有脏物
3. 要使涂膜丰满、光泽高,喷涂时要(AD)。
   A. 保持喷幅重叠在 1/2～2/3　　　　B. 保持喷幅重叠在 1/8～1/4
   C. 降低喷涂气压　　　　　　　　　D. 调高喷涂气压
4. 适合作为局部修补边界的部位有(ABC)。
   A. 车身板件面积较窄处　　　　　　B. 车身拐角部位
   C. 板件的棱线部位　　　　　　　　D. 发动机舱盖
5. 金属漆的局部修补喷涂类型有(AC)。
   A. 局部喷涂底色漆,整板罩清漆　　B. 整板喷涂底色漆,整板罩清漆
   C. 局部喷涂底色漆,局部板罩清漆　D. 整板喷涂底色漆,局部板罩清漆
6. 塑料底材与涂膜的附着性分为(ABD)。
   A. 易附着　　　B. 难附着　　　C. 强附着　　　D. 不附着

# 第九章

# 汽车涂装维修车间管理

## 第一节　维修涂装作业安全

（本节适用于检测维修士）

1. 涂料中危害人体的物质：有机溶剂、树脂、固化剂（含有异氰酸盐）、重金属。
2. 涂料中树脂会使呼吸道过敏、皮肤过敏。
3. 在涂装时，人体容易受到伤害的部位有：眼睛、呼吸道、皮肤。
4. 异氰酸酯和溶剂进入人体的途径有：皮肤接触、呼吸道吸入、食入。
5. 接触溶剂时（喷涂面漆、底漆、除油等）的个人防护：安全鞋、防护眼镜、防静电工作服、耐溶剂手套、防毒（必要时戴供气式面罩）。
6. 戴供气式面罩的情形：
（1）喷涂含异氰酸酯固化剂的双组分涂料。
（2）喷涂水性涂料。
（3）空气中的氧气含量低于19.5%。
7. 接触粉尘时（打磨旧涂膜、腻子、中涂底漆等）的个人防护：安全鞋、防护眼镜、工作服、棉纱手套、防尘口罩。
8. 一般性的个人防护：安全鞋、防护眼镜（观察颜色、评估可不戴）、工作服。
9. 静电涂装时，操作者必须穿导电靴，但是不能戴手套。
10. 眼睛沾染涂料，马上用大量水冲洗，尽快送医。绝不能用稀释剂或天那水清洗。
11. 皮肤上沾染大量涂料，首先用抹布擦除，再用安全的清洁剂清洗，绝不能使用稀释剂或天那水清洗。
12. 降低溶剂在空气中的浓度的措施：
（1）为减少溶剂挥发，对存放含有溶剂涂料的容器要始终使用盖子。
（2）施工车间通风良好。
（3）喷漆房有强制换气设备。
13. 为减少溶剂挥发，对存放含有溶剂涂料的容器要始终使用盖子。
14. 按喷漆房的内压不同分正压和负压两种。

15.维修涂装用喷烤一体房多为室内空气的压力高于于室外压力的正压型。

16.按对涂膜的干燥方法不同,烤漆房可分为烘干式和照射固化式两种。

17.烘干式烤漆房又可分自然对流式、循环风机对流式和远红外辐射式3种。

18.维修涂装行业中应用的燃油式烤漆房的加温方式属于对流式。

19.烤漆房内不能进行任何打磨及抛光作业。

20.要保证烤房安全正常运行,需定期检查过滤系统、排风系统、加热系统、照明系统。

21.能避免压缩空气中水油及微粒的装置有供气管道设置、油水分离器、空气干燥器。

22.用于汽车维修行业的空气压缩机根据机械运动的方式基本分为两种,即活塞式和螺杆式。

23.大型汽车维修企业应该使用螺杆式空气压缩机。

24.对存放涂料的库房要求:

(1)库房要有通风口。

(2)涂料仓库照明开关应安装在库房外面。

(3)取料时避开中午高温,在早、晚温度较低时取料。

(4)不得在库房内调配涂料,使用过的涂料桶盖必须盖紧。

25.对VOC等废气的处理的科学方法:活性炭吸附、催化燃烧、液体吸附、直接燃烧。

## 第二节 汽车涂料、涂膜性能检测

(本节适用于检测维修工程师)

1.对于清漆、清油及稀释剂,是检验其是否含有机械杂质和呈现浑浊的程度。

2.涂料的用途不同,涂料的细度要求也不同。

3.面漆要求涂料要细,而底漆则要求涂料不应太细,以免影响涂膜的附着力。

4.测量涂料细度用刮板细度计(以 mm 为单位)。

5.涂料固体分含量就是所含不挥发成分的百分比。

6.涂料的固体分含量的高低对涂料的用量、施工次数、涂层厚度,遮盖力等都有很大的影响。

7.如果涂料的固体分含量低,单位面积的涂料消耗量大,一次形成的涂膜太薄,遮盖力不足。

8.涂料中的挥发成分对人体和环境的危害大,目前粉末涂料、高固体分涂料应用越来越广泛。

9.为了减小涂料中的挥发成分对人体和环境的危害,在维修涂装中应用越来越广泛的涂料是高固体分涂料。

10.流平性就是涂料涂布于物体表面后,经过一定的时间,涂膜表面的痕迹能自行消失,形成均匀、平滑的表面的性能。

11. 涂料流平性太差,涂膜表面的痕迹不易消失,产生涂装缺陷。

12. 涂料流平性太好,涂膜则容易产生流挂、流痕等缺陷。

13. 流平性的测定分为刷涂法和喷涂法。

14. 将涂料刷涂或喷涂于平整的底板表面上,以刷纹消失和形成平滑表面所需要的时间判定流平性,以分钟计。

15. 涂料的遮盖力指色漆试样均匀地涂覆在物体表面上,使物体表面的原有底色不复呈现的最少用漆量,称为涂料的遮盖力,以 $g/m^2$ 表示。

16. 涂料的遮盖力在维修涂装中直接影响修补质量和涂料用量。

17. 按规定的指标测定涂膜外观,要求与标准样板的颜色无明显差别,表面平整光亮,无皱纹、针孔、刷痕、发白、发乌等弊病。

18. 涂膜硬度测定的方法有硬度计测定法和铅笔硬度法。

19. 铅笔硬度法采用一套同一批号的中华牌高级绘图铅笔,铅笔规格为 6H、5H、4H、3H、2H、H、HB、B、2B、3B、4B、5B、6B 共 13 个级别,6H 最硬,6B 最软。

20. 检测涂膜硬度时,从最硬的铅笔开始划五道长 10mm 的划痕,直至找出划道不伤涂膜的铅笔为止,不伤涂膜的铅笔硬度即代表涂膜的硬度。

21. 冲击强度检测。将一定质量的重锤,从一定高度落下时对涂膜的破坏程度。其结果主要观察的是涂膜有无裂纹、皱纹及剥落等现象。

22. 附着力是检测涂膜与被涂物表面结合在一起的牢固程度。

23. 汽车涂膜附着力检测多采用划格试验的方法,划格试验又称十字切割试验,是一种以直角网格图形切割涂层,穿透至底材来评定涂层从底材上脱离的抗性的一种试验方法。

24. 涂膜冲击强度、附着力、硬度检测,会对涂膜造成损坏。

25. 光泽是评估涂膜表面时得到的视觉印象,直接反射的光越多,光泽的感觉越明显。

26. 光泽的测定不会损坏涂层。

## 第三节 车身涂膜缺陷与防治

(本节适用于检测维修工程师)

1. 汽车涂装时涂膜缺陷的出现是相当复杂的,是多种潜在因素作用的结果。

2. 涂膜缺陷成因来自三个主要方面:涂料本身缺陷,被涂底材或工件的缺陷以及施工工艺过程和环境、操作的缺陷。

3. 流挂。液体涂料施涂于垂直表面上,在湿膜未干燥以前,部分湿膜的表面容易向下流坠,形成上部变薄、下部变厚的现象。

4. 流挂的形态呈现多种多样,有的面积较大,呈帘幕状,有的呈条纹状、水柱状或波纹状。

5. 涂膜的流挂和流平是两个相互矛盾的现象。

6. 涂料的流平性越好,越容易产生流挂。

7. 良好的涂膜流平性要求在足够长的时间内将黏度保持在最低点,有充分的时间使涂膜流平,形成平整的涂膜。这样往往会出现流挂问题。反之,要求完全不出现流挂,涂料黏度必须特别高,它将导致涂膜很少或完全没有流动性。

8. 流挂产生于喷涂、闪蒸及烘烤整个过程中。

9. 流挂程度与涂膜厚度的三次方成正比,与动态黏度成反比。

10. 涂膜的厚度和动态黏度是影响流挂最直接的原因。

11. 在涂装施工时,形成流挂的原因有:

(1) 涂料黏度太低,流平性太好。

(2) 喷涂操作不当。涂膜一次性喷涂得太厚。

(3) 残留溶剂的含量太高,残留溶剂的溶解能力太高,挥发速率太低。

(4) 环境温度过低或周围空气的溶剂蒸气含量过高。

12. 预防流挂的措施:

(1) 正确选择溶剂,降低慢干溶剂含量,严格控制涂料的施工黏度。

(2) 提高喷涂操作的熟练程度,喷涂均匀,一次不宜喷涂太厚。

(3) 在喷涂时可以通过增加空气压力、增加喷枪和工件间的距离、增加涂层间的闪干时间等方法来控制。

(4) 施工场所的环境温度保持在15℃以上,严格控制涂料的施工环境温度。

13. 若流挂不严重,可以在涂膜干燥后,打磨抛光处理。

14. 当流挂严重时,只能等涂膜干燥后重新喷涂面漆。

15. 橘皮又被称为流平不良、粗糙表面、平整不良等。涂膜表面会呈疙瘩状、不平整,类似橘子皮的外观。

16. 橘皮是油漆在涂膜表面凝结不当现象,它的成因跟流挂相似,但刚好相反:

(1) 喷涂方法不当,喷枪离基材表面太远,压缩空气的压力不当,喷嘴调节不当。

(2) 涂膜太厚或太薄。

(3) 油漆混合不均匀,黏度不适当,稀释剂型号不对或质量太差。

(4) 各漆层间的流平时间不足。

(5) 环境温度或基材表面温度过高。

(6) 干燥不当。如在流平之前利用喷枪强制干燥等。

17. 预防橘皮的措施:

(1) 采用正确的喷涂方法,保证设备调节适当。

(2) 每次喷涂的涂膜要薄而均匀,使用推荐型号的稀释剂。

(3) 各涂层间要有足够的流平时间。

(4) 在推荐温度范围内喷涂,并保证通风适当。

(5) 彻底搅拌有颜料的底漆及面漆。

18. 橘皮不严重时,将橘皮缺陷打磨平,然后抛光。

19. 橘皮情况严重时,要将缺陷部位打磨平后,重新喷漆。
20. 轿车车身表面通常都是鲜艳夺目,光彩照人,一般要求光泽度大于90,最好能达到95以上。如此光亮的表面,任何涂膜弊病都会看得一清二楚,特别是脏物,尤其显眼。
21. 在维修涂装中,涂膜上的脏物是最难预防的。
22. 在高倍显微镜下,可以将脏物形态、体积和材质分析得很清楚,从而可以进一步分析追溯脏物的来源。
23. 产生涂层的脏物原因大致可分为如下几类:
(1)大气中的灰尘。以尘土为主,也包括各种各样的杂质。
(2)过喷附聚物。过喷附聚物可以从喷涂设备,如喷枪头子、喷枪上或者衣服上滴到湿膜上;如果喷漆室空气产生涡流也会将涂料在空气中聚合后再飘落到湿涂膜上。色漆的过喷附聚物往往是球状结构。
(3)打磨灰粒。中涂打磨时会产生不少灰粒,包括涂料粒子和砂纸的砂粒等杂物。
(4)纤维。纤维来自工作服、手套和空气过滤材料。
24. 预防脏物的措施:
(1)喷漆室空气的相对湿度为65% ±5%。
(2)喷漆室空气洁净度控制标准为灰尘粒径 <10μm,每月检测1次。
(3)喷漆室空气下降速度(风速)和喷漆室各区风向。空气下降速度慢,喷漆雾过多飘落在车身和喷涂设备上,是造成涂膜脏点的一个重要原因。
(4)喷漆室内空气的相对压力。喷漆室内空气的压力相对于室外必须保证微正压,以保证喷漆室内空气的洁净度。将1m长的磁带条悬于喷漆室门上,打开喷漆室门,检查磁带条的飘动方向。
(5)注意工具设备、操作人员工作服等的清洁。
25. 如果脏物在涂膜的最表层,并且粒径不大,还可以通过打磨、抛光的方法进行处理,否则只能返工。
26. 起云缺陷是指在喷涂后,颜色变得较白并成云团状。
27. 涂膜起云缺陷常发生于金属色漆膜上。
28. 打磨痕迹、剥落缺陷与车身喷涂前底处理没做好有关。
29. 起云、流挂缺陷与喷涂技术有关。
30. 抛光的作用是:
(1)增加涂膜光泽。
(2)消除划痕、光泽不均匀。
(3)消除脏物、流挂、橘皮。
31. 涂膜有氧化层、脏膜、泛色层、轻微划痕、新喷涂膜流痕、粗粒、橘皮、失光、丰满度差等缺陷。先后使用P1500～P2000美容砂纸,打磨掉涂膜表面的缺陷。
32. 涂膜经过P1500～P2000美容砂纸研磨后,无流痕、粗粒、橘皮、凸点,表面呈现无光状态。
33. 经过粗抛光后,涂膜表面无砂痕、划痕、粗粒、橘皮、涂膜无抛穿痕迹,呈现平滑、光亮状态。

34. 粗抛光结束后,涂膜表面的缺陷已经被处理掉了。但是涂膜光泽度不高,可能还存在细微的划痕和光晕。摇匀抛光细蜡,倒在抛光轮上,精细抛光直至达到没有光晕的闪亮涂膜。

# 考试模拟题

## 一、是非判断题

1. 为了防止溶剂挥发而污染环境,盛放涂料的容器要始终使用盖子。　　　(√)
2. 眼睛沾染涂料,马上用稀释剂或天那水清洗。　　　　　　　　　　　(×)
3. 缩孔形成的关键是涂层表面产生了表面张力梯度。　　　　　　　　　(√)
4. 维修涂装用喷烤一体房多为室内空气的压力低于室外压力的负压型。　(×)
5. 在维修涂装中,涂膜上的脏物是最难预防的。　　　　　　　　　　　(√)
6. 涂膜的流挂、橘皮、起云等缺陷都能通过抛光来处理。　　　　　　　(×)

## 二、单项选择题

1. 涂料中会使呼吸道过敏、皮肤过敏的物质是(D)。
   A. 有机溶剂　　　B. 固化剂　　　C. 重金属　　　D. 树脂
2. 手工除锈,应选用(B)。
   A. 乳胶手套　　　B. 棉纱手套　　C. 耐溶剂手套　　D. 耐酸手套
3. 在涂料细度测定中,刮板细度的单位是(B)。
   A. 厘米(cm)　　　B. 毫米(mm)　　C. 微米(μm)　　D. 道
4. 在下列涂膜性能的测试中,不会损坏涂层表面的是(C)。
   A. 附着力测定　　B. 硬度的测定　C. 光泽的测定　　D. 冲击强度测定
5. 涂膜起云缺陷常发生于(D)涂膜上。
   A. 单工序　　　　B. 双工序　　　C. 素色　　　　　D. 金属色
6. 下列涂膜的缺陷中能采用抛光工艺处理的是(B)。
   A. 打磨痕迹　　　B. 脏物　　　　C. 缩孔　　　　　D. 起皱

## 三、多项选择题

1. 降低溶剂在空气中的浓度的措施有(ABCD)。
   A. 施工车间通风良好
   B. 喷漆房有强制换气设备
   C. 施工人员佩戴标准的安全防护装备
   D. 对存放含有溶剂涂料的容器要始终使用盖子

2. 在涂装时,人体容易受到伤害的部位有(ACD)。
   A. 眼睛　　　　　B. 耳朵　　　　　C. 呼吸道　　　　　D. 皮肤

3. 涂料的固体分含量的高低会影响(ABC)。
   A. 涂料用量　　　B. 遮盖力　　　　C. 涂层膜厚　　　　D. 光泽度

4. 以下涂膜性能测定方法中,会对涂膜造成损坏的有(ABD)。
   A. 冲击强度检测　　　　　　　　　B. 附着力检测
   C. 光泽检测　　　　　　　　　　　D. 涂膜硬度检测

5. 影响涂膜流挂的最直接原因是(BD)。
   A. 喷涂气压太高　　　　　　　　　B. 涂膜的厚度
   C. 稀释剂挥发速度　　　　　　　　D. 涂料的动态黏度

6. 与车身喷涂前底处理没做好有关的缺陷是(BD)。
   A. 橘皮　　　　　B. 打磨痕迹　　　C. 起云　　　　　　D. 剥落

# 第三篇 实务篇

# 第一章
## 实操考试系统介绍

1. 机动车机电维修技术实操考试采用人机对话的形式完成考试操作，该考试系统具有以下技术特点：

(1) 实操考试系统的组题功能按照维修士、工程师、高级工程师三个级别划分考试类别、考试科目及考试内容。

(2) 该系统采用三级 DES 加密技术，对题库和考生信息、考试信息、考试成绩等进行加密，确保考试的公平性和公正性。

(3) 系统能够实现汽车专业的无纸化、局域网化、自动化的考试，集成零部件检测、机电考试、车身修复、车身涂装、检测评估与运用等多套题组。

(4) 支持考试有效时间安排、考试倒计时等功能，支持考试成绩保密、答卷保密、防舞弊等安全设定。

(5) 题目类型支持单选题、多选题、模拟互动实操题、图表等题型。

(6) 导入试卷，可设置试卷的难度等级，可按照知识点设置考试题目数量、题型、分值等参数。

(7) 创建与修改，包括考试有效日期、考试时间、考试人员、试卷。

(8) 执行考试，考生登录、考生信息输入；考生信息确认，考试列表，显示该考生未进行的考试；选择考试，显示考试说明、考试时间、考试规则等考试须知；答题是通过鼠标点击选项进行。

(9) 考试终止功能，在考试过程中，若出现考生违反考试纪律等情况，监考员可通过系统终止考试。

(10) 考试结束后，考生无法进行任何操作，考试成绩自动形成数据包存储在局域网服务器上，同时进行安全加密，考务人员下载本次考试成绩的加密数据包拷贝或刻录光盘移交至交通运输部职业认证中心。

2. 实操考试使用过程中根据专业不同会有不同的题目要求，其操作界面和操作要求基本相同。

(1) 考试系统登录。考生打开考试系统，分别输入准考证号和登录密码，并点击"登录"按钮进行系统登录。

(2) 考生信息确认及考题选择。输入准考证号及登录密码并点击"登录"后，出现考生信息界面，核对考生信息是否准确，包括姓名、考号、证件编号、考试专业、考试级别等，若有错误需要和监考人员核对。在确认考生信息无误之后需要选择考试试题的类型，点击页面底部的"下拉选择"按钮，选择相对应的试题类型，之后点击底部的"进入考试"按钮，开始考试过程的操作。

（3）实操考试界面。进入实操考试界面后，系统会根据考生选择的试卷类别给出相应的考试题目。考生要根据系统的提示进行相关的操作，在试题的页面上部会显示相关的信息包括"实操考试的倒计时的结束时间""正在进行的是第一题（蓝色标识）""考生姓名"和"考试时间"等信息。

（4）考试答题完毕可以点击"提交按钮"提交试卷并结束考试过程。进入考试后系统默认从第一题开始作答，考生个人也可点选第二题、第三题、第四题等进行操作答题。考生通过观看左侧系统提供的考试信息，在右侧题目框进行题目作答。作答之后点击"下一题"继续作答，已作答题目序号外边框为绿色边框。

（5）交卷并结束考试界面。在考生完成所有的考试题目并确认无误的情况下或者部分完成题目均可以点击"交卷"按钮，进行交卷操作，此时系统界面会提示考生未完成的题目题号，但不影响提交试卷。系统会提示输入识别码，当考生正确地输入了识别码后，系统提示"已成功交卷，考试已经结束，请离开考场"考试结束。

# 第二章
# 实操考试系统操作

## 第一节　钣金专业考试系统操作

1. "机动车整形技术"专业实物部分考试项目有钣金和喷漆两部分专业试卷,考生可以根据自身情况选择一个专业试卷作答。

2. 钣金专业的考核主要内容有车身修复方案制订、车身修复工艺和设备、安全环保与工具设备使用于维护等。要求考生按照系统的提示进行相关的操作和测量,记录测量的数据并分析测量数据,最后给出自己结论,选择正确的选项。

3. 车身修复方案制订的考核知识点有:掌握车身修复方案制订流程;掌握测量工具、量具正确的使用方法;掌握事故车辆的测量部位和数据的基本要求;掌握测量数据的分析方法和车身修复方案的具体制订。

4. 选择第一个题目,操作系统会提示该题目的考核专业、考核内容为"车身修复方案制订"以及题目要求。

5. 在"车身修复方案制订"的主界面上由三部分组成,屏幕左侧部分是测量工具的测量数据显示区域;屏幕中间部分是事故车辆的实际图片;右侧为题目要求,在本例中关于车身修复方案制订的题目有 12 个小问题需要完成。

6. 在操作过程中,根据题目内容的要求,接合考试系统提供的测量界面和测量的数据,进行分析,选择你认为正确的选项,然后点击"下一题"按钮,进入下一题操作界面,如图 3-2-1 所示。

(1)需要检测的点是否已经足够的被检测出来?

　　A. 没有　　　　B. 是的

①进行事故车测量时,需要根据车辆的损坏情况来选择长度基准,若汽车前部发生碰撞则选择后部的基准点作为长度基准;若汽车后部发送碰撞则选择前部的基准点作为长度基准;若车辆中部发生碰撞,则要对车身中部进行整修,直到车身中部的四个基准点有三个点的尺寸被恢复。

②不同公司提供的数据图形式上可能不同,但是基本数据信息是相同的,都要反映出车身上的测量点的长、宽、高的三维数据。

③本题中的测量位置是 5 个,根据测量数据的准确性和合理性原则结合车辆碰撞事故

的具体部位,题目中的测量位置没有完全选择出来。

图 3-2-1　车身修复方案制定

(2) 如果没有测量完足够的点,下列哪个部位还需要进行测量？

　　A. 前悬架区域　　　　　　　　B. 门立柱
　　C. 车架后尾端　　　　　　　　D. 已经足够不需要在测量

①题目中已经测量了车辆的五个位置,根据测量数据的准确性和合理性原则结合车辆碰撞事故的具体部位,题目中的关键测量位置没有完全选择出来。

②右前部变形严重,需要测量车辆前部悬挂区域的数据,以此检查车辆碰撞区域的变形状态,有利于校正维修。

(3) 根据题目中碰撞的类型,图中所显示的车辆的测量数据是否是应该测量的位置及数据？

　　A. 是的　　　　　　B. 不是

①为了保证汽车使用性能良好,总成的安装位置必须正确,因此修理后要求车身尺寸的配合公差不能超过 ±3mm。

②测量点和测量公差要通过对损坏区域的检查来确定。例如,一般引起车门轻微下垂的前部碰撞,其损坏传递不会超过汽车的中心位置,后部的测量就没有太多的必要。而对于碰撞较为严重事故,必须进行大量位置测量以保证适当的修理调整顺序。

(4) 如例所示,技术员需要使用三点基准吗？

　　A. 是的　　　　　　B. 不是

①为了测量数据的准确性和合理性需要尽可能多的确定测量基准点。

②确定基准点后,就可以利用利用测量设备来测量车身上的各个测量点。如果测出的车辆的基准点与标准数据上的位置不同,则表面车辆上的基准点可能发生了变形。

③使用三点基准的方法是测量过程中使用较多、测量数据比较准确、测量过程比较方便的一种方法。

(5) 如果需要选择使用三点基准,哪个点需要被删除掉？

　　A. 右前　　　　B. 左前　　　　C. 左后　　　　D. 右后

①如果车辆的基准点所处的位置发生严重变形,基准点的数据超过规定公差范围,就必

需先对基准点进行校正,或者重新选定新的在正确位置的基准点。

②本题中事故车辆的碰撞点位于右前方,并且发生较严重的变形,所以不应该选定右侧前方位置的为测量点基准,可以删除此点。

(6)如果车轮没有被拉回到准确位置,还是比另一边的要靠后一点,哪个悬架角度将受到影响?

  A.主销后倾  B.车轮外倾  C.前束  D.推力角度

①当车辆发生较严重事故导致底盘形状发生变形时其底盘数据也要发生改变,影响车辆的正常行驶。

②车辆的主销后倾角、车轮外倾角、前束值和推力角等底盘数据对车辆的行驶稳定性有较大的影响。

(7)车身中部宽度的变形将影响到哪个尺寸?

  A.中心线  B.基准面  C.高度  D.长度

①事故车辆中部的宽度严重变形会影响车辆的中心线位置。

②其车辆基准面、车辆高度、车辆长度影响不大。

(8)将在车辆的哪个位置发生扭曲变形?

  A.车辆车身中部

  B.前部撞击部位

  C.由于惯性原因,在车辆的另外一面

  D.从风窗玻璃部位到车辆的上部结构

①分析考试界面的测量数据,当测量数据超出标准公差范围±3mm时,测量系统会以红颜色显示出测量数据。

②当测量数据在标准公差范围±3mm内时,测量系统会以蓝颜色显示出测量数据。

③考试界面的测量数据显示在车辆车身中部的变形较大,其他部位也有变形但不是十分明显。

(9)当进行修复的时候,我们需要监控车辆的哪个部位?

  A.前部、中部、后部都需要监控

  B.仅监控损伤的部位

  C.仅在修复拉伸的部位

  D.如果拉伸正确,它将自行修复,无须监控

①在修复过程中,由于施加在车身上的力的大小、方向不同,其合力就会相对复杂。

②另外车身的结构和材料也不同,所以在修复过程中需要监控的部分就要求比较多,前部、中部、后部都要监控。

(10)如图3-2-1所示,车身的后部是否已经发生变形?

  A.是的  B.没有发生变形

①分析考试界面的测量数据,当测量数据超出标准公差范围±3mm时,测量系统会以红颜色显示出测量数据。

②当测量数据在标准公差范围±3mm内时,测量系统会以蓝颜色显示出测量数据。

③该题目中碰撞位置为右前方,由于车速比较快,车身变形较为严重且传递到车身其他

位置。车身的后部也有变形,并且超出标准公差范围。

(11)右侧前部基本点测量显示了高度的什么变化?
  A.向下偏移4mm  B.向下偏移7mm  C.向下偏移1mm  D.向上偏移4mm

(12)车辆起步朝着哪个方向发生的偏移变形更为严重?
  A.向后    B.向上    C.向下    D.向左

7.车身修复工艺与设备考核的考核知识点有:掌握机动车车身修复工艺的方法和步骤;掌握机动车修复工艺的设备和使用方法;掌握车身修复结果的判定标准和解决方法。

8.选择第一个题目,操作系统会提示该题目的考核专业、考核内容为"车身修复工艺与设备"以及题目要求。

(1)对车身修复前,首先要选择校正设备。如果选择地板式校正设备(地八卦),那么说法正确的是:
  A.可以提供快速勾挂和强制固定且不占用空间
  B.不能进行复杂的拉伸校正
  C.地板式固定设备可以直接对损伤部位进行拉伸,而不需要对拉塔进行固定
  D.地板式校正设备不能用于小轿车的维修

(2)更换车身零部件时,需要进行焊接作业,一般不使用的焊接工艺是:
  A.氧乙炔焊    B.点焊    C.气体保护焊

(3)面板修复后,造成表面出现孔洞,必须要进行焊接修补,增加工作量,根据图片中发现修复中存在哪些问题?
  A.表面出现孔洞,必须要进行焊接修补
  B.打磨不正确
  C.采用填充材料,修补孔洞
  D.采用胶粘方式

(4)在打磨准备过程中,技师A说:"在喷涂环氧底漆前,没有必要打磨出羽状边"。技师B说:"在喷涂环氧底漆前,必须要打磨出羽状边"。谁正确?
  A.B技师的说法正确    B.A技师的说法正确
  C.A和B技师的说法都不正确  D.A和B技师的说法都正确

(5)在基本修复完成后,对题目给定的车辆修复情况进行检查,其说法正确的是:
  A.再次测量      B.装配前部元宝梁
  C.装配后部元宝梁    D.使用水平尺校直

(6)在检查车身主体结构合格后,一般要检查车身外观,说法正确的是:
  A.发现左前翼子板与车门缝隙在8mm,调整后不能减小,说明车身左侧结构还存在损伤
  B.左前翼子板与车门存在明显断差,说明左前部存在损伤
  C.如果右前翼子板与车门存在断差,可以通过装配调整来消除,因为断差不能因车身结构损伤而产生
  D.外观检查只能检查装配情况

(7)在拉伸后,去除裙边夹具后,车辆的裙边出现损伤情况,原因为:

A. 裙边在拉伸过程中受到损伤
B. 使用裙边固定方式固定车辆,拉伸后裙边就一定受到损伤
C. 拉伸力分配错误造成裙边损伤
D. 如果更换适当夹具,能够避免损伤

(8)在车辆拉伸修复后,发现安装新的悬架总成时,遇到的情况,对此解释正确的是:
A. 需要进行测量车身结构尺寸
B. 调整其他安装螺栓,减小安装差距,主要原因是安装问题
C. 因为更换的是新的悬架总成,所以一定是悬架模块变形
D. 装配需要使用特殊工具,加力使螺栓安装入位

①安装悬架时,下部零件的螺栓孔与上部螺栓孔对应不上,导致螺栓杆不能正确穿过螺栓孔,安装不能到位。造成这种现象的原因有多种,需要仔细分析,不能强加外力或使用特殊工具(锤子、撬棍等)使螺栓入位,这样会造成事故隐患。

②分析该车辆进行拉伸修复后出现的现象,排除配件型号和安装方法的原因,优先考虑的是该车的车身出现了修复过程中的二次变形故障,需要重新进行车身结构尺寸测量。

9. 安全环保、工具设备使用与维护考核知识点有:掌握机动车车身修复安全环保相关知识;掌握机动车修复工具设备的使用方法;掌握机动车修复工具设备的维护要求与方法;掌握安全环保的相关法律法规。

10. 题目全部操作后点击"交卷"按钮,交卷成功则展示考试结束页面,考试结束。

## 第二节　喷漆专业实操考试操作

1. "机动车整形技术"专业的实物部分考试项目有钣金和喷漆两部分专业试卷,考生可以根据自身情况选择一个专业试卷作答。

2. 喷漆专业的考核主要内容有车身涂装前处理与涂料调配工艺、车身涂装后处理工艺、涂层缺陷形式判断与缺陷原因分析、安全环保、工具设备使用与维护等。

3. 要求考生按照系统的提示进行相关的操作和处理,记录操作的步骤并分析技术状态,最后给出自己结论,判断题目要求的待处理的部位技术状况,选择正确的选项。

4. 车身涂装前处理与涂料调配工艺的考核知识点:掌握车身涂装前处理工艺流程;掌握车身涂装涂料调配工艺流程;掌握涂装前处理工具、设备正确的使用方法;掌握各种常用涂料调配工艺的特点及要求。

5. 选择第一个题目,操作系统会提示该题目的考核专业、考核内容为"车身涂装前处理与涂料调配工艺"以及题目要求。在"车身涂装前处理与涂料调配工艺"的主界面上由两部分组成,屏幕左侧显示的是事故车辆目前状态的实际图片;右侧为题目要求,在本例中关于车身涂装前处理与涂料调配工艺的题目有若干小问题需要完成。

6. 在操作过程中,根据题目内容的要求,接合考试系统提供的测量界面和测量的数据,

进行分析,选择你认为正确的选项。

(1) 标准的除油工序技巧应是:
    A. 用一块粘湿除油剂的擦拭布擦湿整板表面,然后在除油剂没有干燥前,用另一块干布擦干
    B. 用一块粘湿除油剂的擦拭布擦湿整板表面,然后用粘尘布擦干
    C. 用一块粘湿除油剂的擦拭布擦湿整板表面,然后用压缩空气吹干
    D. 用一块粘湿除油剂的擦拭布擦湿整板表面,等待干燥即可

① 在除油时要首先使用一块粘湿除油剂的擦拭布擦湿整板表面,然后在除油剂没有干燥前,用另一块干布擦干,有些除油剂加热后除油效果会更好。

② 每一次擦洗面积不应该大于 $0.3m^2$,应一块一块有序地进行,在进行大面积清洗时要注意经常更换抹布。

(2) 在喷涂银粉前,研磨中涂底漆后,应该使用什么型号的干磨砂纸研磨喷涂过渡区?
    A. P1000    B. P600    C. P1500    D. P2000

① 砂纸细度采用不同的级别描述。纸的级别通常采用"P"加数字的表示方法,"P"表示在规定的面积上网眼的大小,比如"P240",数字越大,表示砂纸细度越细。

② 手刨打磨中涂底漆后,使用 3mm 带有中间软垫的偏心距的打磨机,如果需要喷涂单工序面漆使用 P400 砂纸打磨,如果要喷涂双工序面漆用 P500 砂纸打磨,使用 P1000~P1200 海绵砂纸垫或白洁布打磨其他喷涂位置。

(3) 一辆车辆在高速行驶时,整个前盖被砂石打出很多小点,只是损伤了表面的油漆,而没有凹陷,应该用什么效率高的喷涂工序处理前盖:
    A. 吸尘式打磨机除漆    B. 脱漆水脱漆
    C. 填补填眼灰    D. 填补原子灰

① 原子灰俗称腻子,又称不饱和聚酯树脂腻子,是近 20 多年来世界上发展较快的一种嵌填材料,让一度落后的汽车钣金修理业实现了跨时代的飞跃。

② 主要是对底材凹坑、针缩孔、裂纹和小焊缝等缺陷的填平与修饰,满足面漆前底材表面的平整、平滑。

③ 广泛应用于汽车修补、家具、模具等各种需要填平修补的金属制品、玻璃钢制品等领域。

(4) 原子灰打磨后,为什么原子灰边沿与底材出现了光环:
    A. 原子灰超越羽状边打磨范围    B. 原子灰干燥不良
    C. 打磨砂纸选择太细    D. 前处理打磨不适当

(5) 保险杠转向灯位置在刮涂腻子前,应进行什么工序:
    A. 拆卸转向灯    B. 保护转向灯    C. 清洁    D. 除油

(6) 当喷漆房升温系统坏了,造成室温只有 5℃,导致油漆黏度高,喷涂困难,应该怎么处理:
    A. 油漆加温    B. 添加稀释剂    C. 更换较大喷嘴    D. 更换压力型喷枪

(7) 一件新翼子板无须刮涂腻子,在打磨电泳底漆后,应该使用什么样的快速工艺流程完成喷涂面漆:
    A. 喷涂免磨中涂底漆,然后喷面漆    B. 直接喷涂面漆

C. 喷涂中涂底漆,打磨底漆、喷涂面漆  D. 喷涂环氧底漆,打磨后喷涂面漆

①电泳是涂装金属工件最有效的方法之一。电泳涂装是将具有导电性的被涂物浸在装满水稀释的浓度比较低的电泳涂料槽中作为阳极(或阴极),在槽中另设置与其对应的阴极(或阳极),在两极间接通直流电一段时间后,在被涂车身表面沉积出均匀细密、不被水溶解涂膜的一种特殊的涂装方法。

②电泳涂装过程中伴随着四种化学物理变化,即电解、电泳、电沉积、电渗。根据汽车用底漆在汽车上的所用部位,要求底漆与底材应有良好的附着力,与上面的中涂或面漆具有良好的配套性,还必须具备良好的防腐性、防锈性、耐油性、耐化学品性和耐水性。

③汽车底漆所形成的涂膜还应具有合格的硬度、光泽、柔韧性和抗击石击性等力学性能。

(8)新部件涂装电泳漆有什么作用:
　　A. 防锈蚀　　　　　　　　　　B. 增加涂膜厚度
　　C. 增加涂膜附着力　　　　　　D. 增加涂膜硬度

①电泳涂装是将具有导电性的被涂工件,浸渍在装水稀释的、浓度比较低的电泳涂料槽中作为阴极(或阳极),在槽中另投置与其相对应的阳极(或阴极)。

②在两极间通一定时间的直流电,通过物理化学作用将漆沉积在被涂工件上,形成水不溶性膜的一种涂装方法。

(9)研磨新部件车头盖底部,最有效的方法是使用什么研磨物料:
　　A. 菜瓜布(灰颜色)　B. P80　　　　C. P180　　　　D. P400

①漆面研磨就是使用研磨剂来解决漆面氧化层、条纹、污染、褪色等影响漆面外观的深层问题。

②为了确定使用研磨剂的种类,需对漆面问题进行判断,在不明显处的小块面积试用研磨剂。研磨剂优先选用轻度研磨剂,如果漆面缺陷较严重,再考虑选用中度或重度研磨剂。产品使用顺序必须是:先"重",再"中",最后"轻"。

(10)面漆直接喷涂于电泳漆上,涂膜可能会发生什么问题:
　　A. 附着力和耐久性差　　　　　B. 气泡和锈点
　　C. 砂纸痕迹和水印　　　　　　D. 色差和油化软化

①中涂的功能有增强底漆和面漆之间的结合力;增加涂层总厚度,提高丰满度;提高底面漆的耐腐蚀能力和耐候性;填补底材表面的微小缺陷;提高面漆的装饰性能。

②由于汽车工业对汽车涂层的高硬度、高装饰性和高耐候性、抗划痕性的要求,对中涂的要求也越来越高,因而中涂漆在提高复合涂层的外观装饰性、耐石击性和耐候性等方面起到了很大的作用。

③如果省去了中涂的工序,而是将面漆直接喷涂在电泳漆上,会使其附着力和耐久性变差。

(11)喷涂铝合金底材最好使用什么底漆:
　　A. 侵蚀底漆　　　　　　　　　B. 环氧底漆
　　C. 丙烯酸中涂底漆　　　　　　D. 硝化纤维中涂底漆

①在铝合金表面取得良好的表面处理效果之后,(无油污、无尘、表面有一定粗糙度),可

以喷涂铝合金专用的环氧富锌底漆。

②该底漆对于铝合金表面具有良好的附着力,特别是双组分的环氧锌黄底漆。该漆具有环氧漆特有的高附着力,韧性、硬度等均比较优良,并且配套性能好。

7.车身涂装后处理工艺考核的知识点有:掌握机动车车身涂装后处理工艺相关知识;掌握车身涂装后处理工艺的工具设备的使用方法;掌握抛光打蜡的工艺流程及标准要求;掌握安全环保的相关法律法规。

8.选择第一个题目,考试操作系统会提示该题目的考核专业(喷漆专业)、考核内容为"车身涂装后处理工艺"以及题目要求。点击"确定"按钮进入答题操作界面。

(1)一辆银灰色汽车的车门被撞坏,在一维修站进行了维修。行驶了几个月后发现有的地方清漆开始成片的脱落。如果是喷涂工艺上的原因可能是:

　　A.清漆和银粉喷涂太干　　　　　　B.银粉喷涂太湿,清漆太干
　　C.清漆喷涂太湿　　　　　　　　　D.银粉喷涂太湿

①涂层强度不够是铝粉层发生脱落的根本原因,在铝粉漆配方中,通常会含有一定量的特殊蜡浆,以防止铝粉沉降和控制铝粉定向。

②高铝粉含量的涂膜由于含有较多的蜡浆,涂膜疏松就容易脱落。

(2)喷涂双组分清漆后,在烤漆房烘烤 15min,然后在 32℃ 风干 2h,进行抛光打蜡时,出现抛光痕迹,你觉得问题出在哪里:

　　A.烘干时间不够　　　　　　　　　B.风干时间不够
　　C.固化剂不配合天气　　　　　　　D.清漆与固化剂的调配比例不对

①汽车抛光操作过程中出现抛光痕迹的原因:涂膜没有充分干透就进行抛光处理;抛光机的压力太大或转速太快。

②使用的研磨膏太粗或有碱性,抛光膏选择不合适,抛光布轮太脏,太粗糙。

(3)一位喷漆师傅修补一辆汽车发动机舱盖,方式为全喷,喷涂完成后发现涂膜表面有好多脏点,使用喷枪为传统重力式喷枪。如果从操作上改进应:

　　A.喷涂前发动机舱盖表面除尘
　　B.增加喷枪出气压力
　　C.放慢喷枪移动速度
　　D.增大喷涂时喷枪到发动机舱盖表面距离

①喷涂之后出现脏点主要有以下几点原因:涂装场所污染,如烤漆房地板没有清洁干净;设备不良,烤漆房没有正压,过滤网使用过久或没有保持干净。

②另外被喷涂部件本身没有确实处理干净,尤其是内外角落处;漆料没有过滤或漆料过滤不良也会造成。

(4)喷涂银粉漆,应该选择多少目过滤网进行银粉漆过滤:

　　A.100目　　　　B.200目　　　　C.250目　　　　D.180目

①银粉也就是铝粉,银粉具有防腐、防锈、耐水、耐温、反光、干燥快、附着力强等特点。使用时可直接用于物件的表面涂刷或喷涂。

②如与底漆配合使用时,需等底漆完全干透后再涂刷或喷涂。若喷涂最好用 100 目过滤网过滤,稀释时可用二甲苯或混苯调整黏度。

(5)面漆膜太厚会导致发生什么问题:
  A.外观差          B.喷花(起云)、遮盖力差和涂膜干裂
  C.鱼眼、起皱和橘皮       D.溶剂起泡、流挂和色差

①溶剂起泡是指喷涂的涂膜表面呈现出很多直径在1mm以下的顶部裂开的小气泡。

②原因:由于涂膜表皮的迅速干燥,使得空气或溶剂蒸气不能及时排出;使用的稀料质量太差,挥发速度太快;涂膜太厚,或各道漆间的流平时间不足;压缩空气的压力太低;干燥温度太高,加热源离涂膜太近、过热或过早加热。

9.涂层缺陷形式判定与原因分析考核的知识点:掌握车身涂层缺陷判定相方法;掌握车身涂层缺陷原因分析;掌握车身涂层缺陷的补救措施方法;掌握车身喷涂环境保护及法律法规要求。

10.选择第一个题目,考试操作系统会提示该题目的考核专业(喷漆专业)、考核内容为"涂层缺陷形式判定与原因分析"以及题目要求。点击"确定"按钮进入答题操作界面。

(1)汽车喷涂完成后,升温到60℃后,即将烘烤房电源关掉至冷却,可能引起什么后果:
  A.失光    B.缩孔    C.流挂    D.起痱子

①失光产生原因:被涂物部件表面潮湿或有酸、盐、咸等物质;涂料和稀料中混有水分;被涂物表面过于粗糙,对涂料吸收量大,涂层太薄;现场环境湿度大,相对湿度大于90%,涂层极易发白失光;现场温度太低,干燥太慢,水聚在表层造成失光。

②流挂产生原因:往往是溶剂挥发缓慢,涂得过厚,如重枪处;喷涂距离过近,喷涂高度不当,涂料黏度过低,周围空气中溶剂蒸气含量过高,气流过低,或被涂物几何形状复杂,油气聚集在底漆缝隙处等。

(2)涂膜起雾可能有哪些原因引起:
  A.使用溶剂干燥过快       B.喷涂过厚
  C.喷涂压力过小         D.天气干燥

①涂膜产生雾气的原因主要有以下几点:喷漆时环境温度寒冷、潮湿。涂膜成膜过程中溶剂挥发时会吸热造成表面温度降低,如在高湿度环境中施工,成膜太快就会造成由于低温引起水蒸气在涂膜表面凝结(发白);使用的稀料溶剂干燥速度太快或质量太差。

②另外,压缩空气的压力太大、喷枪调整不当;利用压缩空气吹拂涂膜,试图加速溶剂挥发;喷漆室内有穿堂风,或者加热时空气流动不充分也是原因。

(3)哪个做法不会造成渗色现象:
  A.水浸泡
  B.喷涂上层油漆时使用了较强的溶剂
  C.底层油漆中的颜料被新涂层的溶剂溶解并吸收
  D.上层油漆喷涂过厚

①来自下层(底材或涂膜)的有色物质,进入并透过上层涂膜,使涂膜呈现不希望有的着色或变色称为渗色。

②涂料涂膜产生渗色现象的主要原因有:涂料渗色常发生的底漆色深、面漆色淡的涂装配套中;底漆涂料中的颜料或沥青树脂被面漆所溶解,使颜色渗入面漆;如白色面漆涂刷在红色或棕色的底漆上,面漆变为粉红色或灰色;施工中,底漆未干透或涂装具有强溶剂的面

漆,使底层涂膜溶解;如喷涂硝基涂料时,下层底漆有时透过面漆,使上层原来的颜色污染。

(4)涂膜失光可能由什么原因造成的:
  A.使用了劣质的稀释剂    B.加入固化剂过多
  C.气温过高        D.环境干燥

①涂膜颜色因时间流逝及质量问题而失去光泽及发生褪色称为失色。

②此现象产生的主要原因是:喷涂操作中使用劣质的稀释剂导致;配比过程中过度使用化白水导致;配比过程中过量使用稀释剂导致;部件底漆支持力差或干燥不良导致;在高湿度环境中时喷涂操作导致。

(5)车身涂膜很容易从工件的表面脱离,以下哪一个不是该现象的可能原因:
  A.未使用粘尘布擦拭底材    B.涂膜太厚
  C.涂膜太薄        D.底材前处理不当

①涂膜脱落产生的一般产生原因有:喷漆前部件表面清洁不彻底,待喷(或新、旧)表面潮湿或存有水分、油污、表蜡、油脂、硅酮、油、脱膜剂、铁锈或肥皂水等污染;在钢或铝基材表面未使用金属表面处理剂,或者使用的金属处理剂型号不对,底材处理不当。

②另外,基底表面结合力不够、喷漆时,基底表面温度太高或太低或喷涂底漆的方法不当,底漆未充分干燥也是原因。

11.安全环保、工具设备使用与维护考核知识点有:掌握机动车车身涂装安全环保相关知识;掌握机动车涂装工具设备的使用方法;掌握机动车涂装工具设备的维护要求与方法;掌握安全环保的相关法律法规。

12.选择第一个题目,考试操作系统会提示该题目的考核专业(喷漆专业)、考核内容为"安全环保、工具设备使用与维护"以及题目要求。在该考核题目下,一共有若干个问题需要操作。点击"确定"按钮进入答题操作界面。

(1)下列哪个不是油漆喷涂单位必须遵守的法规:
  A.《危险化学品生产安全监督管理法》
  B.《中华人民共和国安全生产法》
  C.《危险化学品安全管理条例》
  D.《安全生产许可条例》

(2)下列哪些操作可以在修补车间喷漆房进行:
  A.红外灯烘烤涂膜     B.干磨
  C.喷漆房内喝水     D.震荡油漆

①严禁在喷烤漆房内进行打磨、烧焊、切割等明火作业、严禁在运转的设备上喷涂作业、车间操作人员不得将"火种"带入生产岗位。

②调配含有溶剂挥发浓度较大的油漆时,应戴防毒面具,严禁用汽油或香蕉水洗手,严禁在喷漆房内饮食、饮水。

(3)下列哪个不是喷漆时穿防静电服的原因:
  A.防止溶剂蒸气透过衣服
  B.避免接触漆雾
  C.防止衣服掉毛落到工件上影响喷涂质量

D. 避免产生静电影响喷涂质量

①防静电工作服可以有效避免因在喷涂过程中产生的静电影响喷涂效果,存在安全隐患。

②现在的防静电工作服大多数的是一次性的,少部分也有可洗涤的。防静电工作服最好使用中性洗涤剂清洗,洗涤时不要与其他衣物混洗,采用手洗或洗衣机柔洗程序,防止导电纤维断裂。

③穿用一段时间后,应对防静电服进行检验,若静电性能不符合要求,则不能再以防静电服使用。

(4)油水分离器是利用什么原理减少水分进入输气管内的:

  A. 离心力    B. 过滤法    C. 气压聚积法    D. 气阀控制

①空气压缩机油水(气/水)分离器主要是分离出压缩空气中的冷凝水,避免损坏高压空气下端的设备和工具。

②压缩空气油水(气/水)分离器是运用离心及集流相结合的原理,重力及碰撞等机理的完美结合,能有效地去除压缩空气中的液态水雾,是压缩空气高效过滤器。

③油水分离器是吸附式压缩空气干燥机必要的预处理装置。除去压缩空气中的水分是压缩空气净化处理的首要任务,压缩空气中的水夹带杂质会侵蚀管道、阀门、仪表及设备,造成生产成本的提高。

(5)现在我需要打磨20mm×20mm面积的底漆,应该选择什么类型的打磨机:

  A. 3~5mm 双动作    B. 1~3mm 双动作

  C. 5~7mm 双动作    D. 单动作

①打磨机的动作类型按照磨片动作的运动路线常见的有双动作型和单动作型两种,双动作型打磨机因打磨效果好,打磨效率高而广泛应用。

②车身喷涂打磨工艺按照打磨要求的不同分为预磨、粗磨、中级磨、细磨、精细打磨、超精细打磨等几个等级。

③底漆位置打磨按照精度要求的不同属于"预磨"或"初磨"的级别,不需要打磨机的磨片有较小的运动幅度,这样打磨的速度可以很快。这里应选择双向运动幅度较大的打磨头(5~7mm),配以较粗糙的砂纸(P24~P180)进行操作。

(6)大面积喷涂时与喷枪物体的距离因该保持在:

  A. 200~300mm  B. 100~20mm  C. 300~400mm  D. 400~500mm

①喷涂时应根据被喷工件选择合适的涂料以及适当的黏度,要根据涂料的种类、空气压力、喷嘴的大小以及被喷面的需要量来定。

②喷嘴口径为0.5~1.8mm;供给喷枪的空气压力一般为0.3~0.6MPa。

③喷嘴与被喷面的距离一般以20~30cm为宜。

④喷出漆流的方向应尽量垂直于物体表面。

⑤操作时每一喷涂条带的边缘应当重叠在前一已喷好的条带边缘上(以重叠1/3为宜),喷枪的运动速度应保持均匀一致,不可时快时慢。

(7)测试喷枪时,出现葫芦形状的喷幅,是什么原因:

  A. 油漆太稀,气压太大    B. 油漆太浓,气压太小

C. 油漆太浓,气压太大　　　　　　　D. 油漆太稀,气压太小

①用洁净的溶剂将涂料调至合适喷涂的黏度,以黏度计测量,合适的黏度一般是 20 ~ 30s。

②如一时没有黏度计,可用目测法:用棒(铁棒或木棒)将涂料搅匀后挑起至 20cm 高处停下观察,如漆液在短时间(数秒钟)内不断线,则为太稠;如一离桶上沿即断线则为太稀;要在 20cm 高处刚停时,漆液成一直线,瞬间即断流变成往下滴,这个黏度较为合适。

③空气压力最好控制在 0.3 ~ 0.4MPa,压力过小,漆液雾化不良,表面会形成麻点;压力过大易流挂,且漆雾过大,既浪费材料又影响操作者的健康。

(8)喷枪的哪个位置需要加润滑油:
　　A. 按照喷枪生产厂家的要求　　　　B. 枪嘴
　　C. 操作部分　　　　　　　　　　　　D. 全部

①每日工作完毕后,必须清洗喷枪。(里外都需清理干净),清洗喷枪时(用稀料清洗),禁止将整支喷枪放入稀料浸泡。(因喷枪的配件中 O 形环材质是尼龙材质易泡弯形)需将枪针、枪嘴、雾化帽取下,放入稀料里清洗。油漆浓度越大,喷枪的使用寿命缩短。

②在喷枪上加润滑油的作用主要是润滑运动部位,确保运动部件阻力正常无噪声和干涉,注意避免润滑油与油漆溶剂接触。

③需要定期在喷枪的相关位置涂抹润滑油,确保喷枪工作正常,其涂抹润滑油的周期和具体位置应按照喷枪的使用说明书严格执行。

(9)喷漆房顶棚过滤棉应该多长时间更换:
　　A. 每 6 个月或根据工作量和堵塞情况　　B. 每 12 个月
　　C. 最多每 3 个月　　　　　　　　　　　　D. 至少每 6 个月

①每天清洁房内墙壁、玻璃及地台底座,以免灰尘和漆尘积聚。

②每星期清洁进风隔尘网,检查排气隔尘网是否有积塞,如房内气压无故增加时,必须更换排气隔尘网。

③每工作 150h 应更换地台隔尘纤维棉;每工作 30h 应更换进风隔尘网。

④每月清洁地台水盘,并清洗燃烧器上的柴油过滤装置。

⑤每个季度应检查进风和排风电动机的传动带是否松弛。

⑥每半年应清洁整个烤漆房及地台网,检查循环风活门、进风及排风机轴承,检查燃烧器的排烟通道,清洁油箱内的沉积物,清洗烤漆房水性保护膜并重新喷涂。

⑦每年应清洁整个热能转换器,包括燃烧室及排烟通道,喷漆房顶棚过滤棉的更换周期,因使用环境及使用频率的不同会有所区别,就平均使用寿命而言,顶棚过滤棉更换周期一般为 6 个月,还要考虑喷漆房的工作量和堵塞情况。

13. 当全部题目完成或者确定提交答卷时可点击上半部分右侧的"交卷"按钮,系统会提示未完成题目,但是并不影响提交答卷,输入验证码即可交卷,考核结束。

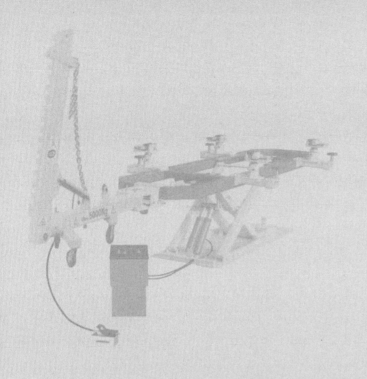

# 第四篇  案例分析篇

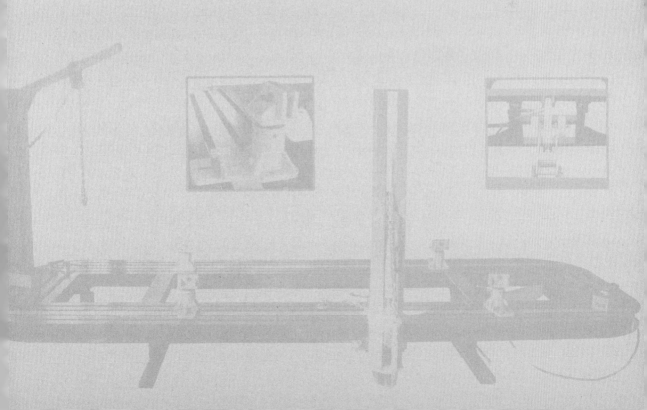

# 第一部分
# 机动车钣金维修

1. 小张从事汽车钣金维修工作 5 年,最近睡眠不好,听力下降。请根据该现象回答以下问题。

(1)案例中小张遇到的问题是由于钣金作业中的(D)。
　　A. 焊接弧光辐射引起　　　　　　B. 焊接有害气体引起
　　C. 焊接金属烟尘引起　　　　　　D. 敲打和锤击产生的噪声引起

(2)为了避免案例中的现象,在钣金操作中应该(D)。
　　A. 戴焊接面罩　　B. 戴防尘口罩　　C. 戴防护眼镜　　D. 戴耳塞

(3)做车身损伤鉴定时,操作人员穿戴的安全防护用品有(ACD)。
　　A. 工作帽和工作服　　B. 耳塞　　　　C. 防护眼镜　　　D. 安全鞋

(4)做车身板件焊接时,操作人员穿戴的安全防护用品有(ABD)。
　　A. 焊接面罩　　　　　　　　　　B. 皮质围裙和皮质手套
　　C. 防护眼镜　　　　　　　　　　D. 安全鞋

(5)进行车身板件敲打整形作业时,需穿戴的防护用品有(ABCD)。
　　A. 工作帽和工作服　　　　　　　B. 耳塞
　　C. 防护眼镜　　　　　　　　　　D. 安全鞋

2. 下图为一类车身发动机舱部位的尺寸数据图,请据图回答下系列问题。

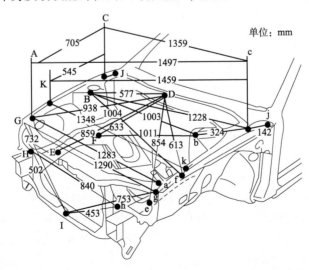

(1)该数据图中数据表示的是车身测量点的(B)。
　　A. 三维数据　　　B. 点对点数据　　　C. 长度数据　　　D. 高度数据
(2)该种数据图表示的测量点多位于车身(A)。
　　A. 上部　　　　　B. 下部　　　　　　C. 前部　　　　　D. 后部
(3)你发现图中的测量点多数为(D)。
　　A. 在车身上不存在　　　　　　　　　B. 车身装配孔
　　C. 设计留下的孔　　　　　　　　　　D. 成对出现
(4)该种数据图跟实际测量值比较,你可以判断为(C)。
　　A. 某点的变形情况
　　B. 某点的尺寸是否变化
　　C. 车身变形情况
　　D. 若两点间距离符合尺寸要求,则车身没有变形
(5)利用该图测量车身数据时,可以使用的工具有(AB)。
　　A. 卷尺　　　　　　　　　　　　　　B. 轨道式量规
　　C. 红外线测量仪　　　　　　　　　　D. 超声波测量仪

3. 下图为车身某测量点的尺寸,根据本图回答以下问题。

| 所选点的数据表 | | | |
|---|---|---|---|
| b[右] | 长度 | 宽度 | ↑高度 |
| 标准数据 | 0 | 510 | 65 |
| 测量值 | -35 | 589 | 69 |
| 另一侧 | | | |
| b[左] | 长度 | 宽度 | ↑高度 |
| 标准数据 | 0 | 510 | 65 |
| 测量值 | 35 | 589 | 69 |

(1)车身上可以作为测量控制点的位置有(CD)。
　　A. 发动机曲轴轴线位置
　　B. 车轮中心位置
　　C. 车身生产工艺上留下来的基准孔
　　D. 汽车各主要总成在车身上的装配连接部位
(2)图中测量点的标准尺寸(mm)是(A)。
　　A. 0、510、65　　B. -35、589、69　　C. 35、589、69　　D. 35、589、61
(3)图中右侧测量点尺寸变化情况是(A)。
　　A. 长度方向向后移了35mm,宽度方向向外移了79mm,高度方向向上移了4mm
　　B. 长度方向向前移了35mm,宽度方向向外移了79mm,高度方向向上移了4mm
　　C. 长度方向向后移了35mm,宽度方向向内移了79mm,高度方向向上移了4mm
　　D. 长度方向向后移了35mm,宽度方向向外移了79mm,高度方向向下移了4mm
(4)维修右侧点时,需要(D)。

  A. 在长度方向向前拉伸 35mm,在宽度方向向内拉伸 79mm,在高度方向向下拉伸 4mm

  B. 在长度方向向后拉伸 35mm,在宽度方向向内拉伸 79mm,在高度方向向下拉伸 4mm

  C. 在长度方向向前拉伸 35mm,在宽度方向向外拉伸 79mm,在高度方向向下拉伸 4mm

  D. 在长度方向向前拉伸 32~38mm,在宽度方向向内拉伸 79~82mm,在高度方向向下拉伸 1~7mm

 (5)根据图中测量数据分析该车可能发生的碰撞是(B)。

  A. 左前部受到从下向上的撞击　　　　B. 右前部受到从下向上的撞击

  C. 右后部受到从下向上的撞击　　　　D. 左后部受到从上向下的撞击

4.钣金工小李曾经从事过焊接,技术很好,但是他在焊接车身板件时,板件容易焊穿并且变形严重。请根据该现象回答以下问题。

 (1)你认为小李焊不好车身板件的原因是(C)。

  A. 焊接技术　　　B. 焊接设备　　　C. 车身板件较薄　　　D. 焊接方法

 (2)现代车身不准许使用手工电弧焊的原因是(B)。

  A. 工艺落后　　　　　　　　　　　B. 焊接产生热量大

  C. 成本高　　　　　　　　　　　　D. 焊接强度低

 (3)焊接车身板件最常用的焊接工艺是(A)。

  A. 二氧化碳气体保护焊　　　　　　B. 氩弧焊

  C. 电阻点焊　　　　　　　　　　　D. 氧乙炔焊

 (4)要保证焊接质量,焊接车身板件时要(A)。

  A. 采用分段焊　　　　　　　　　　B. 焊接部位用水冷却

  C. 一点一点地焊　　　　　　　　　D. 采用塞焊

 (5)焊接车身铝合金件时,要特别注意(AD)。

  A. 使用铝焊丝　　　　　　　　　　B. 用二氧化碳气做保护气

  C. 可以使用铁焊丝　　　　　　　　D. 用纯氩气做保护气

5.有辆大众速腾轿车右后车门无论从内部还是从外部都不能打开,请根据故障现象回答以下问题。

 (1)轿车门锁通常使用(C)。

  A. 钩子锁　　　B. 舌簧锁　　　C. 卡板锁　　　D. 磁力锁

 (2)控制门锁开关的机构有(ABCD)。

  A. 内开拉索(杆)　　　　　　　　　B. 外开拉索(杆)

  C. 锁止操纵杆　　　　　　　　　　D. 儿童锁开关

 (3)针对案例中故障现象应首先查找(C)。

  A. 内开拉索(杆)与内手柄或门锁连接是否断开,及其他损坏

  B. 外开拉索(杆)与车门把手或门锁连接是否断开,及其他损坏

  C. 锁止操纵杆是否卡死,及中控锁电动机是否损坏

    D. 儿童锁开关是否损坏
(4)若经过检查并维修后,在外部能够打开车门而在内部无法打开,则应检查(D)。
    A. 内开拉索(杆)与内手柄或门锁连接是否断开,及其他损坏
    B. 外开拉索(杆)与车门把手或门锁连接是否断开,及其他损坏
    C. 锁止操纵杆是否卡死,及中控锁电动机是否损坏
    D. 儿童锁开关是否损坏
(5)若经过检查并调整后,在内部仍无法打开,则应检查(A)。
    A. 内开拉索(杆)与内手柄或门锁连接是否断开,及其他损坏
    B. 外开拉索(杆)与车门把手或门锁连接是否断开,及其他损坏
    C. 锁止操纵杆是否卡死,及中控锁电动机是否损坏
    D. 儿童锁开关是否损坏

# 第二部分 机动车涂装维修

1. 喷漆工老李师傅在喷漆时很少佩戴防毒面具,尤其是小面积喷漆时。别人问他为何不戴防毒面具,他却说:没事,就喷一会儿,接触的少。

(1) 你认为老李师傅的观点正确与否(B)。
　　A. 正确　　　　　B. 错误

(2) 在车身维修涂装中,最重要的是(A)。
　　A. 施工人员的个人安全　　　　B. 生产成本
　　C. 工作效率　　　　　　　　　D. 客户满意度

(3) 汽车涂装作业时,有害物质危害人体的过程通常表现为(多选)(ACD)。
　　A. 很多在短期内可能不易察觉　　B. 对身体造成的伤害立竿见影
　　C. 长期积累,病症才会发作　　　D. 造成的伤害无法挽回

(4) 涂料中的微粒会进入肺部,沉淀在支气管或细支气管中,对人体危害严重的是(C)。
　　A. 越轻的微粒　　B. 越重的微粒　　C. 越细小的微粒　　D. 越粗大的微粒

(5) 在汽车维修涂装中,对于施工人员的个人安全防护,要谨记(D)。
　　A. 不在涂装车间内吸烟　　　　B. 不在涂装车间内进食
　　C. 少量接触对身体健康影响不大　D. 预防胜于补救

2. 张先生有一辆红色的宝马轿车,左前翼子板损伤需要维修,为了更好地恢复涂层损伤前的状态,在维修前首先要确定涂层的施工工艺和准备正确的面漆涂料。请根据相关知识回答以下问题。

(1) 当观察面漆涂膜中含有金属颗粒,则该种面漆的施工工艺(B)。
　　A. 一定是单工序　　　　　　　B. 一定是双工序
　　C. 可能是单工序　　　　　　　D. 可能是双工序

(2) 当观察面漆涂膜中不含有金属颗粒,则该种面漆的施工工艺(多选)(CD)。
　　A. 一定是单工序　　　　　　　B. 一定是双工序
　　C. 可能是单工序　　　　　　　D. 可能是双工序

(3) 下列对打磨法判断面漆工艺描述正确的是(多选)(ABCD)。
　　A. 判断更准确
　　B. 在车身涂层上不明显的位置用P1500抛光砂纸轻轻打磨
　　C. 打磨时要加水湿磨

D. 打磨后砂纸上附着的涂料是红色的,说明面漆是单工序的
(4)若通过打磨后砂纸上没有颜色,则说明(多选)(BC)。
　　A. 涂膜为单工序法施工　　　　　　B. 涂膜为双工序法施工
　　C. 打磨下来的是清漆层　　　　　　D. 打磨下来的是色漆层
(5)若判断涂膜工艺类型为双工序,则需要准备的面漆涂料有(C)。
　　A. 只需要底色漆　　　　　　　　　B. 只需要清漆
　　C. 底色漆和清漆　　　　　　　　　D. 底色漆或清漆中的任意一种
3. 喷漆学徒工小王问师傅:腻子打磨很平整、光滑,喷面漆前还用喷涂中涂底漆吗? 师傅回答:中涂底涂是中间涂层,维修时必须要用到的。
(1)中涂底漆的主要作用是(B)。
　　A. 防腐蚀　　　　　　　　　　　　B. 填充小缺陷
　　C. 提高涂膜强度　　　　　　　　　D. 提高涂膜抗划伤性
(2)随着对涂膜质量要求的提高,对于中涂底漆要求较高的性能有(多选)(CD)。
　　A. 光泽度　　　B. 环保性　　　C. 附着性　　　D. 耐水性
(3)中涂底漆的选用要根据(A)。
　　A. 面漆类型　　B. 板件的材质　　C. 面漆的颜色　　D. 腻子的类型
(4)中涂底漆要达到质量要求,一般喷涂次数为(B)。
　　A. 1　　　　　B. 2　　　　　C. 4　　　　　D. 6
(5)下列对中涂底漆打磨描述正确的是(多选)(ACD)。
　　A. 必须干燥彻底,并冷却到室温,才可进行打磨操作
　　B. 打磨中涂底漆只能采用干磨法
　　C. 打磨时先 P320 砂纸,将涂膜表面桔皮全部打磨掉,再用 P400 砂纸将表面砂光
　　D. 对于板件边缘和棱线部位的打磨要特别注意,防止磨穿涂膜
4. 喷漆徒工小张发现师傅在维修保险杠蒙皮侧面损伤时,只喷涂了侧面,大约占整个蒙皮面积的 1/4,既快又节省材料。请根据该现象回答以下问题。
(1)案例中维修技师采用的维修工艺是(B)。
　　A. 局部修补喷涂　　　　　　　　　B. 过渡喷涂
　　C. 简单喷涂　　　　　　　　　　　D. 复杂喷涂
(2)金属漆色面漆局部修补喷涂的类型有(多选)(AC)。
　　A. 局部喷涂底色漆,局部喷涂清漆　　B. 整板喷涂底色漆,局部喷涂清漆
　　C. 局部喷涂底色漆,整板喷涂清漆　　D. 整板喷涂底色漆,整板喷涂清漆
(3)车身上适合做修补喷涂的部位有(多选)(ABCD)。
　　A. 前后保险杠蒙皮局部的损伤　　　B. 前翼子板靠近前后边缘处的损伤
　　C. 车门上棱线或饰条下部的损伤　　D. 后翼子板边缘损伤
(4)局部修补边界选择很重要,边界选择要求(多选)(ABC)。
　　A. 车身板件面积较窄处　　　　　　B. 车身板件拐角
　　C. 车身侧面板件的棱线　　　　　　D. 发动机舱盖表面的棱线
(5)局部修补喷涂时,过渡区域处理要更精细,需要(D)。

A. 将扩大的过渡区域的旧涂膜全部打磨掉

B. 在扩大的过渡区域要用P400美容砂纸对原漆面进行研磨处理

C. 在扩大的过渡区域要用P600美容砂纸对原漆面进行研磨处理

D. 在扩大的过渡区域要用P2000美容砂纸或与之相当的研磨材料对原漆面进行研磨处理

5. 涂膜表面出现局部向下流坠,形成上部变薄、下部变厚的现象,如下图所示。有的面积较大,呈帘幕状,有的呈条纹状、水柱状或波纹状。请根据该现象回答以下问题。

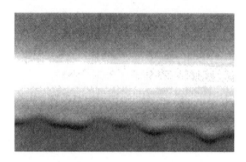

(1) 案例中的涂膜缺陷是(B)。

　　A. 橘皮　　　　B. 流挂

　　C. 脏物　　　　D. 起皱

(2) 可能产生该缺陷的工序为(多选)(BC)。

　　A. 打磨　　　　B. 喷涂

　　C. 烘烤　　　　D. 抛光

(3) 形成该缺陷的原因有(多选)(BC)。

　　A. 涂料黏度太高

　　B. 涂料流平性太好

　　C. 涂料喷涂得过厚

　　D. 环境温度或基材表面温度过高

(4) 预防该类型缺陷的措施有(多选)(ABCD)。

　　A. 正确选择溶剂,降低慢干溶剂含量

　　B. 严格控制涂料的施工黏度

　　C. 提高喷涂操作的熟练程度,喷涂均匀,一次不宜喷涂太厚

　　D. 严格控制涂料的施工环境温度

(5) 该缺陷的最佳补救方法有(AB)。

　　A. 缺陷不严重,可以在涂膜干燥后,抛光处理

　　B. 当缺陷严重时,只能等涂膜干燥后重新喷涂面漆

　　C. 不管缺陷程度如何都可以通过抛光处理

　　D. 不管缺陷程度如何都必须重新喷涂

# 附 录

# 附录一

## 全国机动车检测维修专业技术人员职业水平考试《机动车检测维修法规与技术》模拟试卷（级别：机动车检测维修工程师，专业：机动车整形技术——机动车钣金维修）

### 一、是非判断题

1. 汽车前照灯的检测主要包括前照灯发光强度与前照灯光束照射位置的检测。（    ）
2. 车身的维修与其他汽车机电设备、总成等有很大的关系，是一个整体的系统性工作。（    ）
3. 安全生产包括操作者自身安全，也包括维修设备和维修车辆安全。（    ）
4. 国家标准都是强制性标准。（    ）
5. 加工硬化产生的原因是金属变形后在变形区内减小了应力。（    ）
6. 半承载式车身在发生碰撞时车架承受碰撞力。（    ）
7. 焊接成品检验通常采用非破坏性试验来检查焊接质量。（    ）
8. 在车身进行校正工作之前就应当更换需要更换的板件，这样可以节约大量的校正工作时间，并可以使修复后的尺寸更加准确。（    ）
9. 车身的各个构件采用的金属材料不同，在涂装时，涂料的选择、表面处理及施工工艺都应用合适配套的相关材料。（    ）
10. 錾子进行研磨修整时金属不能呈现蓝色。（    ）
11. 整体式车身刚性较大，有助于向整个车身传递和分散冲击能量，使远离冲击点的一些部位也会有变形。（    ）
12. 当汽车以50km/h的时速碰撞时，发动机舱长度会压缩30%~40%。（    ）
13. 在厚度为0.8mm以下的钢板上进行MIG焊接时，焊接方向只能采用正向焊接。（    ）
14. 超高强度钢不同寻常的高强度是由于在加工过程中产生的特殊细化的晶粒形

成的。( )

15. 为提高车身的耐腐蚀性,对涂过涂层的车身内腔及未涂涂层的结构内腔,应进行喷涂防腐蜡处理。( )

16. 二氧化碳气体在电弧高温下会发生分解,所以二氧化碳气体保护焊时,焊缝具有较高的力学性能。( )

17. 在进行锤子与顶铁成形时,锤子与顶铁的选择很重要,一定要选择弯曲程度稍小于板件弯曲轮廓的顶铁。( )

18. 车身测量校正、车身焊接、车身装配调整工作一般在一个固定的工位进行,即在车身校正台上完成这些工作。( )

19. 现代汽车铝车身在制造时,大量使用铆接工艺,铆接属于可拆卸连接方式。( )

20. 保护耳朵的耳罩主要是防止高分贝噪声对耳朵的伤害。( )

21. 汽车要在举升台立柱之间位于纵向和横向中心。( )

22. 铝在空气中非常容易发生氧化反应,表面形成致密的氧化膜(熔点约为2050℃)。( )

23. 车身测量工作一般只在拉伸中配合使用。( )

24. 打磨机的砂轮片超过其转速极限会破碎伤人。( )

25. 操作人员抬起和搬运物品时,应弯曲膝部而不是弯曲腰部。( )

26. 校正金属的关键是知道应在什么部位、在什么时间、用多大的力敲打多少次。( )

27. 车身结构性板件的更换可以只通过部件间的配合间隙来观察定位。( )

28. 气体保护焊作业时必须穿戴绝缘皮鞋和皮手套。( )

29. 同样材质、同样大小的一块波纹板的强度比平坦的板的强度高。( )

30. 当电阻点焊焊接电流达不到所要求的标准时,我们通过增加焊接时间来调整。( )

## 二、单项选择题

31. 进行( )操作时要戴耳罩。
    A. 焊接    B. 拧螺栓    C. 打磨    D. 清洗工件

32. 下列关于国家标准代号说法正确的是( )。
    A. GB 7258《机动车运行安全技术条件》属于推荐性国家标准
    B. GB 7258《机动车运行安全技术条件》属于强制性国家标准
    C. JT/T 509《轿车车身维护技术条件》属于推荐性国家标准
    D. JT/T 509《轿车车身维护技术条件》属于强制性行业标准

33. 关于量具的使用,下面说法错误的是( )。
    A. 测量精度要求不同,使用的量具不同
    B. 测量时要注意测量力的大小
    C. 精密量具不能用于测量粗糙表面

D. 精密测量过程不考虑温度影响

34. 车身修理后要求尺寸公差是(　　)。
    A. ±3mm　　　B. ±4mm　　　C. ±2mm　　　D. ±1mm

35. 对铝板进行热收缩时,要(　　)。
    A. 当红色消失后冷却收缩　　　B. 使用热敏材料控制温度
    C. 加热到400℃左右时用湿抹布冷却　　　D. 加热不超过200℃

36. 车身电子测量系统的测量精度要达到(　　)。
    A. ±1mm　　　B. ±0.5mm　　　C. ±1.5mm　　　D. ±2mm

37. 在车身拉伸校正过程中,其修复程度由(　　)决定。
    A. 板件变形量　　　B. 板件尺寸测量
    C. 板件配合间隙　　　D. 板件形状的恢复

38. 橡胶锤可以修复下面(　　)变形。
    A. 小面积隆起　　B. 大面积隆起　　C. 小面积凹陷　　D. 大面积凹陷

39. 对某个部件拉伸时造成拉伸过度,其原因是(　　)。
    A. 没有及时测量　　　B. 错误使用高压油泵,拉伸力过大
    C. 部件变形后太软造成的　　　D. 拉伸时,监控不到位

40. 在进行车身维修质量检验时,下面正确的一项是(　　)。
    A. 更换新件即认为合格
    B. 外观符合数据要求即为合格
    C. 全面符合车辆主机厂规定的要求即为合格
    D. 维修价格符合保险公司的规定即为合格

41. 板件变形恢复后,内部的应力应该(　　)。
    A. 不处理　　　B. 应力要全部清理
    C. 消除变形产生的应力　　　D. 消除板件部分应力

42. 一个部件拉伸时总会发生回弹,(　　)减小回弹。
    A. 拉伸保持后锤击　　　B. 小力拉伸
    C. 大力拉伸　　　D. 拉伸过度一些

43. 非承载式车身一般不会出现(　　)损伤形式。
    A. 上下弯曲　　B. 扭转变形　　C. 外胀变形　　D. 菱形变形

44. 整体式车身防止侧面撞击的主要部件有(　　)。
    A. 门槛板和中立柱　　　B. 中立柱和地板
    C. 中立柱和车门　　　D. 车顶侧和中立柱

45. 电阻点焊两个焊点间距过小强度降低的原因是(　　)。
    A. 两个焊点的热影响　　　B. 焊接时间会缩短
    C. 焊接电流被分流　　　D. 焊件表面间隙过小

46. 安全气囊的组成主要有控制器、传感器、气袋和(　　)。
    A. 触发器　　B. 气体发生器　　C. 引爆器　　D. 排气阀

47. 电阻焊所用的电源变压器的特点是(　　)。

A. 电流大,电压低 B. 电流小,电压高
C. 电流大,电压高 D. 电流小、电压低

48. 电阻点焊的电流调大时会产生(　　)现象。
A. 飞溅变多,焊点颜色变浅 B. 飞溅变少,焊点颜色变深
C. 飞溅变多,焊点颜色变深 D. 飞溅变少,焊点颜色变浅

49. 对车辆的损伤状况进行检查,首先要做的一个步骤是(　　)。
A. 目测　　　B. 受力分析　　　C. 定性测量　　　D. 精确测量

50. 车身测量时的长度基准选择在(　　)位置。
A. 选在汽车的中部 B. 车头损坏选车尾
C. 选在底部较长平整区域的位置 D. 车尾损坏选车头

51. 安全气囊在搬运与保管过程中正确的是(　　)。
A. 正面朝上 B. 应使装饰盖一面紧贴搬运者的身体
C. 正面朝下 D. 几个气囊一起存放时应堆放整齐

52. 检查车门与门槛之间的间隙,应该是(　　)。
A. 一条带弧形的缝隙 B. 一条又直又窄的缝隙
C. 在下面不注意,无所谓 D. 比车门立边间隙略宽的一条缝隙

53. 高强度、低合金钢的加热温度为(　　)。
A. 370～480℃　　B. 260～380℃　　C. 470～500℃　　D. 480～600℃

54. 车身的封闭梁切割更换时要特别注意,下面(　　)部件是封闭梁结构。
A. 后顶侧板　　B. 前纵梁　　C. 地板　　D. 后围板

55. 冷铆:铆钉直径在(　　)时,则应用铆钉枪冷铆。
A. 4～8mm　　B. 13～17mm　　C. 8～13mm　　D. 17～20mm

56. 用敲击的方法对板件进行收缩操作时,下面的方法错误的是(　　)。
A. 使用收缩锤必须配合光面顶铁
B. 使用收缩顶铁必须使用光面锤
C. 用起皱收缩的方法只能收缩板件的边缘部分
D. 使用收缩锤配合收缩顶铁效率较高

57. 在用惰性气体保护焊进行仰焊操作时,要做(　　)调整。
A. 调低电压,缩短电弧 B. 调高电压,缩短电弧
C. 调低电压,加大电弧 D. 调高电压,加大电弧

58. 将薄板的边缘相互折转扣合压紧的连接方法,叫咬缝。咬缝可将板料连接得很牢靠,因此,常用来代替(　　)。
A. 电焊　　　B. 氧乙炔焊　　　C. 钎焊　　　D. 压焊

59. 中立柱采用(　　)形状的结构。
A. U形　　　B. 箱形　　　C. X形　　　D. L形

60. 以相同速度行驶且质量相近的车辆,碰撞损伤的情况与(　　)有关。
A. 碰撞部位　　B. 碰撞方向　　C. 碰撞面积　　D. 碰撞力的大小

61. 车身损伤的定性测量不能用于下面(　　)内容。

A. 判定车辆损伤的倾向　　　　　　　　B. 判断车辆损伤的范围
C. 判定车辆损伤的位置　　　　　　　　D. 获取准确的损伤数据

62. 箱型加强的结构件在发生碰撞时容易产生下面(　　)损伤。
    A. 凹陷铰折　　B. 单纯铰折　　C. 单纯卷曲　　D. 凹陷卷曲

63. 更换车身板件后,电阻点焊的焊点数量与生产厂家原来的焊接焊点数量相比较应该(　　)。
    A. 可以少一些　　　　　　　　B. 焊点数量要多30%
    C. 必须数量相等　　　　　　　D. 焊点数量要多40%

64. 控制阳光玻璃可以挡住(　　)太阳能。
    A. 30%　　　B. 84%　　　C. 50%　　　D. 70%

65. 金属热处理的目的是利用加热或冷却的方法有规律地改变其内部的(　　)。
    A. 分子结构　　B. 原子结构　　C. 组织结构　　D. 晶体结构

66. 惰性气体保护焊焊接时焊枪角度是(　　)。
    A. 10°~30°　　B. 20°~40°　　C. 20°~30°　　D. 25°~35°

67. 塑料的主要成分是(　　)。
    A. 有机树脂　　B. 合成树脂　　C. 天然树脂　　D. 复合纤维

68. 焊接残余应力是指(　　)。
    A. 焊接过程中,由于不均匀加热和冷却在焊件内产生的应力
    B. 焊接过程中,由于焊件本身或外加拘束作用在焊件内产生的应力
    C. 焊接结束后,焊件冷却到室温下留在焊件内的应力
    D. 焊接结束后,由于不均匀冷却在焊件内产生的应力

69. 汽车车身组成的刚性壳体在载荷内处于平衡状态称作(　　)。
    A. 应力壳体　　B. 应力骨架　　C. 空间骨架　　D. 刚性壳体

70. 铝制车身与钢制车身相比,总质量可减少(　　)。
    A. 20%　　　B. 40%　　　C. 30%　　　D. 50%

### 三、多项选择题

71. 下列装置中属于汽车被动安全装置的有(　　)。
    A. 安全带　　　　　　　　　B. SRS
    C. 侧门防撞过钢梁　　　　　D. 前后纵梁吸能区

72. 对电阻点焊质量进行外观检查时要检查的项目有(　　)。
    A. 焊点间距　　　　　　　　B. 电极头压痕深度
    C. 焊件表面粗糙度　　　　　D. 焊接位置

73. 车身中的铝合金件,它在车身中应用的有(　　)。
    A. 铸造件　　B. 冲压件　　C. 焊接件　　D. 压铸件

74. 高质量气体保护焊、塞焊的要求有(　　)。
    A. 各工件紧密地固定在一起　　B. 底层金属应首先熔化
    C. 适当调大电流　　　　　　　D. 焊丝与被焊接的金属相容

75. 根据《机动车运行安全技术条件》(GB 7258—2017),下列属于机动车的是( )。
    A. 汽车列车　　　　B. 轻便摩托车　　　C. 拖拉机　　　　D. 轻轨列车

76. 铝车身的优点有( )。
    A. 强度高　　　　　B. 质量轻　　　　　C. 防腐性能好　　D. 环保

77. 中立柱更换后可以采用( )进行焊接。
    A. 惰性气体保护焊　　　　　　　　　　B. 钎焊
    C. 氧乙炔焊　　　　　　　　　　　　　D. 电阻点焊

78. 当增大( )焊接参数时,气体保护焊焊接熔深会增大。
    A. 电流　　　　　　B. 电压　　　　　　C. 焊枪运行速度　D. 焊丝直径

79. 整体式车身结构有( )基本类型。
    A. 前置发动机后轮驱动　　　　　　　　B. 后置发动机后轮驱动
    C. 中置发动机后轮驱动　　　　　　　　D. 前置发动机前轮驱动

80. 承载式客车车身有( )承载类型。
    A. 基础承载式　　　B. 骨架承载式　　　C. 车架承载式　　D. 整体承载式

81. 更换的车身新板件在焊接之前要做的工作有( )。
    A. 清洁所有的油漆或底漆　　　　　　　B. 涂刷防锈底漆
    C. 进行必要的切割　　　　　　　　　　D. 如果用塞焊要事先钻孔

82. 镀锌钢板防腐的原因是( )。
    A. 锌层先腐蚀来防止钢板生锈　　　　　B. 阻断空气接触钢板
    C. 电化学保护　　　　　　　　　　　　D. 吸收氧气

83. 一般外形修复机有( )功能。
    A. 焊接垫片拉伸修复　　　　　　　　　B. 单面点焊
    C. 热收缩　　　　　　　　　　　　　　D. 只能焊接焊钉

84. 对铝板进行整形时,可以使用( )工具。
    A. 木垫铁　　　　　B. 橡胶锤　　　　　C. 收缩锤　　　　D. 精修锤

85. 在进行研磨时应佩戴( )防护用具。
    A. 防尘口罩　　　　B. 防护手套　　　　C. 防护面罩　　　D. 耳罩

86. 拉伸时,塔柱链条要( )。
    A. 所有链节呈一条线　　　　　　　　　B. 链条在塔柱顶杆锁紧窝锁紧
    C. 链条尾部拴在导向环手轮上　　　　　D. 要使用规定的链条

87. ( )车身部件的安装精度会影响后轮的定位参数。
    A. 后纵梁　　　　　B. 后侧围板　　　　C. 后挡泥板　　　D. 后地板

88. 车身前立柱切割后,可用( )方式连接。
    A. 插入件对接　　　　　　　　　　　　B. 没有插入件的偏置对接
    C. 无插入件对接　　　　　　　　　　　D. 偏置搭接

89. 车身诊断分析时,断开蓄电池的原因是( )。
    A. 防止短路　　　　　　　　　　　　　B. 保护电气系统
    C. 防止触电　　　　　　　　　　　　　D. 防止起火

90. 吸盘可以和( )工具一起使用。
    A. 外形修复机　　B. 橡胶锤　　　　C. 钣金锤　　　　D. 划针
91. 轿车常用的车门类型有( )。
    A. 窗框车门　　　B. 冲压成形车门　C. 折叠式车门　　D. 无框车门
92. 对钢板和铝板进行钣金整形时,区别有( )。
    A. 加热时的温度不同　　　　　　　B. 敲击的方法不同
    C. 使用的外形修复机的原理不同　　D. 使用的工具不同
93. 安装或拆卸玻璃时要( )。
    A. 穿工作服　　　B. 戴护目镜　　　C. 戴手套　　　　D. 戴耳塞
94. 下面( )是惰性气体保护焊的优点。
    A. 可以使钢板100%熔化　　　　　B. 焊接后不用除去焊渣
    C. 焊缝打磨后强度不下降　　　　　D. 轻松进行立焊和仰焊
95. 为了高质量的修复一辆事故车,使用的车身校正设备需要( )功能才能够保证修复的质量和精度。
    A. 配备全面的车型数据　　　　　　B. 测量系统的精度要达到±3 mm
    C. 要配备多种钣金拉伸工具　　　　D. 配备一个拉伸塔柱
96. ( )物质会对呼吸系统及肺部产生永久伤害。
    A. 焊接烟尘　　　　　　　　　　　B. 打磨抛光时产生的微尘
    C. 防腐剂挥发的液滴　　　　　　　D. 清洗时挥发的溶剂
97. 发动机舱数据图中的有数据的测量点是( )。
    A. 发动机支撑横梁安装点　　　　　B. 减振器滑柱安装点
    C. 翼子板安装点　　　　　　　　　D. 转向器安装点
98. 修理好的车辆在行驶一段时间后,车身上的应力会让某些部位出现( )变形。
    A. 焊点拉开　　　　　　　　　　　B. 油漆层剥落
    C. 裂纹　　　　　　　　　　　　　D. 焊缝的保护层裂开
99. 在车身修复的各个工序中,( )工序使用测量系统。
    A. 诊断分析　　　B. 拉伸操作　　　C. 拆除部件　　　D. 安装部件
100. 车身在发生碰撞时,容易观察到变形的部位有( )。
    A. 电阻点焊焊点部位　　　　　　　B. 板件接缝处
    C. 部件的棱角部位　　　　　　　　D. 前立柱部位

# 附录二

## 全国机动车检测维修专业技术人员职业水平考试《机动车检测维修法规与技术》模拟试卷（级别：机动车检测维修士，专业：机动车整形技术——机动车钣金维修）

### 一、是非判断题

1. ABS（车轮防抱死制动系统）是一个主动安全系统。（　）
2. 使用钣金锤整形时,可像钉钉子那样让锤子沿直线轨迹运动。（　）
3. 《汽车维护、检测、诊断技术规范》(GB/T 18344)属于推荐性国家标准。（　）
4. 高度测量与长度测量是测量尺平行于车身基准面来测量的。（　）
5. 不同汽车更换安全气囊系统部件的步骤也不同。（　）
6. 车门嵌条松动、前翼子板定位不准或发动机舱盖调整不当,一般不会引起振动。（　）
7. 汽车碰撞触发安全带抱死损坏后不得修理,必须更换。（　）
8. 车身测量中,点对点的测量是指两点之间距离的测量。（　）
9. 汽车玻璃升降器的技术要求规定,在全部行程内,运动平行度不应大于0.3mm/100mm（单臂式不应大于0.5mm/100mm）。（　）
10. 轿车车身中部强度很高,通过采用超高或高强度钢制成构件从侧面保护乘客。（　）
11. 电阻点焊中加大焊接电流会增加焊点的焊接强度。（　）
12. 汽车前部较高位置发生碰撞时,会引起车壳和车顶后移及后部下沉。（　）
13. 对于损伤严重,需要进行切割更换的车身构件应在校正时得到充分的利用,以使其结合部位恢复正确的位置和形状,然后再拆下。（　）
14. 用气体保护焊焊接钢板,焊接烟尘中含有一定的有毒成分,会对人体产生伤害。（　）
15. 低合金高强度钢可以很安全地进行焊接、热收缩和冷加工,不会影响其强度。（　）

16. 气体保护焊的塞孔焊时,一个孔应一次焊接填满。( )
17. 车身上不是所有的板件都可以通过切割更换的方式进行修复。( )
18. 电阻点焊时,电极头与焊接件之间的夹角可根据位置进行调整。( )
19. 冷轧钢板是在较高的温度下轧制的。( )
20. 在车辆行驶时,由发电机向点火系统、空调、音响等电气设备供电。( )
21. 在车身维修中,薄钢板是指厚度小于 4mm 的钢板。( )
22. 在车身修复操作中要穿着合体、舒适、结实的工作服。( )
23. 拉伸校正的重点是恢复车身变形部件的尺寸和正常使用性能。( )
24. 承载式车身前部不能因为安装主要机械部件的缘故,认定是车辆刚度最强的部位。( )
25. 用铜极进行板件的收火操作会破坏板件背面的防腐涂层,维修后要再次进行防腐处理。( )
26. 对于箱形截面的凹陷铰折,不适当的校正会造成拉长。( )
27. 普通型保险杠又称刚性保险杠,不具备吸收碰撞能量的功能。( )
28. 对车身进行拉伸校正应本着后入先出的原则。( )
29. 对高强度钢加热后不可以用快速冷却的方法恢复其强度。( )
30. 车辆发生碰撞时,非承载式车身和承载式车身的弯曲变形是不同的。( )

## 二、单项选择题

31. 车辆识别代号是( )。
    A. VIS           B. VIN           C. VDS           D. WMI
32. 车身前部碰撞吸收能量最大的部件是( )。
    A. 纵梁          B. 散热器框架     C. 挡泥板         D. 前翼子板
33. 车身前翼子板与前车门缝隙下部变宽,上部缝隙消失,说明前部车身( )。
    A. 向左弯曲      B. 向上弯曲       C. 向右弯曲       D. 向下弯曲
34. 对于一辆后端严重碰撞损坏的汽车,要先校正( )。
    A. 后围板部位    B. 后纵梁         C. 车身中部       D. 后减振器支座
35. 结构件局部更换采用交错平接时,用( )焊接方法。
    A. 电阻点焊                       B. 氧乙炔焊
    C. 气体保护焊的塞焊                D. 气体保护焊的连续焊
36. 下面方法适合车身板件局部更换时切割操作的是( )。
    A. 用气割切除                     B. 用錾子剔除
    C. 焊极距离焊缝过近                D. 用手工锯锯除
37. 在使用专用测量头测量时,要把注意力放在( )。
    A. 板件与测量头的配合上            B. 板件的变形量
    C. 测量头                         D. 测量平台
38. 汽车在防泄漏修理过程中,除在修理区域周围涂密封剂外,还应采用( )工艺方法,以达到无泄漏的目的。

A. 补胶　　　　　B. 缝外胶　　　　　C. 缝内胶　　　　　D. 热胶
39. 焊接铝板时,应选择( )的焊接方法。
　　A. 正向焊接法　　B. 侧向焊接　　　　C. 逆向焊接法　　　D. 断续焊接
40. 在进行车身板件最后的整形阶段应使用( )。
　　A. 木锤　　　　　B. 橡胶锤　　　　　C. 精整形锤　　　　D. 初整形锤
41. 在其他情况相同的情况下,下面( )情况车身碰撞损伤最为严重。
　　A. 车辆正面碰撞墙壁　　　　　　　　B. 车辆正面碰撞石柱
　　C. 车辆正面碰撞一辆同型号汽车　　　D. 车辆被追尾
42. 在进行车身尺寸的精确测量时应使用( )。
　　A. 高精度的卷尺　　　　　　　　　　B. 轨道式测量规
　　C. 车身三维尺寸测量系统　　　　　　D. 中心量规
43. 下面的锤面硬度最低是( )。
　　A. 钣金重锤　　　B. 精修钣金锤　　　C. 球头锤　　　D. 普通铁锤
44. 汽车转弯时,差速器中的行星齿轮( )运动。
　　A. 只公转不自转　　　　　　　　　　B. 只自转不公转
　　C. 既公转又自转　　　　　　　　　　D. 既不公转又不自转
45. 橡胶锤可以修复下面( )变形。
　　A. 大面积凹陷　　B. 大面积隆起　　　C. 小面积凹陷　　　D. 小面积隆起
46. 以下部件属于车身覆盖件的是( )。
　　A. 前立柱　　　　B. 后纵梁　　　　　C. 前翼子板　　　　D. 门槛板
47. 承载式车身的前立柱是由( )钢板组成。
　　A. 1 层　　　　　B. 2 层　　　　　　C. 3 层　　　　　　D. 4 层
48. 车身结构按照承载方式可以分为( )三种。
　　A. 车身承载式、车架承载式、底盘承载式
　　B. 非承载式、承载式、半承载式
　　C. 框架承载式、车架承载式、车桥承载式
　　D. 悬架副梁承载式、车身承载式、车桥承载式
49. 发动机的内板和外板是用( )方式连接的。
　　A. 焊接　　　　　B. 粘接　　　　　　C. 螺栓　　　　　　D. 折边
50. 焊接时带焊接头盔的主要目的是( )。
　　A. 防止紫外线对眼睛伤害　　　　　　B. 看清楚焊接位置
　　C. 保护脸部皮肤　　　　　　　　　　D. 防护头部被撞击
51. 车身维修中,冷轧钢板的厚度一般是( )。
　　A. 1.4~8mm　　　B. 0.4~1.4 mm　　　C. 8~10mm　　　　　D. 12~20 mm
52. 铝合金车身部件的修理一般不采用( )修理工艺。
　　A. 粘接修理　　　B. 焊接修理　　　　C. 局部更换　　　　D. 整体更换
53. 应力是一种内部阻力,它存在于原材料中,对维修起阻碍作用,( )不是应力产生的原因。

A. 变形　　　　　　　　　　　　　　B. 过度加热
　　C. 制造板件冲压　　　　　　　　　　D. 不正确的焊接技术
54. 下面(　　)螺钉旋具可以当作轻型錾子使用。
　　A. 一字螺丝刀　　　　　　　　　　　B. 十字螺丝刀
　　C. 加力螺丝刀　　　　　　　　　　　D. 可换柄双用螺丝刀
55. 整体式车身的(　　)部分刚性最大。
　　A. 中车身　　　B. 前车身　　　C. 后车身　　　D. 前纵梁
56. 下面车辆上的设施或设计中,不属于被动安全性设计的是(　　)。
　　A. 安全带　　　　　　　　　　　　　B. 安全气囊
　　C. 碰撞缓冲区　　　　　　　　　　　D. 防抱死制动系统
57. 车身三维尺寸测量时,其宽度基准是(　　)。
　　A. 零平面　　　　　　　　　　　　　B. 中心面
　　C. 水平面　　　　　　　　　　　　　D. 车辆底盘无损伤的控制点
58. 在展开图上所有的图线都是构件表面上对应部分的(　　)。
　　A. 平行线　　　B. 实长线　　　C. 加长线　　　D. 垂直线
59. 与拉力呈(　　)角方向处的剪应力最大,此处最易发生滑移。
　　A. 15°　　　B. 30°　　　C. 45°　　　D. 60°
60. 造成车辆金属构件疲劳损伤的根本原因是(　　)。
　　A. 车辆的碰撞
　　B. 金属构件防腐措施不当
　　C. 金属构件过载
　　D. 金属构件承受交变载荷作用引起的应力集中
61. 液压撑拉设备的液压油缸行程不足,可能的原因是(　　)。
　　A. 液压缸缺油　　　　　　　　　　　B. 液压缸泄漏
　　C. 液压缸内有空气　　　　　　　　　D. 回油阀关闭不严
62. 把尖锐的手动工具放到口袋里可能会(　　)。
　　A. 造成工具尖端折断　　　　　　　　B. 丢失
　　C. 刺破衣服　　　　　　　　　　　　D. 造成人身伤害
63. 定位器式复合测量系统的最大优点是(　　)。
　　A. 直观视觉检测控制点的位移　　　　B. 无需用尺测量
　　C. 需要配合专用工作台　　　　　　　D. 测量尺寸精确
64. 在使用链条和液压顶杆进行拉伸时,链条的角度不能小于(　　)。
　　A. 60°　　　B. 90°　　　C. 120°　　　D. 30°
65. 气体保护焊焊接铝材时,保护气体流量应调整为(　　)。
　　A. 3～5L/min　　B. 5～10L/min　　C. 15～22L/min　　D. 10～15L/min
66. 在没有点焊设备时,可以用来替代的连接方式是(　　)。
　　A. 铜钎焊　　　B. MIG塞孔焊　　　C. MIG连续焊　　　D. 铆焊
67. 当用电阻点焊设备焊接1.5mm厚的钢板时,电极头的直径应选择(　　)。

A. φ3mm　　　B. φ6mm　　　C. φ5mm　　　D. φ10mm

68. 非承载式车身的特点是(　　)。
   A. 车身为一个整体钢板制成
   B. 所有的车身部件均组焊成一个整体
   C. 车架与车身用螺栓连接为一个整体
   D. 乘客舱与车架焊接为一个整体

69. 若气动工具的工作气压过低可能会造成(　　)。
   A. 气动工具更有力　　　　　　　　B. 气动工具的转速或力矩降低
   C. 气动工具过度磨损而引起损坏　　D. 气动工具不会受到影响

70. 车身板件校正时重点的校正部位是(　　)。
   A. 直接损伤部位　　　　　　　　B. 间接损伤部位
   C. 加工硬化部位　　　　　　　　D. 应力集中部位

### 三、多项选择题

71. 机动车检测维修专业技术人员职业道德规范包括(　　)。
    A. 爱岗敬业　　B. 诚实守信　　C. 乐于奉献　　D. 服务群众

72. 在前部碰撞中,行李舱中物体的惯性会导致(　　)损伤。
    A. 后纵梁　　B. 行李舱地板　　C. 后围板　　D. 后地板

73. 车身上有吸能区设计的部件有(　　)。
    A. 前纵梁　　B. 车顶板　　C. 发动机舱盖　　D. 后纵梁

74. 塑料件焊接时,防止板件变形的方法有(　　)。
    A. 焊条直径比板件厚度大　　　　B. 使用细焊条
    C. 降低加热温度　　　　　　　　D. 先对板件进行定位焊

75. 在电阻点焊时,应佩戴的防护用具有(　　)。
    A. 皮围裙　　　　　　　　　　　B. 皮手套
    C. 防护面罩　　　　　　　　　　D. 工作服、皮革面绝缘鞋

76. 下列(　　)情况禁止使用微钣金技术维修。
    A. 刮涂过原子灰的表面　　　　　B. 车身内部骨架变形
    C. 外观部件边缘2mm内　　　　　D. A、B柱结合部位

77. 整体式车身上由高强度钢或超高强度钢制造部件是(　　)。
    A. 翼子板　　B. 中立柱　　C. 车顶板　　D. 后纵梁

78. 承载式轿车的前车身主要组成部件有(　　)。
    A. 散热器支架　　B. 前纵梁　　C. 前翼子板　　D. 前挡泥板

79. 铝合金车身的优点是(　　)。
    A. 经济、环保性　　B. 防腐蚀性　　C. 安全性　　D. 可加工性

80. 下面(　　)钢材属于超高强度钢。
    A. 高塑性钢　　B. 多相钢　　C. 双相钢　　D. 硼钢

81. 非承载式车身的车架发生碰撞时的变形有(　　)。

A. 上下弯曲、左右弯曲　　　　　　　　B. 扭转变形
　　C. 断裂变形　　　　　　　　　　　　　D. 菱形变形

82. 汽车发生翻滚后,一般会造成(　　)部件的损伤。
　　A. 中立柱　　　B. 纵梁　　　C. 挡泥板　　　D. 车顶板

83. 可以显示测量数据的测量系统有(　　)。
　　A. 通用测量系统　　　　　　　　　　　B. 中心量规
　　C. 专用测量头　　　　　　　　　　　　D. 超声波测量系统

84. 目前中高档轿车多采用高强度钢,这会出现低碳钢未曾遇到过的新问题,如(　　)。
　　A. 难以成形　　　B. 开裂　　　C. 尺寸精度不良　　　D. 易生锈

85. 车身上(　　)板件更换后必须要用测量的方法进行定位。
　　A. 后纵梁　　　B. 后侧围板　　　C. 散热器框架　　　D. 门槛外板

86. 下面情况会造成金属腐蚀的是(　　)。
　　A. 车身涂层划伤　　　　　　　　　　　B. 车身结构件的疲劳
　　C. 阳光中紫外线的照射　　　　　　　　D. 车辆底盘的泥垢

87. 车身维修的特点有(　　)。
　　A. 车身维修工艺的复杂性
　　B. 车身材料的多样性
　　C. 车身修复后的质量检验不易确定
　　D. 要根据车身损失情况采用合理的修复方法

88. 焊接变形的基本形式有(　　)。
　　A. 纵向收缩变形　　B. 横向收缩变形　　C. 角变形　　D. 波浪变形

89. 整体式车身结构有(　　)基本类型。
　　A. 前置发动机后轮驱动　　　　　　　　B. 后置发动机后轮驱动
　　C. 中置发动机后轮驱动　　　　　　　　D. 前置发动机前轮驱动

90. 移动式液压千斤顶降低高度时要(　　)。
　　A. 顺时针慢慢转动手柄　　　　　　　　B. 逆时针慢慢转动手柄
　　C. 可以快速平稳的下降　　　　　　　　D. 慢慢平稳的下降

91. 选用大梁校正器的目的有(　　)。
　　A. 使用车身大梁校正器可以使事故车的修复更加准确,能够保证各车身大梁上的重要的点恢复到原厂的数据。
　　B. 使事故车的修复更加有效率,事故车的维修速度大大提高
　　C. 缩短事故车在修理厂的修理时间,提高劳动生产率
　　D. 要能减轻工人的生产劳动强度

92. 车身上(　　)损坏的板件需要更换。
　　A. 锈蚀严重的钢板　　　　　　　　　　B. 压缩变形的吸能区
　　C. 门板大约200 mm范围的凹陷　　　　D. 破损的板件

93. 门槛板更换后可以采用(　　)方式进行焊接。
　　A. 可以采用偏置对接　　　　　　　　　B. 可以使用搭接焊

C. 门槛内部加强件用塞焊焊接　　　　D. 可以使用塞焊或钎焊

94. 在用气体保护焊进行焊接时,焊缝宽度大且焊疤较低,同时熔深过大,对于这种故障可能的原因有(　　)。
　　A. 焊接电压高　　　　　　　　　B. 焊接电流小
　　C. 焊接电流大　　　　　　　　　D. 焊极距离焊缝过近

95. 车身的测量位置包括(　　)。
　　A. 螺栓　　　　　　　　　　　　B. 车身上的圆孔、方孔或椭圆孔
　　C. 焊接裙边搭接缝隙　　　　　　D. 车身部件表面

96. 普通的车身整形机具备的功能有(　　)。
　　A. 单面点焊　　B. 介子熔植　　C. 电弧焊　　D. 电收火

97. 承载式车身碰撞严重时,使用下面(　　)工具进行的测量。
　　A. 通用测量系统　　　　　　　　B. 钢卷尺
　　C. 专用测量头　　　　　　　　　D. 轨道式量规

98. 下面属于碰撞缓冲区的主要形式是(　　)。
　　A. 皱褶　　　　B. 开孔
　　C. 形状的变化　D. 截面的变化

99. 整体式车身上由优质碳素钢制造的部件是(　　)。
　　A. 中立柱　　B. 翼子板　　C. 后纵梁　　D. 发动机舱盖

100. 前置前驱横置发动机的车身结构与前置后驱车身结构上有明显不同的部件是(　　)。
　　A. 前纵梁　　B. 中间梁　　C. 下围板　　D. 前立柱

# 附录三

## 全国机动车检测维修专业技术人员职业水平考试《机动车检测维修案例分析》模拟试卷（级别：机动车检测维修工程师，专业：机动车整形技术——机动车钣金维修）

### 一、单项选择题

1. 在进行轿车前、后纵梁的修复时，说法正确的是（　　）。
   A. 应恢复空间数据，但强度不应被加强或减弱
   B. 只需考虑纵梁空间数据的恢复
   C. 只要保证其他非结构件的安装即可
   D. 不用考虑纵梁的强度变化
2. 进行气体保护焊时，保护气体的流量调整主要考虑因素有（　　）。
   A. 焊接钢板的厚度、焊接电流、环境风速
   B. 焊接钢板的厚度、焊接电流、喷嘴到焊件的距离
   C. 焊接电流、环境风速、喷嘴到焊件的距离
   D. 环境风速、焊接钢板厚度、喷嘴到焊件的距离
3. 车身维修中的检验项目应包括的内容是（　　）。
   A. 悬架系统的维修质量　　　　B. 制动系统的维修质量
   C. 发动机的大修质量　　　　　D. 车身非结构件的安装质量
4. 在进行车身塑料件维修时，以下（　　）方法几乎可以适用于任何种类的塑料部件而无须进行塑料种类的辨别。
   A. 粘接　　　　B. 热空气焊接　　　　C. 电烙铁焊接　　　　D. 热塑成型
5. 下面（　　）钢板不常用于车身。
   A. 镀锌板　　　　B. 镀铬板　　　　C. 镀锡板　　　　D. 镀铝板
6. 车身维修钣金、喷涂车间的泵站用以下（　　）空气压缩机可以获得连续且压力平稳的压缩空气。
   A. 多级往复活塞式空气压缩机　　　　B. 多头往复活塞式空气压缩机

C.螺杆式空气压缩机　　　　　　　　D.膜片式空气压缩机
7.在车身维修中,气体保护焊的连续焊缝长度一般以(　　)为宜。
　　A.小于1cm　　　B.1.5～3cm　　　C.3～5cm　　　D.5～8cm
8.对气动錾的施工特点描述错误的是(　　)。
　　A.质量轻　　　B.切割性能好　　　C.效率高　　　D.体积大
9.维修铝合金车身时,最为常用的连接固定方法是(　　)。
　　A.铝的氩弧焊　　　　　　　　　　B.螺栓连接
　　C.铆接和粘接相结合　　　　　　　D.咬口
10.现代轿车上,前风窗玻璃常用(　　)安全玻璃。
　　A.夹层玻璃　　　B.半钢化玻璃　　　C.钢化玻璃　　　D.有机玻璃

## 二、案例分析题

11.张师傅是一家维修企业的钣金主管,车间刚刚买入一批车身整形机,而大部分维修人员还不会使用,需要制定一份车身整形机的培训计划,请帮助张师傅完成下列问题。
（1）车身整形机一般具备以下(　　)基本功能。（多选题）
　　A.介子焊接拉拔　　B.电阻点焊　　C.铜极点收火　　D.炭棒连续收火
（2）焊接垫圈时不需要穿戴的劳动防护用品有(　　)。（多选题）
　　A.口罩　　　B.面罩　　　C.薄皮手套　　　D.耳塞
（3）炭棒收火只可对金属板件大面积强度弱化区域进行连续收火,不可以对独立小高点进行收火。请判断这种说法对吗？(　　)（判断题）
（4）小王说:"车身整形机具备电阻点焊功能,所以不用考虑其型号均可直接用于车身板件的点焊维修作业中。"您认为小王的说法忽略了车身整形机下列的(　　)参数。
　　A.电压　　　B.电流　　　C.通电时间　　　D.冷却周期
（5）通常钢板在收火后需要磨除收火痕迹,请问如此操作的目的是(　　)。
　　A.美观　　　　　　　　　　　　B.便于施涂原子灰
　　C.防止生锈　　　　　　　　　　D.便于检查维修质量

12.随着世界各国汽车碰撞安全标准的提高,许多车企都在纷纷提高车身材料的强度和刚度。消费者对这一消息感到高兴,而很多维修企业却高兴不起来。请分析一下原因。
（1）大量高强度钢和超高强度钢在车身上的应用导致汽车维修企业必然要对维修设备和工具进行升级,请在下列工具中选择最高效的切割工具是(　　)。
　　A.气动锯　　　B.氧乙炔割炬　　　C.电剪刀　　　D.等离子切割机
（2）切割汽车车身零部件的等离子切割枪是小型的,下列会造成喷嘴和电极的过早损坏的是(　　)。（多选题）
　　A.压缩空气压力过低　　　　　　B.切割过厚的材料
　　C.操作者水平太低　　　　　　　D.压缩空气压力过高
（3）钣金维修人员在进行切割作业时不需佩戴的防护用品有(　　)。
　　A.护目镜　　　B.防护面罩　　　C.耳塞　　　D.防尘口罩
（4）高强度钢和超高强度钢构件在维修时,不建议采用(　　)方式进行修复。（多选题）

A. 加热　　　　　B. 焊接　　　　　C. 敲击　　　　　D. 更换

(5)车身外覆盖件多采用电阻点焊的连接形式,在分离点焊点时通常采用(　　)方式。(多选题)

A. 钻头分离　　　B. 等离子切割分离　　C. 錾子分离　　　D. 磨削分离

13. 某客户反映他的车辆在经过前立柱损伤修复后,现在在正常行驶中出现车辆跑偏、轮胎异常磨损的现象。请结合该现象回答下列问题。

(1)查看维修记录后发现前立柱经过拉伸校正,车辆出现跑偏和轮胎异常磨损的原因是(　　)。(多选题)

A. 拉伸校正后内应力未消除　　　　B. 拉伸校正时加热温度过高
C. 拉伸校正使悬架安装位置产生偏移　　D. 长期空驶,使得轮胎受力不均

(2)目前车身结构件多采用高强度钢和超高强度钢,维修时应注意(　　)。(多选题)

A. 只修理不更换　　　　　　　　　B. 不能够进行加热
C. 可以加热但温度不超过200℃　　　D. 尽量采用更换的维修方式

(3)当车身尺寸测量值与标准值对比,出现(　　)以上偏差时才需要进行车身拉伸校正。

A. ±3mm　　　　B. ±4mm　　　　C. ±5mm　　　　D. ±6mm

(4)如车身底大边、车门槛板等不好加持固定的部位,在进行牵拉校正准备时,可暂时在需要拉伸的部位(　　),修复之后,再去掉。

A. 直接将链条固定在该部位　　　　B. 钢丝绳直接捆绑该部位
C. 焊接一个铜垫圈　　　　　　　　D. 焊接一小块钢片

(5)在车身牵拉校正过程中要防止过度拉伸,因此应在每次拉伸校正过程中不断地进行(　　)工作,以控制拉伸程度,避免产生过度拉拔。(多选题)

A. 敲击　　　　　B. 测量　　　　　C. 观察　　　　　D. 监控

14. 如下图所示,一车辆发生前部碰撞,经过修复后出现行驶中高速发抖,方向打摆等现象。经前轮定位检测故障依旧。在对车辆进行三维尺寸测量后发现前纵梁发生变形,前悬架部位有过火痕迹。疑似在拉伸校正时有过度加热,造成前部车身强度降低,在行驶中发生变形。根据以上案例,请回答以下问题。

(1)在进行拉伸校正时,三个维度的尺寸应首先校正(　　)尺寸。
　　A. 长度方向　　　　B. 宽度方向　　　　C. 高度方向　　　　D. 变形最大的方向
(2)有些构件变形应力较大,冷态拉伸容易造成开裂,允许适当加温以释放应力,但加热温度不能超过(　　)。
　　A. 100℃　　　　　B. 200℃　　　　　C. 300℃　　　　　D. 400℃
(3)如图所示拉伸操作,这种拉伸操作被称为(　　)。

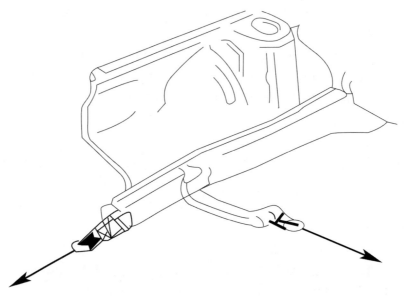

　　A. 同时拉伸　　　　B. 垂直拉伸　　　　C. 辅助拉伸　　　　D. 复合拉伸
(4)在设备有限,无法实现如图这种复合拉伸的情况下应(　　)解决。

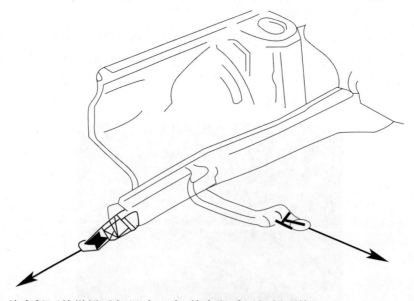

　　A. 首先保证前纵梁后部尺寸正确,前半段采用切割更换
　　B. 首先拉伸前纵梁前部箱型断面的内部,将褶皱部位拉直,再拉伸整根前纵梁

C. 直接拉伸前纵梁前部

D. 在后部尺寸得到校正后,做辅助支撑固定,再拉伸前部

(5)对于前纵梁上的碰撞缓冲吸能区发生的严重挤压变形应(　　)处理。

　　A. 小心拉伸并采用加热的方法释放应力

　　B. 如果有开裂现象则进行补焊

　　C. 采用复合拉伸的方法进行校正

　　D. 进行局部切割更换的方法进行修理

15. 周师傅是一个汽车改装发烧友,并且喜好自己动手制作改装部件。现在他想把自己的越野车加装一个上排气管。

(1)请在下列候选方案中找到一个既美观实用又制作难度不太大的构件形式(　　)。

　　A. 直立圆柱管　　B. 直角弯管　　C. "天圆地方"管　　D. 直立锥形管

(2)可展表面常用的展开方法有(　　)。(多选题)

　　A. 平行线法　　B. 放射线法　　C. 三角形法　　D. 投影法

(3)"天圆地方"构件适用(　　)展开法展开。

　　A. 平行线法　　B. 放射线法　　C. 三角形法　　D. 投影法

(4)划针用来在工件上划线条,用弹簧钢丝或高速钢制成,使用划针时,应使针尖与直尺或样板底边接触并(　　)。

　　A. 垂直于板料　　　　　　　　B. 向内倾斜15°～20°

　　C. 向外倾斜15°～20°　　　　D. 向内倾斜30°～45°

(5)合理下料的常用方法有(　　)。(多选题)

　　A. 集中下料法　　B. 长短搭配法　　C. 零料拼整法　　D. 排板套裁法

16. 一维修人员需要对某轿车前翼子板由于剐蹭造成的凹陷损伤进行维修,该翼子板为铝制板件,请根据该损伤维修流程回答下列问题。

(1)针对该铝制翼子板的维修,下列(　　)准备工作操作不当。

　　A. 需将车辆移至专用铝制车身维修工位进行操作

　　B. 需准备铝制板件专用维修手工具

　　C. 需准备铝修复介子机

　　D. 需准备铝修复气体保护焊机

(2)该维修人员准备的铝板件维修手工具主要包括下列(　　)工具。(多选题)

　　A. 木锤　　　　B. 铝锤　　　　C. 塑料锤　　　　D. 铁锤

(3)铝制翼子板常温敲击会造成板件开裂、应力强化等缺陷,所以该维修人员在敲击修复前对板件进行加热,加热温度应控制在(　　)为宜。

　　A. 50～100℃　　B. 100～150℃　　C. 150～200℃　　D. 200～300℃

(4)该维修人员在修复的时候需对铝制板件进行缩火作业,比较合理的操作是下面(　　)。

　　A. 使用氧乙炔火焰缩火　　　　B. 使用炭棒缩火

　　C. 使用铜电极缩火　　　　　　D. 使用专用铝缩火工具

(5)下列关于铝制板件修复注意事项,描述正确的选项是(　　)。(多选题)

A. 有专用的排风装置排出打磨铝合金件产生的铝粉尘

B. 在清洁工作场地时不得使用压缩空气

C. 避免在清洁工作场地时扬起灰尘

D. 不得在排风装置的吸入区域操作火源

17. 一维修人员在进行车身C柱板件更换后的新件钎焊焊接,请根据上述操作回答下面问题。

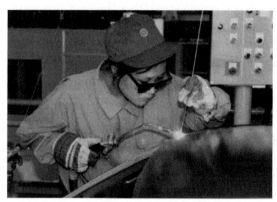

(1) 该维修人员实施的钎焊加热手段是( )。

 A. 激光    B. 氧乙炔焰    C. 电弧    D. 氧化焰

(2) 该维修人员实施的是钎焊作业中的铜钎焊,这种钎焊属于( )钎焊类型。

 A. 电弧钎焊    B. 硬钎焊    C. 软钎焊    D. 激光钎焊

(3) 软钎焊通常指的是加热温度低于( )的钎焊类型。

 A. 150℃    B. 300℃    C. 450℃    D. 600℃

(4) 钎焊焊接一般具有较好的密封作用,这主要是依靠钎料的( )功能实现的。

 A. 虹吸现象    B. 润湿现象    C. 流平现象    D. 毛细现象

(5) 关于该维修人员的钎焊作业,下面描述正确的选项有( )。(多选题)

 A. 如果有气体保护焊的塞焊焊点未填满,可以使用钎焊填补

 B. 如果焊接的部位未被焊上,应涂上钎焊焊剂重新钎焊

 C. 板件预加热后施涂钎焊焊剂,提高焊接强度

 D. 钎焊前要用大力钳固定好金属板,防止板件的移动和钎焊部位的开裂

18. 一维修人员正在实施汽车车身后尾灯部位的气体保护焊焊接,焊接作业如图所示,请根据上述现象回答下面的问题。

(1) 该维修人员在焊接作业时,未穿戴的劳动防护用品包括下列物品的( )。(多选题)

 A. 焊接面罩    B. 焊接手套    C. 焊接口罩    D. 焊接工服

(2) 该维修人员在焊接作业时,出现了板件熔穿的缺陷,导致该缺陷的原因包括下列( )因素。(多选题)

 A. 焊接电流过大    B. 焊接速度过慢

 C. 保护气体流量过小    D. 板件间隙过大

(3)如果出现板件熔穿的焊接缺陷,维修人员应该采取的修理措施是(　　)。
　　A.施涂孔洞原子灰填补　　　　　　B.钎焊修补
　　C.气体保护焊填补　　　　　　　　D.车身密封胶填补

(4)在维修人员实施焊接的过程中,气体保护焊的焊枪和搭铁之间形成的电流回路电压为(　　)。
　　A.10V左右　　　B.20V左右　　　C.30V左右　　　D.50V左右

(5)该维修人员在焊接过程中,针对焊丝端部形成的焊瘤没有使用焊丝钳进行修整,可能导致的问题是(　　)。
　　A.无法实施焊接　　　　　　　　　B.焊接电弧引弧难度增加
　　C.降低焊接强度　　　　　　　　　D.增大焊缝宽度及焊接熔深

19.一车辆发生撞击事故,因为前部车身构件产生较大变形,需要进行拉伸校正。请回答以下问题。

(1)对车身进行校正最基本的原则是(　　)。
　　A.首先拉伸校正变形最大的区域或部件
　　B.首先拉伸校正变形最小的区域或部件
　　C.首先拉伸校正最先变形的区域或部件
　　D.首先拉伸校正最后变形的区域或部件

(2)对于车身校正设备的基本要求有(　　)。(多选题)

A.配备高精度、全功能的校正工具　　B.配备多功能的固定器和夹具

C.配备多功能、全方位的拉伸装置　　D.方便配合精确的三维测量系统

(3)地框式车身校正系统一般可以配合以下(　　)的拉伸设备使用。(多选题)

A.液压塔柱　　　　　　　　　　　B.三点式液压拉伸设备

C.液压顶撑设备　　　　　　　　　D.摆臂式液压拉伸系统

(4)平台式校正系统的特点是(　　)。(多选题)

A.是一种通用型的车身校正设备,可以对各种类型的车身进行校正

B.配备液压拉伸塔柱,可在绕车身的任何角度、任何高度和任何方向进行拉伸

C.很多校正平台可以进行升降,方便操作

D.自身配备电子测量系统,便于随时进行测量

(5)L型车身校正仪可以实现(　　)情况的拉伸操作。(多选题)

A.只能在一个方向上进行拉拔

B.可以实现同时对多个点的拉伸

C.可以实现多点多向的复合拉伸

D.配合三维测量系统可以实现对复杂损伤的精确修复

20.老张是一名从事钣金维修作业十多年的老师傅了,本人没有不良嗜好,但最近总感觉到耳鸣,同事也说老张的说话声音比以前大了很多,感觉要和别人吵架一样。结合这一现象回答下列问题。

(1)这一现象和下列(　　)操作有关。(多选题)

A.手锤手顶铁操作　　　　　　　　B.车身板件切割更换

C.车身尺寸测量　　　　　　　　　D.板件收火操作

(2)手锤手顶铁作业时应穿戴(　　)劳动防护用品。(多选题)

A.防尘口罩　　B.耐溶剂手套　　C.皮围裙　　D.耳塞

(3)下列(　　)操作使板件产生的热变形量最小。

A.手锤手顶铁　　　　　　　　　　B.惰性气体保护焊

C.炭棒连续收火　　　　　　　　　D.铜极点收火

(4)正托法和偏托法是手锤手顶铁配合敲击仅有的两种作业方法,这种说法对吗?(　　)(判断题)

(5)收火操作时的常用冷却方式是(　　)。

A.水冷　　　　B.油冷　　　　C.压缩空气冷却　　D.自然冷却

# 附录四

## 全国机动车检测维修专业技术人员职业水平考试《机动车检测维修法规与技术》模拟试卷（级别：机动车检测维修工程师，专业：机动车整形技术——机动车涂装维修）

### 一、是非判断题

1. 在对车辆整形、涂装或烘干时，没有必要拆除或遮盖车辆内部装饰。（　　）
2. 工具规范使用是一个合格的车身维修人员综合素质的体现。（　　）
3. 喷涂溶剂型油漆时使用喷枪吹干涂膜会导致溶剂泡。（　　）
4. 原子灰刮具的刮口要基本平直，不能有小的齿形、缺口，不能是弧形、弓形等。（　　）
5. 在烤漆房内也可以进行原子灰打磨。（　　）
6. 大部分轿车的前风窗玻璃采用胶粘法进行安装。（　　）
7. 油水分离器的作用是分离空气压缩机中的油和水。（　　）
8. 良好的通风系统，提供清新的空气是喷漆车间安全生产的要素之一。（　　）
9. 为了充分利用空间，钣金维修区域、喷漆区域、存储区域可以交叉使用。（　　）
10. 镀锌薄钢板抗腐蚀能力较强，经焊接或钣金作业后须需进行防腐处理。（　　）
11. 清洗完喷枪之后，按先安装枪针，再安装喷嘴的顺序进行组装。（　　）
12. 在颜色调配中，如色母选择不当，可能会出现严重的条件等色现象。（　　）
13. 干磨与水磨相比，更容易出现喷涂缺陷。（　　）
14. 配色灯可以加快配色样板的干燥速度。（　　）
15. 在调色时，经常会有涂料粘到容器的内壁产生色差，这时需要估计一下，重新添加色母。（　　）
16. 如果划痕未伤及到底材，一般不需要施涂原子灰。（　　）
17. 气动工具一般都有厂家建议的空气压力要求，如果超载工作，工具磨损将加剧。（　　）
18. 固化剂、稀释剂的选用除了与施工面积有关外，施工环境的温度和湿度也有影响。（　　）

19. 车辆使用很长时间后,紫外光长期照射会导致树脂、颜料变质,涂膜可能会产生失光、褪色。（    ）
20. 汽车原厂漆的干燥温度一般为60～80℃。（    ）
21. 汽车漆中常提到的银粉漆其实是铝粉。（    ）

## 二、填空题

22. 板件整喷时,需保持喷枪在移动过程中与工作表面成_____角。
23. 物体对光线有选择性的_____、_____和_____而产生颜色。
24. 颜色的三要素是_____、_____和_____。三个要素中的任何一个发生了改变,物体的颜色也会随之改变,它们之间是相互影响的。
25. 挥发性有机化合物会破坏大气结构而对人类生存环境造成破坏,挥发性有机化合物英文简称是_____。
26. 树脂是形成涂膜的黏性透明液体,通常可增加油漆的_____、_____和_____。
27. 喷涂塑料件时,一般需要在涂料中加入_____添加剂,以适应塑料件的要求。
28. 红外线辐射干燥设备的热辐射能是_____的形式传递的。
29. 空气软管应使用直径为_____,长度不超过_____,且防爆、防静电、耐压。
30. 色调、彩度、明度是颜色三属性,其中代表颜色的纯度是_____。
31. 涂料的成膜按其成膜机理不同可以分为_____和_____。

## 三、勾选题

32. 原子灰打磨时,一般使用(单作用打磨机/双动作打磨机)。
33. 当板件整喷时,喷枪(直线/弧线)运动。否则可造成涂膜不均匀,局部喷涂过厚,以及橘皮等后果。
34. 在进行喷涂操作时,如果喷枪移动速度过(快/慢),会使涂膜过厚发生"流泪"现象。
35. 涂装过程中有机溶剂蒸气可以通过皮肤渗入人体,因此在喷涂完毕后要及时用(香皂/稀料)洗脸和手。
36. 在使用底漆、稀料、油漆时,要佩戴(耐溶剂手套/线手套)。
37. 在对需要进行整平的区域进行脱漆作业时,应选用单作用打磨机配合(P80/P240)干磨砂纸进行。
38. 在进行喷涂操作时,喷枪与被喷涂物表面离得太(近/远),容易造成涂膜"流挂",或产生"橘皮纹"等缺陷。
39. 手工打磨水平表面时,应使用较(柔软/硬质)的打磨块。
40. 涂膜的光泽是指涂膜受到光线照射后(吸收/反射)光线的能力。
41. 电加热喷烤漆房的最大特点是不污染环境,耗电量(大/小),使用成本低。
42. 和传统的喷枪比较,使用HVLP喷枪涂料的散失较(多/少)。
43. 中涂底漆与色漆相比较,所含较多的颜料一般是(体质颜料/着色颜料)。
44. 若底涂层未彻底干燥前即开始(打磨/吹尘)作业,且接着喷涂面漆,会导致砂纸痕的显现。

45. 用空气喷枪喷涂时,如果降低空气压力,则涂层表面会变得(光滑/粗糙)。

46. 用手掌捂住滤芯式防护面罩下方的出气阀并均匀呼气,此时面具应轻微鼓胀但不会有空气逸出,该种检测防护面罩的方法称为(正压/负压)检测法。

47. 涂料库房应设置防爆灯和防爆开关,(可以/不可以)在其内调配涂料。

48. 为防止钣金整修后的金属板件产生腐蚀,应在裸露金属处喷涂(环氧/中涂)底漆。

49. 清洗喷涂过水性涂料的喷枪的步骤是先用(自来水/专用洗枪水)清洗,之后再风干。

50. 白色汽车在使用一段时间后颜色会有一定变化,在调色时可以适当增加配方中(黄/蓝)色母的用量。

51. 面漆的颜色对修补区域的影响很大,以浅色银粉面漆和纯色漆比较,驳口准备区较小的是(前者/后者)。

52. 检查原子灰的干固情况时,可以用手指甲划原子灰刮涂较(薄/厚)的部位。

## 四、多项选择题

53. CIE 表色系中的基础色调是(    )。
    A. 红            B. 绿            C. 紫            D. 蓝

54. 涂装表面进行预处理的原因是(    )。
    A. 保证涂层质量            B. 增强涂膜在底材上的附着力
    C. 提高涂膜的耐腐蚀性        D. 改进涂层的外观

55. 以下关于中涂底漆喷涂工作,叙述正确的有(    )。
    A. 在喷涂每个涂层的过程中适当扩大喷涂面积
    B. 每道涂层间留出闪干时间
    C. 沿遮蔽边缘大面积呈正方形进行喷涂
    D. 用反向遮蔽法,防止沿着边缘留下喷涂台阶

56. 对流烘干设备的特点是(    )。
    A. 加热均匀            B. 烘干温度范围大
    C. 设备庞大,占地面积大    D. 溶剂由内向外挥发,热能损失小

57. 涂装施工过程中,对人体、环境和安全的危害因素有(    )。
    A. 易燃            B. 易爆            C. 毒            D. 易溶解

58. 为获得良好的喷涂效果,在操作时要时刻注意下列(    )要素的正确运用。
    A. 喷涂距离            B. 走枪速度
    C. 喷枪与喷涂表面垂直    D. 喷幅重叠量

59. 下列各项(    )属于汽车修补涂装具有的特点。
    A. 恢复性涂装            B. 品种多而数量少
    C. 质量要求高            D. 以手工操作为主

60. 在使用环保型喷枪时,与传统高气压喷枪相比,会有(    )差别。
    A. 环保型喷枪离喷涂表面近一些
    B. 走枪速度比传统喷枪慢 5% ~10%

C. 喷涂时喷枪的后坐压力感比传统喷枪大一些
D. 环保型喷枪所需要的喷涂气量少一些

61. 大多数工程塑料具备的优点是（　　）。
    A. 比强度高　　　B. 绝缘性好　　　C. 耐腐蚀　　　D. 尺寸稳定性好

62. 下列方法中,生产中用来能防止颗粒出现的有（　　）。
    A. 由于灰尘不会聚集在烤房里,所以打开烤房门进行喷涂
    B. 确保彻底清洁喷涂部位,然后开始喷涂
    C. 定期更换烤房的滤棉
    D. 使用烤房之前,先用水清洗地面并用吹尘枪清洁顶棚和墙壁

63. 一个完整的调漆系统由（　　）组成。
    A. 搅拌机、电子秤　　　　　　　B. 配方查询器
    C. 比色板　　　　　　　　　　　D. 标准光源、烘箱

64. VOCs 对环境的影响非常大,降低涂料 VOCs 排放的方法有（　　）。
    A. 使用高固体含量涂料　　　　　B. 使用粉末涂料
    C. 使用水性涂料　　　　　　　　D. 加强劳动保护措施

65. 对喷涂施工中 VOCs 等废气有（　　）等几种处理方法。
    A. 活性炭吸附　　B. 催化燃烧　　　C. 液体吸附　　　D. 直接燃烧

66. 与喷涂有关的温度有（　　）。
    A. 调配色母时的温度　　　　　　B. 喷涂间的环境温度
    C. 车辆表面的温度　　　　　　　D. 涂料的温度

67. 局部修补色漆、整板喷涂清漆时,需要使用的打磨材料有（　　）。
    A. P800~P1000 精磨砂棉　　　　　B. 红色菜瓜布
    C. P400~P500 干磨砂纸　　　　　 D. 灰色菜瓜布

68. 关于溶剂的挥发速率对涂层质量的影响,以下说法正确的是（　　）。
    A. 溶剂挥发越快越好,能够缩短施工时间
    B. 溶剂挥发太慢,容易产生流挂
    C. 溶剂挥发太慢,会导致橘皮等缺陷
    D. 溶剂挥发太慢,会导致涂膜硬度不够

69. 关于三工序珍珠漆的喷涂,以下说法正确的是（　　）。
    A. 如果珍珠层喷涂的较厚,正面珍珠颗粒会显得较明显、侧视变暗
    B. 清漆喷涂遍数不同,颜色也会不同
    C. 如果珍珠层喷涂得较薄,就会主要显现底色颜色
    D. 只能整喷,不能驳口修补

70. 有关于车辆喷漆维修后的涂膜最终质量要求,以下说法正确的是（　　）。
    A. 没有砂纸痕、流挂、露底、咬底、银粉发花、起泡、鱼眼等缺陷
    B. 光泽度（亮度）、鲜映性目测与原车漆面效果较接近
    C. 达到完全平整,没有腻子印或者凹凸不平
    D. 没有橘纹

71. 涂膜的性能检测主要包含(　　)等。
   A. 涂膜硬度检测　　B. 附着力检测　　C. 光泽检测　　D. 涂膜外观检测

72. 喷漆技工喷漆作业时应穿戴专门的喷漆工作服,原因是(　　)。
   A. 喷漆工作服的材料不会掉落纤维,不会导致脏点
   B. 喷漆工作服的材料不会产生静电,不会吸附灰尘,也不会造成静电火花
   C. 喷漆工作服能防止溶剂蒸气透过,避免溶剂挥发气体经皮肤进入人体
   D. 喷漆工作服只是在喷漆时穿着,打磨时则不必穿着,这样也保证了工作服上没有灰尘

73. 汽车维修车间内布置安全总体上有以下(　　)原则。
   A. 布局合理,照明充足,流程科学
   B. 功能区域划分明确、独立
   C. 电线、管路布局符合规定
   D. 安全用具完整有效,应急措施分工明确

74. 属于压缩机自动调节系统作用的是(　　)。
   A. 安全　　　　B. 环保　　　　C. 节能　　　　D. 降低机械损耗

75. 涂料的干燥方式有(　　)。
   A. 溶剂蒸发　　B. 热聚合　　　C. 双组分聚合　　D. 催化干燥

76. 下列各项是测试涂膜硬度的方法有(　　)。
   A. 铅笔硬度法　　B. 硬度计测定法　　C. 硬压法　　　D. 试纸法

77. 汽车维修操作涉及生产安全,其中主要包括(　　)内容的安全。
   A. 操作者安全　　B. 水环境安全　　C. 维修设备安全　　D. 维修车辆安全

# 附录五

## 全国机动车检测维修专业技术人员职业水平考试《机动车检测维修法规与技术》模拟试卷（级别：机动车检测维修士，专业：机动车整形技术——机动车涂装维修）

### 一、是非判断题

1. 压缩空气经过输气软管到达喷枪时受到摩擦力作用会产生压降。管径越小压降越小，管长度越短压降越小。故管长度一般不应超过 10m。（    ）
2. 燃油烤漆房的最大特点是不污染环境，耗电量小，使用成本低。（    ）
3. 所有的涂料都可以自然干燥。（    ）
4. 在钢或铝材表面一定要用正确的金属表面处理剂，处理好后，30min 内应开始喷涂，以防基材表面生锈。（    ）
5. 塑料件多数不耐高温，涂装后一般需以低于 80℃ 温度烘烤。（    ）
6. 原子灰打磨采用干磨或水磨对涂层的整体质量影响较大。（    ）
7. 边沿的分界遮蔽胶带应等涂料干透后再进行剥落。（    ）
8. 喷涂调色试验板与喷涂车辆，应使用相同的喷枪及喷涂方式，以避免所喷涂的颜色不同。（    ）
9. 在涂装遮蔽时，考虑材料循环使用，可以用成本低廉的报纸代替专用遮蔽纸。（    ）

### 二、填空题

10. 空气喷枪喷涂的质量同雾化的关系非常密切，而_____和_____是雾化的关键。
11. 汽车用_____是无颜料的涂料，_____是含有大量体质颜料的涂料。
12. 通常来说，涂料由树脂、颜料、溶剂和添加剂组成，其中必不可少的是_____，因为它是主要成膜物质。
13. 涂装是将_____涂覆于经处理后的被涂物表面上，再经干燥成膜的工艺过程。

14. 某产品技术手册中描述调配比例为 2∶1∶10%，其顺序是_____。
15. 感知颜色有_____、_____和_____三个必需的要素，通常称为颜色三要素。
16. 不同颜色色漆的修补难度不同，以下三类色漆，维修最难的是_____，最容易的是_____：1. 白珍珠 2. 银粉 3. 素色漆。
17. 喷面漆前精细打磨中涂层工作中，采用_____的双作用打磨机配合 P320～P500 砂纸进行打磨。
18. 涂料中固化剂加入过多可能会导致_____。
19. 车身保险杠常用聚丙烯塑料，其英文简称_____。
20. 汽车修补涂装黏度测试时，我国常用的是_____黏度杯，可测定在 10～150s 的涂料。
21. 空气喷枪由_____和_____组成。
22. 涂料的组成成分是_____。
23. 溶剂的选择，首先要考虑的是_____和_____两个基本因素。
24. 中涂漆的固体成分含量高，正常喷涂后的涂膜厚度可达_____μm。
25. 涂料的干燥成膜中，物理成膜的是靠_____挥发成膜的。
26. 喷涂试色板很重要，特别是银粉漆中银粉的颗粒和_____，不经过喷涂不可能把握得准。
27. 在汽车修补涂料调色工作中，使用的电子秤的精度是_____g。
28. 可见光中光谱波长最短的是_____光，最长的是_____光。
29. 如果涂装前处理不彻底，被涂物表面上有油污，会使喷涂上去的新涂膜出现_____问题。
30. 通常金属漆的正确喷涂方法为"_____湿_____干"的三道喷涂。
31. 打磨机使用的压缩空气压力应在_____MPa 以下，防止压力太高造成设备损坏。

### 三、勾选题

32. 原子灰刮涂越（厚/薄）的位置干燥越快。
33. （正/反）向遮护法能保证喷涂的边缘部位过渡平滑，无明显的台阶。
34. （热塑型/热固性）塑料是指受热时软化，冷却后又变硬，可反复多次加热塑制的塑料。
35. 色环中相互对应的颜色叫补色，如果混合 2 个补色，将表现出灰黑的色调，以下互为补色的是（1. 红和绿 2. 黄和紫 3. 橙和蓝 4. 蓝和绿）。
36. 涂层划痕显现的原因是光在涂层表面上反射，划痕显现为（白色/黑色）。
37. 当物体吸收了太阳光中所有的可见光，此时物体呈现为（黑色/白色）。
38. 用手掌捂住过滤式防护面具（防毒面具）的出气阀并均匀呼气，此时面具应轻微鼓胀，但不会有空气逸出，该种检测防护面具的方法称为（正压检测法/负压检测法）。
39. （单动作/双动作）打磨机的打磨盘本身以小圆圈振动，同时又绕自己的中心转动。
40. 喷涂环氧底漆时需选用（塑料/金属）容器，喷涂完毕后须马上清洗喷枪。

41. 多工序面漆的局部喷漆,如果是金属底色漆的局部修补,驳口区域往往要比纯色底色漆或单工序面漆(扩大/缩小)一倍以上。
42. 羊毛抛光垫与海绵抛光垫相比,研磨力强的是(前者/后者)。
43. 当前,单工序的面漆与双工序的面漆相比,使用较多的是(前者/后者)。
44. 中涂底漆喷涂和打磨两个作业中,需佩戴耐溶剂手套的是(前者/后者)。
45. 为避免引起火灾,擦拭过清洁剂或涂料的清洁布、旧棉布应该集中存放在(密封/开口)的垃圾桶中。
46. 物体受到光的照射,发生部分反射、部分吸收、不透射时呈现的颜色是(有色/无色)不透明。
47. 树脂有天然的,也有人工合成的,其中丙烯酸树脂属于(前者/后者)。

### 四、多项选择题

48. 在汽车维修中无法回收利用,而是必须按环保要求回收的废弃物包括(　　)。
    A. 收集装置中的沉积物　　　　　B. 有污物的废油
    C. 油水混合物　　　　　　　　　D. 沾有涂料的废弃物
49. 以下(　　)是涂料常用的添加剂。
    A. 流平剂　　　B. 稀释剂　　　C. 紫外线吸收剂　　　D. 悬浮剂
50. 涂料在成膜后不能挥发的成分,也即成膜物是(　　)。
    A. 树脂　　　　B. 颜料　　　　C. 溶剂　　　　D. 稀释剂
51. 测试喷枪雾化是否均匀时,如发现流痕中间长两头短,应做(　　)等操作。
    A. 增加出漆量　　B. 减小出漆量　　C. 提高气压　　D. 降低气压
52. 调整银粉漆侧视效果的手段主要有(　　)。
    A. 改变基调色母比例　　　　　　B. 合适的银粉组合
    C. 使用银粉控色剂　　　　　　　D. 通过白色色母
53. 汽车涂装作业前处理的作用是(　　)。
    A. 保证涂层质量　　　　　　　　B. 增强涂膜在底材上的附着力
    C. 提高涂膜的耐腐蚀能力　　　　D. 提高涂层的美观度
54. 下面(　　)是涂层的质量指标。
    A. 涂膜外观和涂层厚度　　　　　B. 机械强度
    C. 耐腐蚀性和耐水性　　　　　　D. 耐温变性和耐候性
55. 汽车修补漆添加增塑剂可以增加(　　)性能。
    A. 塑性　　　　B. 弹性　　　　C. 硬度　　　　D. 耐紫外线性
56. 对于划伤底材的划痕,需进行下列(　　)操作处理。
    A. 除漆　　　　　　　　　　　　B. 防锈
    C. 钣金整形　　　　　　　　　　D. 打磨羽状边并施涂原子灰
57. 贴护时,要进行以下(　　)操作,以保证高质量的贴护工作。
    A. 用清洁剂清洁工件表面及相邻贴护区域
    B. 将一些不便贴护又不需喷涂的部件拆下

C. 先用胶带沿贴护区域边界贴护

D. 先把胶带与报纸粘接好再贴护到车身上

58. 喷涂时,第二次喷枪移动喷幅扇形与上一次喷枪移动喷幅扇形的重叠幅度通常有以下( )几种。

  A. 3/4　　　　　B. 1/4　　　　　C. 1/2　　　　　D. 2/3

59. 根据汽车的使用条件和汽车涂装的特点,汽车用涂料要满足( )要求。

  A. 良好的耐候性　　　　　　　　B. 良好的施工性和配套性

  C. 良好的装饰性　　　　　　　　D. 良好的耐腐蚀性和附着力

60. 汽车修补涂装具有( )特点。

  A. 属恢复性涂装

  B. 对施工场地要求与汽车生产厂一样严格

  C. 品种多而用量少

  D. 质量要求高

61. 热塑性塑料的性能是( )。

  A. 加工成型方便　　B. 耐水性差　　　C. 耐热性差　　　D. 易变形

62. 涂料的流平性与( )因素有关。

  A. 涂层厚度　　　　B. 涂料黏度　　　C. 表面张力　　　D. 溶剂的挥发

63. 调配磷化底漆,可选用( )材质的容器。

  A. 不锈钢　　　　　B. 搪瓷　　　　　C. 塑料　　　　　D. 陶瓷

64. 物体对光线有选择性的( )而产生颜色。

  A. 吸收　　　　　　B. 直射　　　　　C. 反射　　　　　D. 照射

65. 调色时用到的主要设备、工具有( )等。

  A. 调漆机　　　　　　　　　　　B. 电子秤

  C. 配方光盘　　　　　　　　　　D. 调色指南(色母挂图)

66. 中涂底漆打磨后的表面要求达到面漆可施工水平,具体要点包括( )。

  A. 平整光滑　　　　　　　　　　B. 无漏底

  C. 无橘皮纹　　　　　　　　　　D. 边角处可留有点状漏底

67. 下列各项中属于喷涂面漆前的必要准备工作的是( )。

  A. 打磨中涂底漆和原有漆面

  B. 用填眼灰填补中涂底漆上的微小划痕或砂眼,并且不进行打磨

  C. 对不需要喷涂部位进行适当的遮盖

  D. 用清洁剂清洁需要喷涂的表面

68. 干喷喷涂后漆面较干,会呈现干喷效果的喷涂条件包括( )。

  A. 快干溶剂　　　B. 较大气压　　　C. 较小出漆量　　D. 较低温度

69. 造成涂膜不均匀的因素是( )。

  A. 气压不稳　　　B. 喷涂角度不稳　C. 喷涂距离不恒定　D. 走枪速度不稳

70. 汽车喷漆后若表面有脏点等缺陷可使用( )等工具、材料来进行修复抛光。

  A. 磨石　　　　　B. 砂纸　　　　　C. 抛光剂　　　　D. 抛光垫

71. 下列( )措施可以保护呼吸系统。
    A. 车间应装备空气循环系统,过滤空气中有害物质
    B. 进行打磨作业时,要佩戴防尘口罩
    C. 进行喷涂油漆作业时,要佩戴防毒面具
    D. 进行焊接作业时,要佩戴专用焊接口罩

72. 下列对于抛光的描述,错误的有( )。
    A. 粗蜡最好用手工抛光
    B. 只用细蜡抛光,时间会长一些,但效果更好
    C. 漆面干燥不充分的情况下进行抛光有可能会导致失光
    D. 细蜡抛光的面积不要超过粗蜡抛光的面积

# 附录六

## 全国机动车检测维修专业技术人员职业水平考试《机动车检测维修案例分析》模拟试卷（级别：机动车检测维修工程师，专业：机动车整形技术——机动车涂装维修）

### 一、勾选题

1. 水性色漆使用 HVLP 喷枪整板喷涂时，喷枪喷涂距离应调整为(10~15/15~20)cm。
2. 在汽车售后维修中，底盘部位经常采用(刷涂/喷涂)环氧底漆来进行防腐。
3. 喷枪试喷时出现中间聚集型，其原因有可能是涂料黏度(高/低)。
4. 汽车涂料领域最常用的颜色测量仪器是分光度测色仪，金属漆需测(单个/多个)角度色差。
5. 汽车涂料有千变万化的颜色，都是由数量有限的色母调配而成，所以调色人员必须掌握所使用涂料品牌的色母特性。当调配因长时间暴露而褪色的颜色时，可以添加少量的(黄色/蓝色)色母。
6. 涂料的(遮盖力/流平性)在修补涂装中直接影响修补质量和涂料用量。
7. 安全用电是企业经营管理的基本原则之一，安全促进生产，生产必须安全。在触电事故中，通过人体电流达 100(毫安/安)可使人死亡。
8. 在孟塞尔颜色定位系统中亮度的表示：色环中央的轴表示亮度，越往上越(亮/暗)。
9. 目前车辆的流行色中，较多的是银粉漆，其属于(单/双)工序漆。
10. 在进行划痕修复前，为了确定维修方案，首先要确定的是划痕的(深度/长度/宽度)。

### 二、案例分析题

11. 银粉明暗不一致，从不同角度看，颜色有差异，银粉底色漆常表现出的一种表面像被敲打过的痕迹，一些深色的小圈围绕浅色银粉或深浅不一。

    (1) 由于底材操作不当等因素造成的缺陷产生的原因有(　　)。(多项选择)

A. 喷涂底色漆时层间静置时间过短
B. 喷涂清漆前色漆未留有层间静置时间
C. 底材未除油、除水
D. 每层过分厚涂银粉

(2) 由于喷涂不当等因素造成的缺陷产生的原因有(　　)。(多项选择)
A. 喷涂时,喷枪和工件的距离太远
B. 喷涂时,喷枪和工件的距离太近
C. 每层喷涂过厚,导致银粉排列杂乱
D. 喷涂间温度过低

(3) 由于施工方法或施工条件造成的缺陷产生的原因有(　　)。(多项选择)
A. 稀释剂使用不当
B. 喷涂底色漆时,喷涂清漆前的静置时间过长
C. 喷涂底色漆时,喷涂清漆前的静置时间不够
D. 因过度稀释银粉漆

(4) 银粉起花缺陷现象的预防措施有(　　)。(多项选择)
A. 按要求稀释底色银粉漆
B. 适当提高喷涂间的温度
C. 按要求的湿涂膜层间静置时间要求静置
D. 使用正确的喷涂枪距

(5) 银粉起花缺陷现象的防治方法有(　　)。(多项选择)
A. 不要过厚施涂色漆
B. 若斑纹已产生,建议用正确的稀释比例
C. 若斑纹已产生,重新喷涂一个双层
D. 若斑纹产生于喷涂了清漆的底色漆中,建议参照生产商的要求施工

12. 面漆上呈现的圆形的小坑,有时呈分散状,有时呈聚集状。
(1) 由于底材操作不当等因素造成的缺陷产生的原因有(　　)。(多项选择)
A. 表面有其他物质污染　　　　B. 表面有油、水
C. 含硅酮物的蜡等　　　　　　D. 底材表面未清洁、除油

(2) 由于喷涂不当等因素造成的缺陷产生的原因有(　　)。(多项选择)
A. 底材未清洁即喷涂色漆　　　B. 喷漆房内未浇水除尘
C. 未使用水性除油剂　　　　　D. 未使用油性除油剂

(3) 由于施工方法或施工条件造成的缺陷产生的原因有(　　)。(多项选择)
A. 输气管道未正确使用　　　　B. 喷涂时有接触硅酮物的工作
C. 输气管道内有油或水　　　　D. 空气喷枪未充分清洁

(4) 鱼眼缺陷现象的预防措施有(　　)。(多项选择)
A. 在进行喷涂之前,应确定工件表面保持彻底清洁
B. 空气压缩机使用厂家建议的油或润滑剂
C. 使用防鱼眼的含硅酮物添加剂

D. 不建议使用防鱼眼的含硅酮物添加剂
（5）鱼眼缺陷现象的预防与纠正的方法有（　　）。（多项选择）
　　A. 使用油性清洁剂或中性清洁液
　　B. 严重时，使用菜瓜布蘸清洁剂打磨
　　C. 若鱼眼已发生，打磨有缺陷的油漆再重喷涂
　　D. 轻微时，可以采用抛光方法解决
13. 涂膜表面或内部有纤维、小碎屑等杂物，如图所示。在光亮的涂膜表面特别显眼。

（1）产生涂膜脏物的主要原因有（　　）。（多项选择）
　　A. 烤漆房不清洁　　B. 涂料没有过滤　　C. 烘干时在室外　　D. 喷枪气压太高
（2）喷漆房防止脏物坠落的主要方法有（　　）。
　　A. 不定期清洁　　　　　　　　　B. 加大排风量
　　C. 每次喷涂前进行清洁　　　　　D. 打开喷漆房门进行喷涂
（3）板件烘干时注意事项是（　　）。
　　A. 在室外自然干燥
　　B. 喷涂后立即在烤漆房烘干
　　C. 喷涂后在车间内等待
　　D. 在烤漆房干燥30min，再在车间内慢慢干燥
（4）如果脏物不大，在表皮，应（　　）处理。
　　A. 打磨抛光　　　　　　　　　　B. 可以忽略
　　C. 重新返工　　　　　　　　　　D. 多打上光蜡，进行掩饰
（5）如果脏物过大，不在表皮，应（　　）处理。
　　A. 打磨抛光　　　　　　　　　　B. 可以忽略
　　C. 重新返工　　　　　　　　　　D. 多打上光蜡，进行掩饰
14. 张师傅喷漆时佩戴的防毒面具用了半年多，最近他发现面具上的过滤棉表面很脏，于是他将过滤棉翻转安装继续使用。
（1）防毒面具上过滤棉的主要作用是（　　）。
　　A. 密封　　　　B. 过滤有机溶剂　　　C. 过滤漆尘　　　D. 去除异味
（2）防毒面具过滤棉的安装要求是（　　）。（多项选择）
　　A. 印有文字的一面向外　　　　　B. 印有文字的一面朝向过滤罐

C. 粗过滤棉的一面向外　　　　　　D. 细过滤棉的一面向外

(3)身体内部的器官最容易受油漆中有机溶剂伤害的是(　　)。
　　A. 心脏　　　B. 胃　　　C. 肝脏　　　D. 鼻腔

(4)在以下涂装施工状况下,(　　)时必须戴供气式面罩。(多项选择)
　　A. 打磨整板　　　　　　　　B. 空气中氧含量低于19.5%
　　C. 喷涂涂料中含异氰酸成分　　D. 喷涂水性涂料

(5)为保证防毒面具与脸部贴合,在使用前可以用手将过滤罐捂住并吸气,如果(　　),说明气密性合格。
　　A. 口罩略鼓起　　　　　　　B. 口罩贴向面部
　　C. 口罩无变化　　　　　　　D. 脸部略微有空气溢出

15. 公司安排你检查新安装的喷漆房质量。

(1)光照度数据用于反映光照强度,是喷漆房的重要运行参数之一,光照度的单位是每平方米的流明(lm)数,即勒克斯(lx),1lx = (　　)lm/m²。
　　A. 1　　　B. 3.75　　　C. 10　　　D. 100

(2)喷漆房内理想的光照度至少要大于(　　)勒克斯(lx)。
　　A. 650　　　B. 800　　　C. 1500　　　D. 1200

(3)在喷漆房内用风速仪测量,发现风速不够,喷漆房内最理想的风速范围是(　　)。
　　A. 0.15~0.3m/s　　B. 16~40m/min　　C. 0.5~0.8m/s　　D. 6~15m/min

(4)按照常规清漆的标准烘烤要求,兼顾效率和安全,并且冷却后要能进行抛光,应该将烘烤温度及时间设定在(　　)。
　　A. 温度升到60℃,30min　　　B. 温度升到65℃,45min
　　C. 温度升到75℃,45min　　　D. 温度升到90℃,25min

(5)喷漆房顶棉应该能过滤掉(　　)以上的颗粒物。
　　A. 1μm　　　B. 3μm　　　C. 5μm　　　D. 10μm

16. 喷涂前试喷时,喷漆技师发现喷枪断断续续出漆,无法进行正常喷涂操作。检测喷枪时的喷涂测试图样如图所示。

(1)在汽车修补涂装中,常用的喷枪有(　　)。(多项选择)
　　A. 重力式　　　B. 吸力式
　　C. 压力式　　　D. 静电喷枪

(2)喷枪气帽上的辅助气孔起到的作用是(　　)。
　　A. 吸出涂料　　B. 促进涂料雾化　　C. 涂料流量　　D. 控制气压

(3)一般情况下,喷涂(　　)时使用喷嘴口径为1.2~1.4mm的喷枪。(多项选择)
　　A. 中涂底漆　　B. 素色面漆　　C. 底色漆　　D. 清漆

(4)喷枪使用前需要调整(　　)三个参数。(多项选择)
　　A. 出漆量　　　B. 喷幅　　　C. 气压　　　D. 口径

17. 某涂装车间有 5 个打磨工位和 5 个喷涂工位,如果有 6 个以上工位同时工作,则各个工位压缩空气压力不稳定。

(1)此现象的主要原因是( )。(多项选择)
　　A. 用气量大　　　　　　　　　　B. 气动工具损坏
　　C. 供气量小　　　　　　　　　　D. 供气管路口径大

(2)工作效率高的空气压缩机主要选择( )空气压缩机。
　　A. 膜片式　　　B. 螺杆式　　　C. 活塞式　　　D. 真空式

(3)螺杆式空气压缩机的特点是( )。(多项选择)
　　A. 供气量大　　B. 工作稳定　　C. 供气速度快　　D. 噪声较小

(4)供气管路安装的注意事项是( )。(多项选择)
　　A. 全封闭　　　　　　　　　　　B. 环形回路
　　C. 环路与水平面倾斜　　　　　　D. 空气压缩机与储气罐要软管连接

(5)供气系统要定期做( )检查。(多项选择)
　　A. 空气质量试验　B. 气压强度试验　C. 使用环境　　D. 气密性试验

18. 某维修站的车间经理反映:许多金属漆配方与实际车身总是有明显差异,微调后效果也不理想,导致经常有客户投诉色差问题。但另一维修站也使用同样品牌的油漆,只是在需要的时候对配方进行微调,就很少发生色差问题。

(1)你被邀请帮助该车间经理排忧解难,为了找出问题的原因,你应从( )方面检查现场操作是否存在问题。(多项选择)
　　A. 颜色配方查询和选定过程是否正确
　　B. 是否每天开动调漆机搅拌 2 次,每次不少于 15min
　　C. 是否使用合适的喷枪,包括喷枪口径是否合适
　　D. 喷漆技工是否喷试色板对比、检查颜色

(2)通过询问,该维修站员工告诉你一些他们的工作方法,说法正确的是( )。(多项选择)
　　A. 喷漆技工 A 说:喷涂环境温度在 30℃以上,做大面积喷涂时,在溶剂型底色漆中最好多加 15%左右的稀释剂,可避免金属漆粗糙产生的色差
　　B. 喷漆技工 B 说:喷涂环境温度在 30℃以上时,在溶剂型底色漆中应添加慢干稀释剂,以避免色差
　　C. 喷漆技工 C 说:喷涂环境温度低于 15℃时,在溶剂型底色漆中应添加快干稀释剂,以避免色差
　　D. 喷漆技工 D 说:喷涂环境温度低于 15℃时,在溶剂型底色漆中应少加 10%的稀释剂,以避免流挂和色差

(3)该维修站使用 1.3mm 口径的 HVLP(高流量低气压)喷枪喷涂面漆,但没有配置喷枪压力表。你在他们的喷枪上安装压力表,并调整、设定喷枪气压,喷涂底色漆时,喷枪气压应设定为( )。
　　A. 0.05MPa(0.5bar)　　　　　　B. 0.15MPa(1.5bar)
　　C. 0.3MPa(3bar)　　　　　　　 D. 0.25MPa(2.5bar)

(4)该维修站的某个喷漆技师向你介绍了以下观点,(　　)是错误的。(多项选择)

A. 银粉漆如果局部修补容易产生黑圈或修补疤痕,故银粉漆应尽量整板喷涂

B. 水性漆色母的储存条件须保持在0~35℃之间

C. 只有在喷涂颗粒较粗的银粉色时,最后才必须加喷一薄层的"雾喷"层

D. "雾喷"的主要目的是为了消除发花或起云缺陷

19. 某维修站对于喷过漆的车辆经过抛光处理后,漆面总是有一些抛光纹理(圈痕或螺旋纹)无法去除,在灯光下或阳光下特别明显。

(1)下面(　　)操作可能导致该缺陷的产生。(多项选择)

A. 抛光盘或羊毛轮表面有粗颗粒物

B. 使用细蜡抛光时所使用的抛光盘过粗

C. 未使用细蜡抛光

D. 漆面干燥时间不足

(2)下面(　　)操作可能导致油漆表面产生抛光痕风险增加。(多项选择)

A. 涂膜没有完全干燥固化

B. 固化剂选择不正确

C. 固化剂添加量不正确

D. 塑料件涂装,面漆中添加了柔软添加剂(弹性剂)

(3)(　　)是解决抛光纹理的正确方法。(多项选择)

A. 选用更细或软的抛光盘配合细蜡做最后抛光

B. 粗抛后期减轻对抛光机的压力,减少圈痕的产生

C. 每次抛光前清洁抛光盘或羊毛轮

D. 将面漆再次烘烤确保完全干固后再次按照正确方法抛光

(4)针对解决抛光圈纹缺陷,下列(　　)说法是错误的。(多项选择)

A. 抛光抗划痕清漆时,抛光机转速应保持在2500r/min的高转速

B. 抛光初期,抛光机转速应快一些,后期逐步减小抛光机转速

C. 避免抛光盘与工件表面角度过大

D. 抛光初期,抛光机转速应慢一些,后期逐步提高抛光机转速

20. 某维修站的客户经常反应漆面上有漩涡状的痕迹。

(1)通过观察这辆车的漆面情况(如图示),你判定这是(　　)缺陷。

A. 干磨砂纸痕

B. 洗车、打蜡留下的痕迹

C. 漆面抛光后留下的痕迹

D. 手工湿磨留下的痕迹

(2)经检查,4位喷漆技工做损伤区羽状边打磨时,选用打磨砂纸型号不一样,(　　)方

法出现砂纸痕的风险最小。

  A. 员工 A 做了一个 8cm 直径的损伤区打磨，依次选用 P80→P120→P180→P240

  B. 员工 B 做了一个 10cm 直径的损伤区打磨，依次选用 P60→P240

  C. 员工 C 做了一个 8cm 直径的损伤区打磨，依次选用 P120→P150

  D. 员工 D 做了一个 10cm 直径的损伤区打磨，依次选用 P60→P120→P240

（3）下列（  ）因素会导致砂纸痕。（多项选择）

  A. 中涂底漆使用 P500 干磨砂纸打磨

  B. 中涂底漆的干燥时间不够，造成在喷涂色漆时，中涂底漆层的砂纸痕膨胀，从而能清楚地看到打磨砂纸痕

  C. 底色漆没有喷涂到完全覆盖中涂漆和旧涂层上的打磨痕迹

  D. 清漆未彻底干燥即打磨，抛光

（4）通常喷涂中涂底漆前应以下（  ）砂纸做最终打磨。

  A. P180    B. P320    C. P240    D. P280

（5）下列的操作要求中，（  ）是恰当的。（多项选择）

  A. 打磨原子灰时应选用 6~7mm 偏心距的双轨道打磨机

  B. 要先把打磨机置于要打磨的工件表面再开始打磨

  C. 打磨中涂底漆时应选用 3mm 偏心距的双轨道打磨机

  D. 色漆修补、清漆整喷时，只喷涂清漆部位应使用 P800~P1000 砂纸干磨

# 附录七

## 全国机动车检测维修专业技术人员职业水平考试《机动车检测维修法规与技术》模拟试卷（级别：机动车检测维修工程师，专业：机动车整形技术——机动车钣金维修）答案表

### 一、是非判断题

| 题号 | 1 | 2 | 3 | 4 | 5 | 6 | 7 | 8 | 9 | 10 |
|---|---|---|---|---|---|---|---|---|---|---|
| 答案 | A | A | A | B | B | B | A | B | A | A |
| 题号 | 11 | 12 | 13 | 14 | 15 | 16 | 17 | 18 | 19 | 20 |
| 答案 | A | A | B | A | A | B | A | A | B | A |
| 题号 | 21 | 22 | 23 | 24 | 25 | 26 | 27 | 28 | 29 | 30 |
| 答案 | A | A | B | A | A | A | B | A | A | A |

### 二、单项选择题

| 题号 | 31 | 32 | 33 | 34 | 35 | 36 | 37 | 38 | 39 | 40 |
|---|---|---|---|---|---|---|---|---|---|---|
| 答案 | C | B | D | A | B | A | B | D | A | C |
| 题号 | 41 | 42 | 43 | 44 | 45 | 46 | 47 | 48 | 49 | 50 |
| 答案 | C | A | C | A | C | B | A | C | B | A |
| 题号 | 51 | 52 | 53 | 54 | 55 | 56 | 57 | 58 | 59 | 60 |
| 答案 | A | B | A | B | C | D | A | C | B | C |
| 题号 | 61 | 62 | 63 | 64 | 65 | 66 | 67 | 68 | 69 | 70 |
| 答案 | D | A | B | B | C | A | B | C | A | D |

## 三、多项选择题

| 题号 | 71 | 72 | 73 | 74 | 75 | 76 | 77 | 78 | 79 | 80 |
|---|---|---|---|---|---|---|---|---|---|---|
| 答案 | ABCD | ABCD | ABD | ABD | ABC | BCD | AD | AD | ACD | ACD |
| 题号 | 81 | 82 | 83 | 84 | 85 | 86 | 87 | 88 | 89 | 90 |
| 答案 | ABCD | ABC | ABC | AB | ABCD | ABD | AC | AB | AB | BC |
| 题号 | 91 | 92 | 93 | 94 | 95 | 96 | 97 | 98 | 99 | 100 |
| 答案 | ABD | ABCD | ABC | ABCD | AC | ABC | BC | ABCD | ABD | ABC |

# 附录八

# 全国机动车检测维修专业技术人员职业水平考试《机动车检测维修法规与技术》模拟试卷(级别:机动车检测维修士,专业:机动车整形技术——机动车钣金维修)答案表

## 一、是非判断题

| 题号 | 1 | 2 | 3 | 4 | 5 | 6 | 7 | 8 | 9 | 10 |
|---|---|---|---|---|---|---|---|---|---|---|
| 答案 | A | B | A | A | A | B | A | B | A | A |
| 题号 | 11 | 12 | 13 | 14 | 15 | 16 | 17 | 18 | 19 | 20 |
| 答案 | B | A | A | A | B | A | A | B | B | A |
| 题号 | 21 | 22 | 23 | 24 | 25 | 26 | 27 | 28 | 29 | 30 |
| 答案 | B | A | A | A | A | B | B | A | A | B |

## 二、单项选择题

| 题号 | 31 | 32 | 33 | 34 | 35 | 36 | 37 | 38 | 39 | 40 |
|---|---|---|---|---|---|---|---|---|---|---|
| 答案 | B | A | B | C | D | D | A | B | A | C |
| 题号 | 41 | 42 | 43 | 44 | 45 | 46 | 47 | 48 | 49 | 50 |
| 答案 | B | C | B | C | A | C | C | B | D | A |
| 题号 | 51 | 52 | 53 | 54 | 55 | 56 | 57 | 58 | 59 | 60 |
| 答案 | B | A | C | C | A | D | B | B | C | D |
| 题号 | 61 | 62 | 63 | 64 | 65 | 66 | 67 | 68 | 69 | 70 |
| 答案 | A | D | A | B | C | B | B | C | B | B |

三、多项选择题

| 题号 | 71 | 72 | 73 | 74 | 75 | 76 | 77 | 78 | 79 | 80 |
|---|---|---|---|---|---|---|---|---|---|---|
| 答案 | ABCD | BC | ACD | BD | ABCD | ABCD | BD | ABCD | ABCD | ABCD |
| 题号 | 81 | 82 | 83 | 84 | 85 | 86 | 87 | 88 | 89 | 90 |
| 答案 | ABCD | AD | AD | ABC | BC | ABD | ABCD | ABCD | ACD | BD |
| 题号 | 91 | 92 | 93 | 94 | 95 | 96 | 97 | 98 | 99 | 100 |
| 答案 | ABCD | ABD | BC | ACD | ABCD | ABD | AC | ABCD | BD | AC |

# 附录九

# 全国机动车检测维修专业技术人员职业水平考试《机动车检测维修案例分析》模拟试卷(级别:机动车检测维修工程师,专业:机动车整形技术——机动车钣金维修)答案表

一、单项选择题

| 题号 | 1 | 2 | 3 | 4 | 5 | 6 | 7 | 8 | 9 | 10 |
|---|---|---|---|---|---|---|---|---|---|---|
| 答案 | A | C | D | A | B | C | B | D | C | A |

二、案例分析题

| 题号 | 11 | (1) | (2) | (3) | (4) | (5) |
|---|---|---|---|---|---|---|
| 答案 | | ABCD | BD | B | B | C |
| 题号 | 12 | (1) | (2) | (3) | (4) | (5) |
| 答案 | | D | ABCD | A | AB | ABD |
| 题号 | 13 | (1) | (2) | (3) | (4) | (5) |
| 答案 | | ABC | CD | A | D | BCD |
| 题号 | 14 | (1) | (2) | (3) | (4) | (5) |
| 答案 | | A | B | D | D | D |
| 题号 | 15 | (1) | (2) | (3) | (4) | (5) |
| 答案 | | B | ABC | C | C | ABCD |
| 题号 | 16 | (1) | (2) | (3) | (4) | (5) |
| 答案 | | D | ABC | C | A | ABCD |
| 题号 | 17 | (1) | (2) | (3) | (4) | (5) |
| 答案 | | B | B | C | D | BD |
| 题号 | 18 | (1) | (2) | (3) | (4) | (5) |
| 答案 | | ABCD | ABD | C | A | B |
| 题号 | 19 | (1) | (2) | (3) | (4) | (5) |
| 答案 | | D | ABCD | ABC | ABC | AB |
| 题号 | 20 | (1) | (2) | (3) | (4) | (5) |
| 答案 | | AB | AD | D | B | C |

# 附录十

## 全国机动车检测维修专业技术人员职业水平考试《机动车检测维修法规与技术》模拟试卷(级别:机动车检测维修工程师,专业:机动车整形技术——机动车涂装维修)答案表

### 一、是非判断题

1.(×)  2.(√)  3.(√)  4.(√)  5.(×)  6.(√)  7.(×)
8.(√)  9.(×)  10.(×)  11.(×)  12.(√)  13.(×)  14.(×)
15.(×)  16.(√)  17.(√)  18.(√)  19.(√)  20.(×)  21.(√)

### 二、填空题

22. 90°
23. 吸收、反射和透射
24. 物体、光源和观察者
25. VOCs
26. 光泽、硬度和附着力
27. 柔软
28. 可见光
29. 9mm,10m
30. 彩度
31. 化学成膜和物理成膜

### 三、勾选题

32. 双动作打磨机
33. 直线
34. 慢
35. 香皂
36. 耐溶剂手套
37. P80
38. 近/
39. 硬质
40. 反射
41. 大
42. 少
43. 体质颜料
44. 打磨
45. 粗糙
46. 正压
47. 不可以
48. 环氧
49. 专用洗枪水

50. 黄

51. 后者

52. 厚

### 四、多项选择题

| 题号 | 53 | 54 | 55 | 56 | 57 | 58 | 59 | 60 | 61 | 62 |
|------|------|------|------|------|------|------|------|------|------|------|
| 答案 | ABD | ABCD | ABD | ABC | ABC | ABCD | ABCD | AB | ABC | BC |
| 题号 | 63 | 64 | 65 | 66 | 67 | 68 | 69 | 70 | 71 | 72 |
| 答案 | ABCD | ABC | ABCD | BCD | ACD | BD | ABC | ABC | ABCD | ABCD |
| 题号 | 73 | 74 | 75 | 76 | 77 | | | | | |
| 答案 | ABCD | ACD | ABC | ABC | ACD | | | | | |

附录十一

# 全国机动车检测维修专业技术人员职业水平考试《机动车检测维修法规与技术》模拟试卷（级别：机动车检测维修士，专业：机动车整形技术——机动车涂装维修）答案表

### 一、是非判断题

1.（×）　2.（×）　3.（×）　4.（√）　5.（√）　6.（√）　7.（√）
8.（√）　9.（×）

### 二、填空题

10. 喷嘴、风帽
11. 清漆,腻子
12. 树脂
13. 涂料
14. 涂料:固化剂:稀释剂
15. 光、有色物体、视觉器官（观察者）
16. 1,3
17. 3mm
18. 龟裂
19. PP
20. 涂-4
21. 涂料罐、枪身和喷枪控制装置
22. 树脂、固化剂、溶剂、颜料
23. 溶解力和挥发速率
24. 50～70
25. 溶剂
26. 亮度
27. 0.1
28. 紫,红
29. 鱼眼
30. "两湿一干"
31. 0.5

### 三、勾选题

32. 厚
33. 反
34. 热塑型
35. 1.红和绿 2.黄和紫 3.橙和蓝
36. 黑色
37. 黑色
38. 正压检测法
39. 双动作

40. 塑料　　　　　　　　41. 扩大
42. 前者　　　　　　　　43. 后者
44. 前者　　　　　　　　45. 密封
46. 有色　　　　　　　　47. 后者

### 四、多项选择题

| 题号 | 48 | 49 | 50 | 51 | 52 | 53 | 54 | 55 | 56 | 57 |
|---|---|---|---|---|---|---|---|---|---|---|
| 答案 | ABCD | ACD | AB | BC | ABCD | ABCD | ABCD | AB | ABD | ABC |
| 题号 | 58 | 59 | 60 | 61 | 62 | 63 | 64 | 65 | 66 | 67 |
| 答案 | ACD | ABCD | ACD | ACD | ABCD | BCD | AC | ABCD | ABC | ACD |
| 题号 | 68 | 69 | 70 | 71 | 72 | | | | | |
| 答案 | ABC | ABCD | ABCD | ABCD | ABD | | | | | |

# 附录十二

# 全国机动车检测维修专业技术人员职业水平考试《机动车检测维修案例分析》模拟试卷（级别：机动车检测维修工程师，专业：机动车整形技术——机动车涂装维修）答案表

## 一、勾选题

1. 10-15
2. 刷涂
3. 高
4. 多个
5. 黄色
6. 遮盖力
7. 毫安
8. 亮
9. 双
10. 深度

## 二、案例分析题

| 题号 | 11 | (1) | (2) | (3) | (4) | (5) |
|---|---|---|---|---|---|---|
| 答案 | | ABD | ABCD | ACD | ABCD | ABCD |
| 题号 | 12 | (1) | (2) | (3) | (4) | (5) |
| 答案 | | ABCD | ACD | BCD | ABD | ABC |
| 题号 | 13 | (1) | (2) | (3) | (4) | (5) |
| 答案 | | ABC | C | D | A | C |
| 题号 | 14 | (1) | (2) | (3) | (4) | (5) |
| 答案 | | C | BC | C | BCD | B |
| 题号 | 15 | (1) | (2) | (3) | (4) | (5) |
| 答案 | | A | B | B | A | D |

续上表

| 题号 | 16 | (1) | (2) | (3) | (4) | |
|---|---|---|---|---|---|---|
| 答案 | | AB | B | BCD | ABC | |
| 题号 | 17 | (1) | (2) | (3) | (4) | (5) |
| 答案 | | AC | B | ABCD | ABCD | BD |
| 题号 | 18 | (1) | (2) | (3) | (4) | |
| 答案 | | ABCD | BC | B | ABCD | |
| 题号 | 19 | (1) | (2) | (3) | (4) | |
| 答案 | | ABCD | ABC | ACD | AB | |
| 题号 | 20 | (1) | (2) | (3) | (4) | (5) |
| 答案 | | A | A | BD | B | ABCD |